世界大学排名与中国高水平大学建设

郭丛斌 ◎ 著

电子工业出版社·
Publishing House of Electronics Industry
北京·BEIJING

引　言

世界大学排名采用一套可操作性较强的量化指标对不同高校的办学质量进行评估，并以排名或指标得分等简单直观的方式呈现评估结果。由于其本身所具备的直观性、客观性和相对科学性，大学排名不仅能够作为信息披露工具为学生提供择校参考，而且正在逐步成为世界大学评价的重要形式与主要手段。尤其是近些年来，随着大众传媒和信息技术的迅速发展，最具影响力的几个大学排名开始在世界范围内广泛传播，每年排名榜单的发布都会成为各国舆论争相讨论的焦点。

本书介绍了世界大学排名的缘起、分类和特征，阐述了世界大学排名产生和发展的现实基础、理论依据、合理性和实际影响，分析了四大世界大学排名前 200 名高校的分布特征，探究了国家高等教育管理模式和"类 985 工程"对世界大学排名的影响及其作用机制。在此基础上，本书分别从世界大学综合排名、学科排名和声誉排名三个方面，分析了中国高水平大学与世界一流大学的差距，并对导致差距的深层次原因进行了探讨，以期为中国高水平大学的建设提供切实可行的建议。本书的具体章节安排如下：

第一章对英国《泰晤士高等教育》（*Times Higher Education*，THE）世界大学排名、国际高等教育研究机构（*Quacquarelli Symonds*，QS）世界大学排名、《美国新闻与世界报道》（*US News & World Report*，US News）全球最佳大学排名和上海交通大学世界大学学术排名（*Academic Ranking of World Universities*，ARWU）的缘起与发展进行了介绍，重点阐述了世界大学综合排名、学科排名和声誉排名的指标体系构成，并对比分析了四大综合排名和学科排名指标体系的特征，从而为后续章节的展开奠定基础。

第二章从高等教育大众化、市场化和国际化三个方面论述了世界大学排名产生的现实基础，基于大学功能理论、资源依赖理论和教育投入产出理论探讨了支撑大学排名产生和发展的理论依据，客观分析了世界大学排名的合理性和实际影响，并在此基础上提出了世界大学排名与中国高水平大学建设关系研究的思路。

第三章选取了 THE 2011—2019 年、QS 2011—2019 年、US News 2015—2019 年和 ARWU 2003—2019 年历年排名中前 200 名高校作为分析样本，从洲际差异、国别差异、建校历史差异和学校类型差异四个方面比较分析了四大排名中高校的分布特征，为本书后续章节的内容提供了研究基础。

第四章以 THE、QS 和 US News 三大世界大学排名 2019 年榜单中前 100 名高校为研究对象，利用面板数据模型和分位数回归模型，定量地分析了高等教育管理模式对大学排名和名次的影响及作用机制，并从理性看待大学排名，政府加大经费投入，在人事、财务等方面给予大学更多自主权和激发高校竞争意识与忧患意识等维度提出了推动世界一流大学建设的建议。

第五章首先以德国、日本和俄罗斯为代表，通过使用面板数据和固定效应模型，探究了"类 985 工程"对大学排名提升的促进作用；然后从经费结构、科研产出、组织和评价机制等角度分析了"类 985 工程"的作用机制及不同国家实施效果存在差异的原因，最后从经费投入与使用效率，大学教学、科研、社会服务等功能的平衡，高等教育制度建设等方面探讨了其对我国建设世界一流大学的启示意义。

第六章主要通过比较分析中国高水平大学与亚洲区域一流大学及世界一流大学在 THE 和 QS 世界综合大学排名各项指标的得分情况，探究了中国高水平大学与世界一流大学相比存在的优势与不足，并在此基础上，提出了应从改革科研经费管理模式、加深国际化的程度和提升质量、制订符合高校实际的学科发展规划、建立高校数据信息决策支持系统等方面加强中国高水平大学建设的建议。

第七章从世界大学学科排名的角度，首先论述了学科建设的重要意义；然后通过引入国际公认的 ESI、QS 和 US News 三大学科评价体系，对比分析了中国高水平大学与世界一流大学相比在学科建设发展上的差距；最后从培育一流的学术体制机制环境、跟踪学科国际发展动态、优化学科布局、注重中国特色与国际标准相结合等方面，提出了适合中国高水平大学的学科发展路径。

第八章介绍了声誉的重要性及其影响因素，分析了中国高水平大学声誉排名与得分的变化趋势，以及与世界一流大学的差距，探讨了制约中国高水平大学声誉提升的因素。在此基础上，从完善科学研究激励机制、优化人才结构、深化国际学术交流合作、加强大学声誉宣传力度等方面，提出了适合中国高水平大学的声誉提升策略。

第九章在上述章节的基础上，结合中国高等教育的发展现状，从世界一流大学建设的理念及在打造一流教师队伍、完善学术评价机制、提升高校管理水平、加强国际交流与合作等方面的具体提升路径，探讨了中国高水平大学建设与发展机制，从而为中国高水平大学跻身世界一流大学行列建言献策。

目　录

第一章

世界大学排名的
基本介绍

　　世界大学排名主要通过加工分析各大学间的可比信息，以简单直观的结果反映高校的办学质量和影响力，并依据总体及分项得分进行排名。由于其本身所具备的直观性、客观性和相对科学性，大学排名不仅能够作为信息披露工具为学生提供择校参考，而且正在逐步成为世界大学评价的重要形式与主要手段。尤其是近些年来，随着大众传媒和信息技术的迅速发展，最具影响力的几个大学排名开始在全世界范围内广泛传播，每年排名榜单的发布都会成为各国舆论争相讨论的焦点。

　　目前，世界范围内认可度较高的大学综合排名包括：英国《泰晤士高等教育》（*Times Higher Education*，THE）世界大学排名、国际高等教育研究机构（*Quacquarelli Symonds*，QS）世界大学排名、《美国新闻与世界报道》（*US News & World Report*，US News）全球最佳大学排名和上海交通大学世界大学学术排名（*Academic Ranking of World Universities*，ARWU）。

　　学科是大学建设的基础，声誉能够反映出一所大学的历史积淀，二者都是世界一流大学建设成果的综合体现。随着世界大学综合排名体系的逐渐完善及市场需求的日趋多元化，四大排名机构在原有综合排名的基础上，还开发了颇具影响力的两个子排名：学科排名和声誉排名。有鉴于此，本章先阐述上述四个世界大学排名的缘起与发展，然后重点阐述世界大学综合排名、学科排名和声誉排名的指标体系构成，最后依次对比分析四大综合排名和学科排名指标体系的特征，以期为后续章节的展开提供基础背景。

第一节　世界大学排名的缘起与发展

世界大学排名缘起于 20 世纪高等教育全球化的兴起。虽然 THE
（《泰晤士高等教育》）、QS（《国家高等教育研究机构》）和 US News
（《美国新闻与世界报道》）早在 20 世纪八九十年代就开始发布大学排
名（见表 1.1），但它们最初的关注范围都局限于本国的高校和学科。
THE 于 1986 年发布了英国最早的一份大学排名，其主要针对英国大学
的一些学科；1993 年后，THE 开始在学科排名的基础上对英国的大学
进行综合排名。QS 成立于 1990 年，该公司最初主要关注工商管理硕士
（MBA）领域，先后在 1990 年和 1995 年启动了"世界顶尖 MBA 职业
生涯指导"和"QS 世界 MBA 巡展"项目，并在 1996 年发布了"世界
顶尖商学院排名"，为公众提供有关工商管理领域的信息与资源。US
News 在 1983 年开始对美国的大学进行排名，并逐渐形成了一套基于美
国大学发展现状的分类排名方式，包括国家级研究型大学排名、硕士类
学院和大学排名、学士类文理学院排名和学士类综合学院排名等。

表 1.1 四个主要世界大学/学科排名机构起源概况[1]

排名机构	排名起源	世界大学排名起源	排名初衷
《泰晤士高等教育》（THE）	英国地区学科排名（1986 年）	THE-QS 世界大学排名（2004 年） THE 世界大学排名（2010 年）	帮助学生进行择校
国际高等教育研究机构（QS）	世界顶尖商学院排名（1996 年）	THE-QS 世界大学排名（2004 年） QS 世界大学排名（2010 年）	帮助学生进行择校
《美国新闻与世界报道》（US News）	美国地区大学排名（1983 年）	全球最佳大学排名（2014 年）	帮助学生进行跨国性大学比较
上海交通大学世界一流大学研究中心（CWUC）	世界大学学术排名（2003 年）	世界大学学术排名（2003 年）	分析中国大学与世界一流大学的差距

　　随着高等教育全球化进程的加速，选择出国留学的学生日渐增加。为加强不同国家之间大学信息的披露和比较，为有意于出国深造的学子提供参考，世界大学排名应运而生。相关数据显示，1995 年全球约有 135 万名留学生在海外接受高等教育，[2]而该数字在 2005 年时增长至 300 万，涨幅达 122%。[3]同一时期，中国赴海外留学人数由约 2 万人增

---

1 THE 大学排名网站［EB/OL］. https://www.timeshighereducation.com/world-university-rankings.

QS 大学排名网站[EB/OL]. https://www.topuniversities.com/university-rankings.

US News 全球最佳大学排名网站[EB/OL]. https://www.usnews.com/ education/ best-global-universities.

ARWU 世界大学学术排名介绍［EB/OL］. http://www.zuihaodaxue.com/ index.html.

2 蒋在文. 国际留学生市场比较研究［J］. 科技·人才·市场，1995（5）：36-38.

3 2000—2015 出国留学发展状况调查报告［EB/OL］. ［2015-12-09］. http://learning. sohu.com/20151209/n430508277.shtml.

加到 12 万人，提高了 500%。[1]对此，英国 THE 副主编费尔·巴蒂认为，在高等教育全球化的历史背景下，将原先本土化的大学排名体系扩充至全球范围是非常有必要的。[2]因此，THE 与 QS 在 2004 年开始合作发布 THE-QS 世界大学综合排名，并逐渐成为世界范围内影响力最大的大学排名之一。2010 年，THE 质疑原有 QS 设计的世界大学排名指标体系中"论文引用"和"同行评议"两项指标的合理性，希望 QS 对指标体系进行调整。双方沟通失败后，THE 开始与汤森路透集团[3]（Thomson Reuters）合作，使用 Web of Science 数据库，发布新的世界大学综合排名和学科排名。2011 年，THE 将世界大学排名中的"教学声誉"和"研究声誉"两项指标单独提出，形成"世界大学声誉排名"。除此之外，THE 还开发出"校史 50 年以下 100 所大学排名""亚洲大学排名""金砖国家与新兴经济体大学排名"等子排名。2015 年，THE 转而与 Elsevier 合作，使用 Scopus 数据库。

QS 在与 THE 终止合作后，改与 US News、英国《周日时报》、韩国《朝鲜日报》合作，以原有 THE-QS 的排名指标体系为基础研发了"QS 世界大学排名"和众多子排名，包括 2009 年发布的亚洲大学排名、2011 年发布的拉丁美洲大学排名，以及世界大学学科排名和 2012 年发布的年轻大学 50 强项目等。[4]

1 王建华. 中国出国留学教育与留学人才外流回归现象研究[D]. 杭州:浙江工业大学，2004.

2 费尔·巴蒂. 世界大学排名的历史、方法和影响[J]. 评价与管理，2010，（4）：13.

3 汤森路透知识产权与科技事业部于 2016 年正式独立，更名为科睿唯安。

4 QS 大学排名网站［EB/OL］. https://www.topuniversities.com/.

在世界大学排名方面，相比于 THE 和 QS，US News 则显得年轻很多。直至 2014 年，US News 才与汤森路透集团合作，首次发布全球最佳大学排名和学科排名，并在随后三年对其指标体系进行持续的修正和完善。其中，US News 在 2015 年新加入了书籍、会议论文、"高被引论文"数量（前 10%）和"高被引论文"比例（前 10%）四项指标；2016 年，US News 取消了博士学位授予数量和师均博士学位授予数量两个指标，增加了某学科内"高被引论文"数量（前 1%）和高被引论文比例（前 1%）；2017 年，US News 将国际合作论文分解为国际合作论文和国际合作论文比例两个指标，指标比例由原先的 10% 平均分配为每个指标 5%。

ARWU 由上海交通大学高等教育研究院（前身为高等教育研究所）"世界一流大学研究中心"于 2003 年发布，为全球首个多指标的世界性大学排名。ARWU 与上述三类世界大学排名的缘起略有不同。一方面，它未经历由地区、学科排名转向世界排名的过程；另一方面，其初衷是通过定量方法系统性地分析中国大学与世界一流大学的差距，而并非为学生的择校提供帮助。2007 年，上海交通大学开始发布上海交大世界大学学科领域（简称 ARWU-FIELD）排名，2009 年发布一流学科排名（简称 ARWU-SUBJECT）。同年，ARWU 由上海软科教育信息咨询有限公司（简称软科）发布并保留所有权。

第二节　世界大学排名的分类介绍

　　指标体系是世界大学排名的核心内容，它由多项具体指标构成，一般可包括声誉类指标、文献引用类指标、国际化指标等。各排名机构根据自身对大学评价的理解，设计指标并分配不同的权重，同时通过数据收集计算出结果，以表示各所大学的综合实力。THE、QS、US News 和 ARWU 世界大学排名拥有各不相同的指标体系，本节首先梳理四类世界大学排名的主要产品，然后对世界大学综合排名、世界大学学科排名和世界大学声誉排名的指标体系进行重点介绍。

一、四类世界大学排名的主要产品

　　经过十年左右的发展，THE、QS、US News 和 ARWU 世界大学排名逐渐成熟并得到广泛认可，它们也在各自的主排名——世界大学"综合排名"之外不断丰富，发展、衍生出许多子排名：一类是按照学科细分出的排名，如学科领域排名、学科排名等；一类是按照地域细分出的排名，如亚洲大学排名、金砖国家大学排名等；除此之外，部分机构还针对声誉、建校时间、就业能力等要素对大学进行排名，如大学声誉排名、年轻大学排名、研究生就业能力排名等（见表 1.2）。US News 的子排名在数据类别、统计方法上与原有主排名基本一致，只在指标选用、权重分配、统计范围等方面发生变化；THE、QS 和 ARWU 的部分子排名，如 THE 日本大学排名、美国学院排名，QS 亚洲大学排名、金砖国家大学排名，ARWU 学科排名等，则与主排名使用不完全一样的数据类别，指标和权重也有较大不同。

表 1.2　THE、QS、ARWU 和 US News 世界大学排名的主要产品

THE 排名系列	主排名		世界大学综合排名			2004 年与 QS 创办 2010 年起独立发布
	子排名	学科类	世界大学学科排名			2010 年
		地域类	亚洲大学排名	2013 年	金砖国家与新兴经济体大学排名	2013 年
			欧洲大学教学能力排名	2018 年	日本大学排名	2017 年
			美国学院排名	2017 年		
		其他类	世界大学声誉排名	2011 年	年轻大学排名	2012 年
			大学影响力排名	2019 年		
QS 排名系列	主排名		世界大学综合排名			2004 年与 THE 创办 2010 年起独立发布
	子排名	学科类	世界大学学科排名			2011 年
		地域类	亚洲大学排名	2009 年	金砖国家大学排名	2013 年
			拉丁美洲大学排名	2011 年	新兴欧洲和中亚大学排名	2014 年
			阿拉伯大学排名	2014 年	中国大陆大学排名	2018 年
			日本大学排名	2018 年	韩国大学排名	2018 年
			印度大学排名	2018 年	墨西哥大学排名	2018 年
		其他类	年轻大学排名	2013 年	最佳留学城市排名	2013 年
			研究生就业能力排名	2015 年	国家教育体系排名	2016 年
			MBA 排名	2018 年	商业硕士排名	2018 年
ARWU 排名系列	主排名		世界大学学术排名			2003 年
	子排名	学科类	学科领域排名			2007 年
			学科排名			2009 年
			全球院系排名（体育类）			2016 年

ARWU 排名 系列	主排名		世界大学学术排名		2003 年
	子排名	地域类	中国两岸四地大学排名	2011 年	中国最好大学排名	2015 年
			中国最好学科排名	2017 年	中国最好医科大学排名	2019 年
US News 排名 系列	主排名		全球最佳大学排名		2014 年
	学科类		全球大学学科排名		2014 年
	子排名	地域类	非洲最佳大学排名	2014 年	亚洲最佳大学排名	2014 年
			澳大利亚/新西兰 最佳大学排名	2014 年	欧洲最佳大学排名	2014 年
			拉丁美洲最佳大学排名	2014 年	阿拉伯最佳大学排名	2014 年

注：表中时间为相应排名的首次公布时间

在四类世界大学排名产品中，THE 和 QS 在产品开发方面投入了更多的精力，分别拥有 9 个和 17 个子排名；而 US News 和 ARWU 拥有的子排名的产品数量相对较少，均为 7 个，且 ARWU 的子排名主要集中于学科领域和中国地区。

尽管各类大学排名产品琳琅满目，但除了学科类排名和少数独设指标的地域类排名，其余均可以看作主排名的简单变形。伴随大学地位的日益提升，世界各国竞相推出旨在提升本国高等教育国际影响力的世界一流大学建设的排名项目。而学科建设是一流大学建设的基础，声誉则是对大学有最直接影响的综合评价指标之一。因此，本书将主要关注世界大学综合排名、世界大学学科排名和世界大学声誉排名。

二、THE 世界大学排名

（一）THE 世界大学综合排名的指标体系

THE 世界大学排名的指标体系基本保持稳定，2012 年起，该体系包括教育教学环境（Teaching: the learning environment）、科学研究能力（Research: volume, income and reputation）、学术影响力（Citations: research influence）、国际化（International outlook: staff, students and research）和产业收入（Industry income: knowledge transfer）5 个一级指标和 13 个二级指标（见表 1.3）。[1] 2010 年 THE 独立发布世界大学排名后一直采用汤森路透集团的 Web of Science 数据库，2015 年起改用 Elsevier 旗下的 Scopus 数据库。

THE 在 2010 年脱离 QS 单独进行排名之后，于 2011 年对其指标体系进行过一次调整，包括：强调客观性指标，增加学术人员平均科研经费和师均论文发表数的权重，降低研究声誉调查所占比重；重视高校国际化程度，增加二级指标"国际合作论文比例"，将"国际化"指标的比重由 5.0% 提高到 7.5%；调整"学术影响力"中的二级指标"论文引用次数"的比重，将其由 32.50% 降低到 30.00%。除此之外，THE 还取消了一级指标"科学研究能力"中"公共研究收入比"这个二级指标（见表 1.3）。[2]THE 各项指标及比重自 2011 年调整后，一直沿用至今。

---

1 2019 年 THE 世界大学排名［EB/OL］. https://www.timeshighereducation.com/ world-university-rankings/methodology-world-university-rankings-2018-2019.

2 2011 年 THE 世界大学排名［EB/OL］. https://www.timeshighereducation.com/ world-university-rankings-2010-11-methodology.

表 1.3　2011—2019 年 THE 世界大学排名指标体系 [1]

一级指标	二级指标	2011 年权重	2012—2019 年权重	说明
教育教学环境（30%）	教学声誉调查	15.00%	15.00%	调查采用问卷形式，要求调查对象在自身所属区域和全球范围内，分别列举出自身所从事学科在教学方面最优秀的 15 所大学。调查对象的主体（约 70%）是在各自学科领域的教学和科研方面有突出成果，富有经验并具有一定国际影响力的学者
	师生比	4.50%	4.50%	学校全体工作人员（Staff）与学生的比例
	博士学位/学士学位授予比	2.25%	2.25%	博士学位授予数量除以学士学位授予数量
	博士学位授予数量/教师数量	6.00%	6.00%	博士学位授予数量与学术科研人员的比例
	学术人员平均机构收入	2.25%	2.25%	学术人员的平均机构收入，并通过购买力平价进行标准化
科学研究能力（30%）	研究声誉调查	19.50%	18.00%	同教学声誉调查
	学术人员平均科研经费	5.25%	6.00%	学术人员平均研究经费，并通过购买力平价进行调整
	师均论文发表数	4.50%	6.00%	以 Elsevier 旗下的 Scopus 数据库为基础，计算各大学机构的学术人员平均论文发表数量，并根据不同的学科进行标准化处理
	公共研究收入比	0.75%	取消	公共来源研究收入与总研究收入比
学术影响力（30%）	论文引用次数	32.50%	30.00%	以 Elsevier 的 Scopus 数据库为基础，检索了过去 5 年间 1000 多万册期刊、会刊、书籍和书籍章节中的 5600 万条引用，其中书籍和书籍章节在 2016 年首次纳入检索范围。该数据会进行标准化处理

---

1 2011 年权重即为 THE 2010 年发布的 2010—2011 年排名权重，2012 年权重即为 2011 年发布的 2011—2012 年排名权重，2019 年权重即为 2018 年发布的 2018—2019 年排名权重。

一级指标	二级指标	2011年权重	2012—2019年权重	说明
国际化（7.5%）	国际学生比例	3.00%	2.50%	国际学生数量除以国内学生总数
	国际教师比例	2.00%	2.50%	国际教师数量除以国内教师总数
	国际合作论文比例	无该指标	2.50%	大学发表的学术论文中包含至少一位国际作者的比例
产业收入（2.5%）	教师平均企业研究经费	2.50%	2.50%	科研人员从企业中获得的科研经费，并以购买力平价值进行调整

除了两项声誉二级指标，THE 世界大学排名的其他二级指标都运用"Z 分数法"（也称为正态分布法或标准分布法）计算得分，以使不同单位的指标可以无纲量化地具有可比性，同时确保某个指标的突出表现不会对整体结果产生影响。[1]Z 分数法是测量某个数据相对分布位置的方法，能够真实地反映一项分数距离平均数的相对标准距离。例如，计算"学术人员平均机构收入"指标得分，如果所有参评大学的平均值为 μ 万元，标准差为 σ，A 大学人均科研经费为 X 万元，那么 A 大学"学术人员平均科研经费"项目的得分为 $Z=(X-\mu)/\sigma$，然后查正态分布表将其换算为百分等级，即每项指标的得分。

声誉指标使用"比例参照法"计算得分，需要选择被提名最多的大学作为参照，某一大学的得分为该大学的提名次数与参照大学提名次数的比。例如：2019 年选择哈佛大学为最好大学的受访者仍然占比最大，因此哈佛大学的得分为 100 分；若选择牛津大学为最好大学的受访者数量为选择哈佛大学受访者数量的 71.3%，则牛津大学得分为 71.3 分。

---

1 郭丛斌，孙启明. 中国建设世界高水平大学的问题与对策——基于《泰晤士高等教育》大学排名中亚洲五校的对比研究［J］. 教育学术月刊，2014（12）：3-9，37.

（二）THE 世界大学学科排名指标体系

自 2011 年起，THE 在其大学排名体系的基础上对各个学科进行排名，其中指标体系的基本构成、数据来源和指标得分的计算方式与 THE 大学排名相同，但由于每个学科的特点不同，发展至今共呈现出 6 类 [1] 指标权重分配模式。

1. THE 学科排名的范围

早在 2011 年，THE 学科排名体系内设艺术与人文、临床医学与健康、工程技术学、生命科学、自然科学和社会科学 6 个学科门类。在随后的学科排名体系发展过程中，THE 共进行了两次学科覆盖范围和分类的调整。在 2017 年的学科排名中，THE 对其连续使用了 6 年的学科覆盖范围和分类进行了首次调整：一是将原先隶属社会科学学科和工程技术学大类中的部分具体学科独立出来，新设商业与经济学科和计算机科学学科；二是将原有学科门类中的具体学科进行整合，由 139 个精简为 34 个。[2] 在 2018 年的学科排名中，THE 又对学科分类方法进行了第二次调整，将原先隶属社会科学学科中的部分具体学科独立出来，新设心理学、教育学和法学学科，并将学科门类中的具体学科详细分类调整为 43 个。[3] 两次调整优化了学科分类方法，提升了排名体系的合理性，也

---

1 指标权重分配模式是指排名机构根据不同学科特点所设置的指标权重分配模式，若所有学科的指标权重分配模式相同，则指标权重分配模式归为同一类。

2 THE 世界大学学科排名（2011—2017）[EB/OL]. https://www.timeshighereducation.com/world-university-rankings/by-subject.

3 THE 世界大学学科排名（2018—2019）[EB/OL]. https://www.timeshighereducation.com/world-university-rankings/by-subject.

为使用者的查询提供了更多便利。

2019 年的 THE 学科排名体系与 2018 年一致，内设 11 个学科门类，共囊括 43 个具体学科[1]，包括艺术与人文（8 个）、商业与经济（3 个）、临床医学与健康（2 个）、计算机科学（1 个）、工程技术学（5 个）、生命科学（4 个）、自然科学（6 个）、心理学（6 个）、教育学（3 个）、法学（1 个）和社会科学（4 个）。[2]

2. THE 学科排名的指标体系构成

THE 学科排名的指标体系构成与其综合排名相同，包括教育教学环境、科学研究能力、学术影响力、国际化和产业收入 5 个一级指标和 13 个二级指标，但各指标所占百分比在 11 个学科门类间呈现出较大的差异。第一，由于人文社科类学科的本土化特性，其学术共识较难达成，所以在艺术与人文（37.4%，37.6%）、商业与经济（30.9%，32.6%）、社会科学（32.4%，32.6%）、教育学（32.7%，30.8%）和法学（32.7%，

---

1 艺术与人文包括：艺术学、表演艺术与设计、语言、文学与语言学、历史学、哲学与神学、建筑学、考古学。商业与经济包括：商业与管理学、会计学与金融学、经济学与计量经济学。临床医学与健康包括：药学与牙医学、其他健康学。计算机科学包括：计算机科学。工程技术学包括：通用工程学、电气与电子工程、机械和航空航天工程、土木工程、化学工程。生命科学包括：农业与林业学、生物科学、兽医科学、运动科学。自然科学包括：数学与统计学、物理与天文学、化学、地质学、环境科学、地球与海洋科学。心理学包括：心理学、教育心理学、体育心理学、商业心理学、动物心理学和临床心理学。教育学包括：教育学、教师教育和教育学术研究。法学包括：法律。社会科学包括：传播学、政治学与国际关系学、社会学、地理学。

2 THE 世界大学学科排名［EB/OL］. https://www.timeshighereducation.com/world-university-rankings/by-subject.

30.8%）[1]这几个人文社科类学科中，教育教学环境和科学研究能力所占比重相对较大，而学术影响力（论文引用次数）所占比重则相对较小，除了艺术与人文为 15.0%，其余四个人文社科类学科门类均为25.0%。第二，临床医学与健康、生命科学、自然科学和心理学这四个学科中的学术共识较好达成，所以学术影响力（均为 35.0%）比教育教学环境、科学研究能力（均为 27.5%）更具有解释力。第三，在计算机科学和工程技术学这两个侧重于应用的学科门类中，产业收入所占比重为 5.0%，远高于其他学科门类的 2.5%（见表 1.4）。[2]

表 1.4　2011—2019 年 THE 学科排名指标体系比重的演变

学科门类	年份	一级指标				
		教育教学环境	科学研究能力	学术影响力	国际化	产业收入
艺术与人文	2011 年	37.5%	37.5%	17.5%	5.0%	2.5%
	2012—2017 年	37.5%	37.5%	15.0%	7.5%	2.5%
	2018—2019 年	37.4%	37.6%	15.0%	7.5%	2.5%
商业与经济	2011—2016 年	—	—	—	—	—
	2017 年	32.5%	32.5%	25.0%	7.5%	2.5%
	2018—2019 年	30.9%	32.6%	25.0%	9.0%	2.5%
临床医学与健康	2011 年	27.5%	27.5%	37.5%	5.0%	2.5%
	2012—2019 年	27.5%	27.5%	35.0%	7.5%	2.5%
计算机科学	2011—2016 年	—	—	—	—	—
	2017—2019 年	30.0%	30.0%	27.5%	7.5%	5.0%
工程技术学	2011 年	30.0%	30.0%	30.0%	5.0%	5.0%
	2012—2019 年	30.0%	30.0%	27.5%	7.5%	5.0%
生命科学	2011 年	27.5%	27.5%	37.5%	5.0%	2.5%
	2012—2019 年	27.5%	27.5%	35.0%	7.5%	2.5%

---

1 括号内的数字分别为 2018—2019 年各学科大类中教育教学环境和科学研究能力所占比重。

2 THE 世界大学学科排名(2011—2019)[EB/OL]. https://www.timeshighereducation.com/world－university－rankings/by－subject.

续表

学科门类	年份	一级指标				
		教育教学环境	科学研究能力	学术影响力	国际化	产业收入
自然科学	2011 年	27.5%	27.5%	37.5%	5.0%	2.5%
	2012—2019 年	27.5%	27.5%	35.0%	7.5%	2.5%
社会科学	2011 年	32.5%	32.5%	27.5%	5.0%	2.5%
	2012—2017 年	32.5%	32.5%	25.0%	7.5%	2.5%
	2018—2019 年	32.4%	32.6%	25.0%	7.5%	2.5%
心理学	2011—2017 年	—	—	—	—	—
	2018—2019 年	27.5%	27.5%	35.0%	7.5%	2.5%
教育学	2011—2017 年	—	—	—	—	—
	2018—2019 年	32.7%	30.8%	25.0%	7.5%	2.5%
法学	2011—2017 年	—	—	—	—	—
	2018—2019 年	32.7%	30.8%	25.0%	7.5%	2.5%

（三）THE 声誉排名指标体系

除了上述提到的 THE 大学综合排名和学科排名，THE 声誉排名作为其大学排名的扩展，也一直受到广泛关注。THE 声誉排名包括教育教学声誉和科学研究声誉这 2 个二级指标，声誉调查的最终得分（总体声誉指标得分）由教学声誉和科研声誉按 1:2 的比例加权得出。其中科研所占权重更大的原因是，调查机构认为受访者对大学科研的评估比对教学的评估更可信。[1]THE 声誉排名的数据和得分计算办法与大学排名完全一致。THE 声誉排名公布前 100 名的名单，其中前 50 名列出具体排名和得分，后 50 名由于得分差距越来越小，采用区间排名的方式，不列出名次和分数。

THE 大学排名的教学声誉调查和研究声誉调查集于一份调查问卷

---

1 郭丛斌，孙启明. 中国建设世界高水平大学的问题与对策——基于《泰晤士高等教育》大学排名中亚洲五校的对比研究［J］. 教育学术月刊，2014（12）：3-9，37.

之中。2019 年 THE 世界大学排名的声誉调查在 2018 年 11 月至 2019 年 2 月进行，覆盖了 16 种不同的语言，共收到了 135 个国家的 11554 份调查问卷。[1] 调查问卷的发放由 Elsevier 负责，调查对象的主体是在各学科教学和科研方面有着突出成果、富有经验并具备一定影响力的学者。受访者都曾在 Elsevier Scopus 数据库中发表过论文，并通过一定的抽样方式被选出。这些受访者需要评价自己所在地区和世界范围内最好的教学科研机构，并各选出 15 个。2019 年 "THE 世界大学排名" 的声誉调查共覆盖了 7 个地区和 11 个不同的学科[2]，调查数据按照地区进行加权处理后得出最终结果。[3]

由于部分年份的数据缺失，为了便于比较研究，本文只选取了 2016—2019 年的统计数据（见表 1.5）。2016 年 THE 声誉排名共覆盖了 7 个地区和 8 个不同学科。2017—2019 年 THE 声誉排名覆盖地区并未发生变化，学科覆盖范围则发生了调整。在地区分布方面，覆盖地区始终为北美洲、拉丁美洲、西欧、东欧、中东、亚太地区和非洲。从学科分布来看，2017 年在 8 个学科的基础上，新增 3 个学科领域，即将原先隶属社会科学学科中的部分具体学科独立出来，新增心理学、教育学和法学 3 个学科领域。

---

1 2019 年 THE 世界大学声誉排名方法［EB/OL］. https://www.timeshighereducation.com/world－university－rankings/world－reputation－rankings－2019－methodology.

2 地区包括: 北美洲、拉丁美洲、西欧、东欧、中东、亚太地区和非洲。学科包括: 艺术与人文、临床医学与健康、计算机科学、工程技术学、生命科学、自然科学、社会科学、商业与经济、心理学、教育学和法学。

3 2019 年 THE 世界大学声誉排名方法［EB/OL］. https://www.timeshighereducation.com/ world－university－rankings/world－reputation－rankings－2019－methodology.

表 1.5　2016—2019 年 THE 声誉排名体系的演变

地区	比重				学科	比重			
	2016 年	2017 年	2018 年	2019 年		2016 年	2017 年	2018 年	2019 年
北美洲	19.0%	22.0%	22.0%	20.0%	艺术与人文	9.2%	12.5%	7.5%	10.7%
拉丁美洲	6.0%	5.0%	5.0%	5.0%	临床医学与健康	13.9%	14.5%	13.2%	10.9%
西欧	27.0%	25.0%	26.0%	22.0%	计算机科学	5.4%	4.2%	10.4%	10.0%
东欧	11.0%	11.0%	11.0%	11.0%	工程技术学	13.9%	12.7%	18.1%	17.5%
中东	3.0%	3.0%	2.0%	1.0%	生命科学	14.4%	13.3%	12.8%	10.7%
亚太地区	33.0%	33.0%	32.0%	39.0%	自然科学	16.1%	14.6%	15.6%	14.4%
非洲	2.0%	2.0%	2.0%	2.0%	社会科学	14.5%	8.9%	7.6%	8.1%
					商业与经济	12.7%	13.1%	9.0%	11.1%
					心理学	—	2.6%	2.3%	3.1%
					教育学	—	2.6%	2.5%	2.5%
					法学	—	0.9%	1.0%	1.0%

在地区比重变化方面，亚太地区在声誉调查中扮演着越来越重要的角色，占比由 2016 年的 33.0% 增加到 2019 年的 39.0%；其次为西欧地区（2019 年，22.0%），但与 2016 年相比整体呈下降趋势；北美洲位居第三（2019 年，20.0%），比重相对稳定；东欧（2019 年，11.0%）、拉丁美洲（2019 年，5.0%）、非洲（2019 年，2.0%）和中东（2019 年，1.0%）所占比重依次降低，除了中东比重整体呈下降趋势，其他三个地区比重基本保持稳定。

在学科比重变化方面，在所有学科中，2016 年和 2017 年自然科学所占的比重最大，分别为 16.1% 和 14.6%；相比 2016 年和 2017 年，工程技术学的比重在 2018 年和 2019 年大幅增加；与此同时，计算机科学的比重也增加较大，从 2016 年的 5.4%，迅速增加到 2019 年的 10.0%。与工程技术学和计算机科学相比，临床医学与健康、生命科学和社会科学的比重都明显下降，分别从 2016 年的 13.9%、14.4% 和 14.5% 减少到 2019 年的 10.9%、10.7% 和 8.1%。此外，2017 年后新增了心理学、教育学和法学，但比重都相对较小。

三、英国 QS 排名

（一）QS 世界大学综合排名指标体系

QS 世界大学排名包括学术声誉（Academic Reputation）、师均引用率（Citations Per Faculty）、师生比（Faculty/Student Ratio）、雇主声誉（Employer Reputation）、国际教师比例（International Faculty Ratio）和国际学生比例（International Student Ratio）6 个指标（见表 1.6）。指标内容及所占权重自 2011 年以来保持不变。与 THE 相同，QS 使用"Z 分数法"计算非声誉类指标的得分，使用"比例参照法"计算声誉类指标得分。

表 1.6　2019 年 QS 世界大学排名指标体系

指标名称	权重	说明
学术声誉	40%	以调查问卷的形式，调查对象需根据学科领域选出本国的 10 强大学，以及本国之外的（调查对象所熟悉的地区）30 强大学，通过加权处理得出最终结果
雇主声誉	10%	类似于学术声誉调查，但调查对象为用人单位，调查内容倾向于对毕业生就业能力的评价
师生比	20%	教师数量和学生数量的比例。本科生和研究生分开考虑，但在无法分别收集这两类学生的数量时，则使用学生总数
师均引用率	20%	以 Elsevier 的 Scopus 数据库为基础，辅以科睿唯安的 Web of Science 数据库，计算师均论文引用率，并进行标准化处理
国际教师比例	5%	国际教师所占全体教师的比重
国际学生比例	5%	国际学生所占全体学生的比重

在文献数据方面，QS 使用 Elsevier 的 Scopus 数据库。在声誉数据

方面，QS 大学排名的声誉调查分为学术声誉调查和雇主声誉调查，均由 QS 独立实施。学术声誉调查在 QS 世界大学排名的指标体系中拥有40%的权重，是其最为核心的指标。2019 年 QS 世界大学排名中的学术声誉调查共有超过 83000 人参与，调查对象来源广泛，包括历届受访者、世界科技出版公司（World Scientific）、Mardev-DM2 数据库、学术注册程序（QS 开发的用于学术调查的程序）和大学提供的名单等。[1]这些受访者基于艺术与人文、生命科学与医学、自然科学、社会科学与管理学、工程与技术这 5 个学科领域，选出所在地区最好的 10 所大学和所熟悉地区[2]最好的 30 所大学。在雇主声誉调查方面，2019 年共有超过43000 人参与，这些受访者要选出毕业生招聘中表现优秀的至多 10 所国内院校，以及在所熟悉地区选出至多 30 所国际院校，同时他们也要指出偏好招募什么专业的毕业生。这两类声誉调查数据按地区进行加权处理后，得出最终结果。

（二）QS 学科排名指标体系

2011 年 QS 开始发布学科排名，其指标体系的构成与大学排名不同，包括学术声誉、雇主评价、论文平均引用率和 H 指数 4 个指标。2019 年QS 学科排名根据不同学科特点设置 19 类指标权重分配模式[3]，学科排名的数据来源和计算方法与其大学排名相同。

---

1 2019 年 QS 世界大学排名［EB/OL］. https://www.topuniversities.com/university-rankings/world-university-rankings/2019.

2 地区包括：美国、欧洲、中东、非洲、亚太地区。

3 若所有学科的指标权重分配模式相同，则指标权重分配模式归为 1 类；QS 学科排名48 个学科共可归为 19 类指标权重分配模式。

1. QS 学科排名的范围

2019 年 QS 学科排名包括艺术与人文（Arts & Humanities）（11 个）、工程与技术（Engineering & Technology）（6 个）、生命科学与医学（Life Sciences & Medicine）（9 个）、自然科学（Natural Sciences）（7 个）和社会科学与管理学（Social Sciences & Management）（15 个）5 个大类，共计 48 个具体学科。[1]

近年来，QS 学科排名覆盖的学科数一直在增加，已从 2013 年的 30 个增加到 2019 年的 48 个（见表 1.7），涨幅达到 60%。其中艺术与人文的涨幅最大（6 个，120%），其次为生命科学与医学（4 个，80%）、社会科学与管理学（7 个，87.5%）、工程与技术（1 个，20%），而自然科学没有增长[2]。其中值得关注的是，艺术与人文的学科数量所占比重由 2013 年的 16.7%增长为 2019 年的 22.9%，从最后一位上升为第二位，而社会科学与管理学所占比重自 2013 年起一直位居第一。[3]从整体来看，QS 学科排名的学科覆盖面积逐渐扩大，越来越多的人文学科和社会科学学科加入了 QS 学科评价体系中，并扮演起了非常重要的角色。

---

1 2019 年 QS 学科排名［EB/OL］. https://www.topuniversities.com/subject-rankings/2019.

2 2013—2019 年，艺术与人文领域内新增：考古学、建筑学、艺术与设计、古典文学与古代史、表演艺术和神学与宗教研究。生命科学与医学领域内新增：牙医学、兽医学、药剂与药理学和解剖学与生理学。社会科学与管理学领域内新增：人类学、商业与管理学、发展研究学、旅游与休闲管理、图书馆与信息管理、社会政策与管理学和运动学。工程与技术领域内新增：矿物与采矿学。

3 2013 年 QS 学科排名［EB/OL］. https://www.topuniversities.com/subject-rankings/2013.

表 1.7　2019 年 QS 学科排名评价体系的指标构成 [1]

学科门类	学科	学术声誉	雇主评价	论文平均引用率	H指数	学科门类	学科	学术声誉	雇主评价	论文平均引用率	H指数
艺术与人文	考古学	70%	10%	10%	10%	工程与技术	计算机科学	40%	30%	15%	15%
	建筑学	70%	10%	10%	10%		化学工程	40%	30%	15%	15%
	艺术与设计	90%	10%	—	—		土木与结构工程	40%	30%	15%	15%
	古典文学与古代史	90%	10%	—	—		电机与电子工程	40%	30%	15%	15%
	英语语言文学	80%	10%	10%	—		机械、航空与制造学	40%	30%	15%	15%
	历史学	60%	10%	15%	15%		矿物与采矿学	40%	30%	15%	15%
	语言学	80%	10%	5%	5%		均值	40%	30%	15%	15%
	现代语言学	70%	30%	—	—	自然科学	化学	40%	20%	20%	20%
	表演艺术	80%	20%	—	—		地球与海洋科学	40%	10%	25%	25%
	哲学	75%	5%	10%	10%		环境科学	40%	10%	25%	25%
	神学与宗教研究	70%	10%	10%	10%		地理学	60%	10%	15%	15%
	均值	76%	12%	6%	5%		材料科学	40%	10%	25%	25%
社会科学与管理学	会计学与金融学	50%	30%	10%	10%		数学	40%	20%	20%	20%
	人类学	70%	10%	10%	10%		物理学与天文学	40%	20%	20%	20%
	商业与管理学	50%	30%	10%	10%		均值	43%	14%	21%	21%
	传媒学	50%	10%	20%	20%	生命科学与医学	农学与林学	50%	10%	20%	20%
	发展研究学	60%	10%	15%	15%		解剖学与生理学	40%	10%	25%	25%
	经济学与计量经济学	40%	20%	20%	20%		生物科学	40%	10%	25%	25%
	教育学	50%	10%	20%	20%		牙医学	30%	10%	30%	30%
	旅游与休闲管理	45%	50%	5%	—		药学	40%	10%	25%	25%
	法学	50%	30%	5%	15%		护理	30%	10%	30%	30%
	图书馆与信息管理	70%	10%	15%	5%		药剂与药理学	40%	10%	25%	25%

1 2019 年 QS 学科排名［EB/OL］. https://www.topuniversities.com/subject–rankings/2019.

学科门类	学科	学术声誉	雇主评价	论文平均引用率	H指数	学科门类	学科	学术声誉	雇主评价	论文平均引用率	H指数
社会科学与管理学	政治学与国际关系学	50%	30%	10%	10%	生命科学与医学	心理学	40%	20%	20%	20%
	社会政策与管理学	70%	20%	10%	—		兽医学	30%	10%	30%	30%
	社会学	70%	10%	5%	15%		均值	38%	11%	26%	26%
	运动学	60%	10%	15%	15%						
	统计学	50%	10%	20%	20%						
	均值	56%	19%	13%	12%						

2. QS 学科排名的指标体系

在 QS 学科排名的指标体系中，除了"H 指数"，其余 3 个指标的含义和数据来源与大学排名中的相同。其中，学术声誉和雇主评价基于对全球数万名受访者的问卷调查。受访者提名他们认为表现最优秀的国内和国外大学，指标得分根据大学被提名次数，在进行标准化处理后产生。论文平均引用率则使用 Scopus 数据库，通过 ASJS（全科学期刊分类）编号区分所发表期刊的主要焦点，以此计算教师平均引用。"H 指数"是由加州大学圣地亚哥分校的物理学家乔治·赫希（Jorge Hirsch）提出的代表"高引用次数"的指标。一个人的 H 指数是指在一定期间内发表的论文至少有 h 篇被引频次不低于 h 次，即一个人的 H 指数是指其发表的 Np 篇论文中有 h 篇，每篇至少被引 h 次、而其余 Np-h 篇论文每篇被引均小于或等于 h 次。[1] 应用到机构也是如此，H 指数可以综合反映一个机构学术产出的数量和质量。

---

1 HIRSCH. J. E. An index to quantify an individual's scientific research output that takes into account the effect of multiple coauthorship ［J］. Scientometrics，2010，85（3）：741–754.

为体现学科特点，防止学科偏见，保障排名的客观性和科学性，在 QS 学科排名体系中不同学科的指标权重不同。其指标构成具备如下特点：第一，在生命科学与医学和自然科学两个学科门类中，H 指数和论文平均引用率这两个研究性指标占据较大比重，分列五大学科门类的前两名（52% 和 42%）；第二，工程与技术学科门类因其应用性较强，所以雇主评价（30%）的占比在五类学科中最高；第三，社会科学与管理学和艺术与人文学科门类的研究主题和研究方法的学术共识程度远低于自然科学，所以与论文平均引用率和 H 指数相比，学术声誉这一指标更能够提供准确的评价，其在这两类学科评价中所占的比重分别高达 56% 和 76%；第四，与艺术与人文学科门类相比，以经济学、法学、管理学为代表的社会科学与管理学科门类应用性更强，雇主评价的占比也更高，达到 19%。

四、US News 世界大学排名

（一）US News 世界大学综合排名指标体系

2019 年 US News 世界大学排名的指标体系包括全球研究声誉（Global research reputation）、区域研究声誉（Regional research reputation）、学术文章（Publications）、书籍（Books）、会议论文（Conferences publications）、标准化引用影响力（Normalized citation impact）、总论文引用次数（Total citations）、高被引论文数量（前 10%）（Number of publications that are among the 10 percent most cited）、高被引论文比例（前 10%）（Percentage of total publications that are among the 10 percent most cited）、国际合作论文（International collaboration）、国际合作论

文比例（Percentage of total publications with international collaboration）、高被引论文数量（前 1%）（Number of highly cited papers that are among the top 1 percent most cited in their respective field）、高被引论文比例（前 1%）（Percentage of total publications that are among the top 1 percent most highly cited papers）共计 13 个指标（见表 1.8）。[1]

表 1.8　2015—2019 年 US News 世界大学排名指标体系 [2]

指标	说明	2015 年	2016 年	2017 年	2018 年	2019 年
全球研究声誉	受访者根据学科分类，列举出全球和所属区域中最优秀的几个学术研究机构。区域研究声誉指标按照联合国定义的区域进行划分	12.5%	12.5%	12.5%	12.5%	12.5%
区域研究声誉		12.5%	12.5%	12.5%	12.5%	12.5%
学术文章	基于科睿唯安公司的 Web of Science 数据库，统计学术文章、书籍和会议论文的发表出版数量。其中书籍和会议论文仅局限于艺术与人文、社会科学两个领域	12.5%	10.0%	10.0%	10.0%	10.0%
书籍		无	2.5%	2.5%	2.5%	2.5%
会议论文		无	2.5%	2.5%	2.5%	2.5%
标准化引用影响力	基于科睿唯安公司的 Web of Science 数据库，将机构发表论文的平均引用次数进行标准化处理	10.0%	10.0%	10.0%	10.0%	10.0%
总论文引用次数	基于科睿唯安公司的 Web of Science 数据库，统计机构的论文被引用的总次数，并进行标准化处理	10.0%	7.5%	7.5%	7.5%	7.5%
高被引论文数量（前10%）	基于科睿唯安公司的 Web of Science 数据库，统计某领域中总引用次数排在前 10%的学术文章数量	12.5%	12.5%	12.5%	12.5%	12.5%
高被引论文比例（前10%）	基于科睿唯安公司的 Web of Science 数据库，计算总引用次数排在前 10%的学术文章数量占总学术文章数量的百分比	10.0%	10.0%	10.0%	10.0%	10.0%

---

1 2019 年 US News 大学排名指标体系［EB/OL］. https://www.usnews.com/education/ best-global-universities/articles/methodology.

2 2015 年 US News 世界大学排名即为 2014 年发布的 2014—2015 排名，根据官网标准记为 2015 年，依次类推。

续表

指标	说明	2015 年	2016 年	2017 年	2018 年	2019 年
国际合作论文	基于科睿唯安公司的 Web of Science 数据库，用某个机构包含国际合作作者的论文比例除以该机构所在国家包含国际合作作者的论文比例而得出	10.0%	10.0%	10.0%	5%	5%
国际合作论文比例	某个机构所有论文中国际合作论文比例	无	无	无	5%	5%
博士学位授予数量	授予博士学位的总数	5.0%	5.0%	无	无	无
师均博士学位授予数量	每一位教学人员对应的授予博士学位的数量	5.0%	5.0%	无	无	无
高被引论文数量（前 1%）	基于科睿唯安公司的 Web of Science 数据库，统计某领域中总引用次数排在前 1%的论文数量	无	无	5.0%	5.0%	5.0%
高被引论文比例（前 1%）	基于科睿唯安公司的 Web of Science 数据库，计算总引用次数排在前 1%的论文数量占总论文数量的百分比	无	无	5.0%	5.0%	5.0%

2019 年 US News 世界大学排名指标体系是在 2015 年指标体系的基础上，经历了三次调整最终形成的。其中，书籍和会议论文两个指标在 2016 年的排名中被加入，前者对评价社会科学和人文科学更为适用，后者则可以代表某些领域中尚未正式公开发表的科研突破。与此同时，学术文章由 12.5%变为 10.0%，总论文引用次数由 10.0%变为 7.5%（见表 1.8）。[1] 而 2017 年的排名则取消了博士学位授予数量和师均博士学位授予数量两个指标，增加了高被引论文数量（前 1%）和高被引论文比例（前 1%），这次调整使该排名中仅有的两个教学类指标不复存

---

1 2015 年 US News 大学排名指标体系［EB/OL］. https://www.usnews.com/education/best-global-universities/articles/methodology.

2016 年 US News 大学排名指标体系［EB/OL］. https://www.usnews.com/education/best-global-universities/articles/methodology.

在。[1]2018 年的排名又对指标及指标比例进行了微调，即将国际合作论文分解为国际合作论文和国际合作论文比例两个指标，指标比例由原先的 10.0%平均分配为每个指标 5.0%。[2]2019 年的排名在指标及指标比例方面，均与 2018 年相同。在得分计算方法方面，US News 所使用的办法与 THE 和 QS 相同，为"Z 分数法"和"比例参照法"。

与 QS 和 THE 不同的是，在文献数据方面，US News 使用 Web of Science 数据库。US News 大学排名的声誉调查包括全球性声誉调查和区域性声誉调查，覆盖社会科学、工程与技术、临床医学与健康、自然科学、生命科学和艺术与人文六大类，由科睿唯安公司负责开展。2019 年 US News 世界大学排名中的声誉调查从 3 月 29 日开始，持续至 5 月 29 日，涉及 128 个国家和 7 种语言，共收到 4855 份调查回复，受访者均是教学或科研人员。在全球研究声誉调查中，受访者根据自身所处学科在全球范围内对学术研究机构进行学科层次和系级层次的排名，反映全球最佳学术研究机构的学术声誉情况；区域研究声誉同样以学科为基础，反映某一地区学术研究机构的学术声誉情况。地区分类宏观上包括美洲、欧洲、亚洲/中东、非洲和大洋洲五大地区。

（二）US News 学科排名指标体系

2014 年，US News 在发布全球最佳大学排名的同时也开始发布学科排名，其指标内容、数据来源与得分计算方式和世界大学综合排名

---

1 2017 年 US News 大学排名指标体系［EB/OL］. https://www.usnews.com/education/best-global-universities/articles/methodology.

2 2018 年 US News 大学排名指标体系［EB/OL］. https://www.usnews.com/education/best-global-universities/articles/methodology.

相同，但根据学科特点设置了 3 种指标权重分配方法。[1]

1. US News 学科排名的范围

2014 年 US News 发布的 2015 年 [2] 学科排名对 21 个学科进行评价和排名，2016 年学科排名在 21 个学科的基础上增设艺术与人文学科，2017—2019 年学科排名的学科数量与 2016 年相同。这 22 个学科被分作三类：硬科学（16 个）、软科学（5 个）和艺术与人文（1 个）[3]。

2. US News 学科排名的指标体系

2019 年 US News 学科排名指标体系包括全球研究声誉、区域研究声誉、学术文章、书籍、会议论文、标准化引用影响力、总论文引用次数、高被引论文数量（前 10%）、高被引论文比例（前 10%）、高被引论文数量（前 1%）、高被引论文比例（前 1%）、国际合作论文、国际合作论文比例 13 个指标。[4]

根据学科特点的不同，三类学科的指标权重有所不同（见表 1.9）。硬科学和软科学都涉及除了书籍和会议论文的全部指标，只是在引用指

---

1 2019 年 US News 学科排名指标体系［EB/OL］. https://www.usnews.com/education/best-global-universities/articles/subject-rankings-methodology.

2 2014 年 US News 发布的 2014—2015 年学科排名，根据官网标准记为 2015 年，依次类推。

3 硬科学 16 个，包括：农学、生物学与生物化学、化学、临床医学、环境生态学、地球科学、免疫学、材料科学、微生物学、分子生物学与遗传学、神经科学与行为学、药理学与毒理学、物理学、植物学与动物学、精神病学与心理学、空间科学。软科学 5 个，包括：计算机科学、经济学与商学、工程学、数学、社会科学与公共卫生。艺术与人文 1 个，即艺术与人文。

4 2019 年 US News 学科排名指标体系［EB/OL］. https://www.usnews.com/education/best-global-universities/articles/subject-rankings-methodology.

标的权重上略有不同。排名机构认为，在硬科学领域中，科研成果较容易达成共识，文章引用类指标可以准确地反映学术质量；但在软科学领域中，论文引用与学术成果之间的关系并不明确，如社会科学、经济学领域的引用可能是对被引用者的观点进行批驳，而数学领域论文引用数量的积累需要更长的时间周期，总的引用增长速度很缓慢。[1] 所以，与硬科学领域相比，软科学领域在标准化引用影响力和总论文引用次数方面的权重相对较低一些，而在学术文章和高被引论文数量（前 10%）方面的比重较高。考虑到在艺术与人文学科领域中有不少优秀的学术成果不以论文的形式发表，所以引入书籍和会议论文两个指标。此外，因为该领域的学术成果共识很难达成，量化指标的有效性很低，所以全球研究声誉与区域研究声誉这两个主观性指标被给予了较高的权重。

表 1.9　2019 年 US News 全球最佳大学学科排名指标体系

指标	硬科学	软科学	艺术与人文
全球研究声誉	12.5%	12.5%	20%
区域研究声誉	12.5%	12.5%	15%
学术文章	15%	17.5%	10%
书籍	—	—	15%
会议论文	—	—	5%
标准化引用影响力	10%	7.5%	7.5%
总论文引用次数	15%	12.5%	7.5%
高被引论文数量（前 10%）	10%	12.5%	7.5%
高被引论文比例（前 10%）	5%	5%	7.5%
高被引论文数量（前 1%）	5%	5%	—
高被引论文比例（前 1%）	5%	5%	—
国际合作论文	5%	5%	2.5%
国际合作论文比例	5%	5%	2.5%

---

1 2019 年 US News 学科排名指标体系［EB/OL］. https://www.usnews.com/education/best-global-universities/articles/subject-rankings-methodology.

五、ARWU 世界大学排名

(一) ARWU 世界大学综合排名指标体系

ARWU 世界大学学术排名自 2003 年首次公布，一直沿用至今。目前，ARWU 世界大学学术排名指标体系包括 4 个一级指标和 6 个二级指标，其中一级指标包括教育质量、教师质量、科研成果和师均表现；二级指标包括获诺贝尔奖和菲尔兹奖的校友折合数（简称"校友获奖"）、获诺贝尔科学奖和菲尔兹奖的教师折合数（简称"教师获奖"）、各学科领域被引用次数最高的科学家数量（简称"高被引学者"）、在《自然》(Nature) 和《科学》(Science) 上发表论文的折合数（简称"N&S论文"）、被科学引文索引（SCIE）和社会科学引文索引（SSCI）收录的论文数量（简称"国际论文"）、上述五项指标得分的师均值（简称"师均表现"）（见表 1.10）。

表 1.10　2019 年世界大学学术排名的指标与权重 [1]

一级指标	二级指标	英文简称	权重	说明
教育质量	获诺贝尔奖和菲尔兹奖的校友折合数	Alumni	10%	是指一所大学的校友获得的诺贝尔奖和菲尔兹奖的数量。对不同年代的获奖校友赋予不同的权重，每回推十年权重递减 10%
教师质量	获诺贝尔科学奖和菲尔兹奖的教师折合数	Award	20%	是指一所大学的教师获得的诺贝尔科学奖（物理、化学、生理或医学、经济学）和菲尔兹奖（数学）的数量。对不同年代的获奖者赋予不同的权重，每回推十年权重递减 10%
	各学科领域被引用次数最高的科学家数量	HiCi	20%	是指一所大学的高被引学者总数。高被引学者是指由科睿唯安公司研制发布的世界范围内各学科领域论文被引次数最高的研究人员。2019 年世界大学学术排名中该指标的计算使用 2018 年 12 月版的高被引学者名单（2018 HCR List as of December 6, 2018）。统计时仅考虑高被引学者的第一工作单位

---

1 2019 年 ARWU 世界大学学术排名方法［EB/OL］. http://www.zuihaodaxue.com/ARWU-Methodology-2019.html.

一级指标	二级指标	英文简称	权重	说明
科研成果	在《自然》（Nature）和《科学》（Science）上发表论文的折合数	N&S	20%	是指一所大学过去五年（2014—2018 年）在《自然》（Nature）和《科学》（Science）上发表论文的折合数量，只统计研究论文（Article），不统计评论（Review）或快讯（Letter）等。通讯作者单位的权重为100%，第一作者单位（如果第一作者单位与通讯作者单位相同，则为第二作者单位）的权重为50%，下一个作者单位的权重为25%，其他作者单位的权重为10%
	被科学引文索引（SCIE）和社会科学引文索引（SSCI）收录的论文数量	PUB	20%	是指一所大学过去一年（2018 年）被 SCIE 和 SSCI 收录的论文数量，只统计研究论文（Article），不统计评论（Review）或快讯（Letter）等。考虑到社会科学领域的学者经常以著作等形式发表其研究成果，根据实证数据，对 SSCI 收录的论文赋予 2 倍的权重
师均表现	上述五项指标得分的师均值	PCP	10%	是指一所大学的师均学术表现，由前五项指标得分之和除以全时（Full time equivalent）教师数而得
* 对纯文科大学，不考虑 N&S 指标，其权重按比例分解到其他指标中				

在进行排名时，Alumni、Award、HiCi、N&S、PUB、PCP 等每项指标得分最高的大学为 100 分，其他大学按其与最高值的比例计算得分。如果任何一个指标的数据分布呈现明显的异常，则采用常规统计方法对数据进行处理。在计算出各大学各项指标的得分后，再对其在 6 项指标上的得分进行加权，令总得分最高的大学为 100 分，其他大学按其与最高值的比例得分。

（二）ARWU 世界大学学科类排名

ARWU 拥有两种学科类排名，包括学科领域排名和学科排名，分别于 2007 年和 2009 年首次公布。2017 年开始，世界大学学科领域排名不再发布。

1. ARWU 学科领域排名（2007—2016 年）[1]

ARWU 学科领域排名设置了 5 个学科领域大类，分别是：自然科学与数学（简称"理科"）、工程/技术与计算机科学（简称"工科"）、生命科学与农学（简称"生命"）、临床医学与药学（简称"医科"）和社会科学（简称"社科"）[2]。由于很难找到合理的并且国际可比的指标，ARWU 没有对艺术与人文学科进行世界排名。另外，一些跨几个学科领域的交叉学科，如心理学、行为科学、神经科学等，也没有纳入学科领域排名。

ARWU 学科领域排名单独设立了高质量论文比例（简称 TOP）和科研经费（简称 Fund）两个指标，前者指某学科领域中发表在影响因子前 20% 期刊上的论文占比，后者只针对工科领域。各项指标的得分计算方法与综合排名相同。

如表 1.11 所示，ARWU 学科领域排名的指标体系主要分为两类，一类由 Alumni、Award、HiCi、PUB 和 TOP 这 5 项指标构成；另一类保留 HiCi、PUB 和 TOP 这 3 项反映科研水平的指标，不采用 Alumni 和 Award 这两项体现教育质量和教师质量的指标，而加入代表经费支持的 Fund 指标。前者具体运用于理科、生命、医科和社科领域，后者则主要适用于在学术研究中常常需要大量经费支持的工科领域。

---

1 2016 年 ARWU 学科领域排名［EB/OL］. http://www.zuihaodaxue.com/FieldSCI2016.html.

2 自然科学与数学包括数学、物理学、化学、天文学、气象学、地球科学、行星科学等。工程/技术与计算机科学包括机械、电气电子、航空航天、土木、化工、材料、计算机等。生命科学与农学包括生物学、生物医学科学（如免疫学）、农学、环境科学、自然资源保护等。临床医学与药学包括临床医学学科、牙医、护理学、公共卫生、兽医学、药学等。社会科学包括经济学、社会学、政治学、法学、教育学、管理学等。

表 1.11　2016 年 ARWU 学科领域排名指标体系 [1]

项目	获奖校友 （Alumni）	获奖教师 （Award）	高被引科学家 （HiCi）	论文数 （PUB）	高质量论文比例 （TOP）	科研经费 （Fund）
权重	10%	15%	25%	25%	25%	25%
理科	√	√	√（含 5 个学科）	√	√	×
工科	×	×	√（含 3 个学科）	√	√	√
生命	√	√	√（含 8 个学科）	√	√	×
医科	√	√	√（含 3 个学科）	√	√	×
社科	√	√	√（含 2 个学科）	√	√	×

2. ARWU 学科排名

2019 年 ARWU 学科排名使用 InCites 数据库，覆盖 54 个学科，以工科类为主，涉及理学（8 个）、工学（22 个）、生命科学（4 个）、医学（6 个）和社会科学（14 个），不涉及艺术与人文领域。

ARWU 学科排名共包含 5 个指标，包括论文总数（PUB）、顶尖期刊论文数（TOP）、教师获权威奖项数（AWARD）、论文标准化影响力（CNCI）和国际合作论文比例（IC），各项指标的具体内涵均与综合排名不同（见表 1.12）。

表 1.12　2019 年 ARWU 学科排名的指标说明 [2]

指标内容	指标说明
论文总数 （PUB）	指过去 5 年（2013—2017 年）被 InCites 数据库相应学科收录的 Article 类型的论文数
顶尖期刊论文数（TOP）	指过去 5 年（2013—2017 年）在相应学科顶尖期刊上发表论文的数量，包括 45 个学科的 134 本顶尖学术期刊
教师获权威奖项数（AWARD）	指教师 1981 年以来获得本学科最重要的国际奖项的折合数，共包括 23 个学科 26 项国际重要奖项。不同年代的获奖者被赋予不同的权重，每回推十年权重递减 25%

---

1 2016 年 ARWU 学科领域排名［EB/OL］. http://www.zuihaodaxue.com/ FieldSCI2016.html.

2 2019 年 ARWU 学科排名方法［EB/OL］. http://www.zuihaodaxue.com/subject-ranking/ ARWU-SUBJECT-Methodology-2019.html.

续表

指标内容	指标说明
论文标准化影响力（CNCI）	指过去 5 年（2013—2017 年）被 InCites 数据库相应学科收录的 Article 类型论文的被引次数与相同年份、相同条目、相同文献类型论文的被引次数比值的平均值
国际合作论文比例（IC）	国际合作论文比例用来测量被评价大学在相应学科的国际合作程度。该指标统计过去 5 年（2013—2017 年）被 InCites 数据库相应学科收录的 Article 类型的论文中有国外机构地址的论文比例

根据不同学科的特点，ARWU 学科排名设置了六类指标权重分配模式（见表 1.13）。理工类学科主要集中于模式一和模式二，其中数学、物理学等理学领域因更侧重于基础理论研究，所以拥有权重为 100 的教师获权威奖项数，为模式一；而生态学、海洋科学等学科不设教师获权威奖项数这一指标，为模式二。在工学领域，机械工程、电力电子工程和控制科学与工程等学科主要为模式一；通信工程、仪器科学等学科则集中于模式二；水资源工程则属于模式三，教师获权威奖项数权重仅为 20。在生命科学领域，生物学和基础医学归为模式一，农学和兽医学则归为模式二。医学领域可以分为三类，其中临床医学和口腔医学归为模式一，公共卫生和医学技术归为模式二，护理学和药学则归为模式三。在模式一、模式二、模式三中，除了教师获权威奖项数的权重在理、工、生、医领域不同学科间的分配有所不同，论文总数、论文标准化影响力、国际合作论文比例和顶尖期刊论文数这 4 项指标在各学科间的权重分配模式均相同。其中，国际合作论文比例的权重均为 20，其他三项指标的权重则都为 100。与理科、工科、生命科学、医学领域相比，社会科学领域的分配模式则大不相同，因社科类学科较难在国际范围上达成普遍学术共识，所以论文标准化影响力和国际合作论文比例所占权重较小，分别只有 50 和 10；而论文总数所占权重最大，高达 150；顶尖期刊论

文数的权重稍小一些，但也达到 100。根据教师获权威奖项数权重的不同，可以将社会科学领域相关学科划分为三种模式：经济学和统计学为模式四，法学和社会学等学科为模式五，政治学和旅游休闲管理为模式六。

在 ARWU 学科排名中，虽然不同学科的指标权重分配模式有所不同，但每所大学各个学科的得分计算方式完全相同。计算方法为：第一步，将某大学某学科在每一项指标上的得分除以该项指标的最大值，得出一个比值；第二步，由于各大学得分的差距可能非常明显、方差很大，在保持原有顺序的情况下为了缩小分值差距、更合理科学地进行排名，将第一步得出的比值进行平方根运算处理；第三步，将每项指标平方根运算后的得分比值乘以 100，再乘以每项指标所占的权重进行累加，就得到该大学某学科的最终得分；第四步，根据各大学该学科的得分进行学科排名。在 ARWU 学科排名的 5 个指标中，论文标准化影响力（CNCI）为相对指标，论文数量较少时 CNCI 可能会不够稳定，因此在计算该指标的得分时，一个学科的 CNCI 最大值设置为该学科所有大学的 CNCI 平均值的 2 倍或者该学科所有大学中 CNCI 的实际最大值，取二者中较低者，令其为 100 分。其他大学按其 CNCI 与该最大值的比例得分，CNCI 超过该最大值的大学，均得 100 分。[1]

---

1 2019 年 ARWU 学科排名方法 [EB/OL]. http://www.zuihaodaxue.com/subject-ranking/ARWU-SUBJECT-Methodology-2019.html.

表 1.13　2019 年 ARWU 学科排名的指标权重分配模式[1]

学科门类	论文总数（PUB）	论文标准化影响力（CNCI）	国际合作论文比例（IC）	顶尖期刊论文数（TOP）	教师获权威奖项数（AWARD）	具体学科	模式
理学	100	100	20	100	100	数学、物理学、化学、地球科学	模式一
	100	100	20	100	无	地理学、生态学、海洋科学、大气科学	模式二
工学	100	100	20	100	100	机械工程、电力电子工程、控制科学与工程、计算机科学与工程、土木工程、化学工程、材料科学与工程、环境科学与工程	模式一
	100	100	20	100	无	通信工程、仪器科学、生物医学工程、纳米科学与技术、能源科学与工程、食品科学与工程、生物工程、航空航天工程、船舶与海洋工程、交通运输工程、遥感技术、矿业工程、冶金工程	模式二
	100	100	20	100	20	水资源工程	模式三
生命科学	100	100	20	100	100	生物学、基础医学	模式一
	100	100	20	100	无	农学、兽医学	模式二
医学	100	100	20	100	100	临床医学、口腔医学	模式一
	100	100	20	100	无	公共卫生、医学技术	模式二
	100	100	20	100	20	护理学、药学	模式三
社会科学	150	50	10	100	100	经济学、统计学	模式四
	150	50	10	100	无	法学、社会学、教育学、新闻传播学、心理学、工商管理、金融学、管理学、公共管理、图书情报科学	模式五
	150	50	10	100	20	政治学、旅游休闲管理	模式六

1 2019 年 ARWU 学科排名方法［EB/OL］. http://www.zuihaodaxue.com/subject-ranking/ARWU-SUBJECT-Methodology-2019.html.

第三节　世界大学排名的特征

THE、QS、US News 和 ARWU 排名的指标体系虽有一定的相似之处，但也各具特色、各有侧重。本节将通过比较分析，对四类世界大学综合排名和世界大学学科排名的特征进行介绍。

一、四类世界大学综合排名指标体系的特征

四类世界大学综合排名指标体系的核心指标共计 38 个，THE、QS、US News 和 ARWU 大学综合排名分别拥有 13 个、6 个、13 个和 6 个 [1]。在此基础上，本节根据指标的主客观性将这 38 个指标重新分为主观性指标和客观性指标两类，其中主观性指标为声誉类指标，包括教学声誉、研究声誉和雇主声誉等；客观性指标主要包括教学类指标、科研类指标、国际合作类指标和其他类指标。其中教学类指标是指与师生比、教师学历、师资力量有关的指标，这些指标会在一定程度上影响学校的教育质量；科研类指标下设 4 个子类别，包括论文数量类指标、数量类引用指标、比率类引用指标和非文献类指标，其中数量类引用指标是指单纯的

---

[1] THE 和 ARWU 世界大学综合排名指标体系包含二级指标，故 THE 和 ARWU 排名核心指标数量为二级指标数量，而 QS 和 US News 排名核心指标数量为一级指标数量。

引用数量统计，而比率类引用指标则代表各种比值类的科研指标；国际合作类指标是指与国际教师、国际学生和国际合作论文有关的所有指标（见表 1.14）。

表 1.14　2019 年 THE、QS、US News 和 ARWU 的指标归类

指标分类		具体指标名称	所属排名	权重
声誉类指标（主观性指标）		教学声誉	THE	15.00%
		研究声誉		18.00%
		学术声誉	QS	40.00%
		雇主声誉		10.00%
		全球研究声誉	US News	12.50%
		区域研究声誉		12.50%
教学类指标（客观性指标）		师生比	THE	4.50%
		博士学位/学士学位授予比		2.25%
		博士学位授予数量/教师数量		6.00%
		学术人员平均机构收入		2.25%
		师生比	QS	20.00%
		获诺贝尔奖和菲尔兹奖的校友折合数	ARWU	10.00%
科研类指标（客观性指标）	论文数量类指标	师均论文发表数	THE	6.00%
		学术文章发表	US News	10.00%
		书籍		2.50%
		会议论文		2.50%
	数量类引用指标	论文引用次数	THE	30.00%
		总论文引用次数	US News	7.50%
		高被引论文数量（前 10%）		12.50%
		高被引论文数量（前 1%）		5.00%
		在《自然》（Nature）和《科学》（Science）上发表论文的折合数	ARWU	20.00%
		被科学引文索引（SCIE）和社会科学引文索引（SSCI）收录的论文数量		20.00%
	比率类引用指标	师均引用率	QS	20.00%
		标准化引用影响力	US News	10.00%
		高被引论文比例（前 10%）		10.00%
		高被引论文比例（前 1%）		5.00%

指标分类		具体指标名称	所属排名	权重
科研类指标 （客观性指标）	非文献类 指标	学术人员平均科研经费	THE	6.00%
		师均企业研究经费		2.50%
		获诺贝尔科学奖和菲尔兹奖的教师折合数	ARWU	20.00%
		各学科领域被引用次数最高的科学家数量		20.00%
国际合作类指标 （客观性指标）		国际学生比例	THE	2.50%
		国际教师比例		2.50%
		国际合作论文比例		2.50%
		国际教师比例	QS	5.00%
		国际学生比例		5.00%
		国际合作论文	US News	5.00%
		国际合作论文比例	US News	5.00%
其他类指标（客观性指标）		师均表现	ARWU	10.00%

在表 1.14 的基础上，可以通过对比四类大学排名的各项指标权重，探究其各自指标体系的特点（见表 1.15）。

表 1.15　2019 年 THE、QS、US News 和 ARWU 世界大学排名的指标比较

指标名称		排名体系			
		THE	QS	US News	ARWU
声誉类指标（主观性指标）		33.00%	50.00%	25.00%	0.00%
教学类指标（客观性指标）		15.00%	20.00%	0.00%	10.00%
科研类指标 （客观性指标）	论文数量类指标	6.00%	0.00%	15.00%	0.00%
	数量类引用指标	30.00%	0.00%	25.00%	40.00%
	比率类引用指标	0.00%	20.00%	25.00%	0.00%
	非文献类指标	8.50%	0.00%	0.00%	40.00%
国际合作类指标（客观性指标）		7.50%	10.00%	10.00%	0.00%
平均类指标总计（综合上述各类指标）		16.75%	20.00%	25.00%	10.00%

第一，THE 世界大学综合排名——重全面、重科研、轻人均。该大学排名对于各项指标均有涉及，其中教学类指标占比 15.00%，远少于科研类指标的 44.50%；科研类指标中数量类引用指标占比在四个排名中

位列第二，为 30.00%，仅次于 ARWU，但比率类引用指标权重为零；包括学术人员平均机构收入、师均论文发表数、学术人员平均科研经费和师均企业研究经费在内的各项平均类指标合计仅为 16.75%。

第二，**QS 世界大学综合排名——体系简单、重主观、教学科研均衡**。该大学排名仅包含教学类、声誉类、国际合作类和科研类四类指标，且每一类指标中包括的指标数量较少，指标体系的构成相对简单。其中教学类指标仅包含师生比（20.00%），科研类指标仅包含师均引用率（20.00%），但教学科研指标权重分布相对较为均衡。此外，QS 大学排名非常重视主观性声誉类指标，其 50% 的权重远超过 THE（33.00%）、US News（25.00%）和 ARWU（0.00%），但其客观性文献类指标仅占 20.00%，在四大排名中最低。

第三，**US News 世界大学综合排名——文献类指标体系复杂、重客观、重科研、重人均**。与 QS 大学排名相反，US News 大学排名的主观性声誉类指标权重仅为 25.00%，但其客观文献类指标体系非常复杂，共拥有 9 个具体指标，总计权重为 65.00%，远高于 THE 和 QS 的 36.00% 和 20.00%，其中比率类引用指标占比达 25.00%。值得注意的是，US News 大学排名没有教学类指标。

第四，**ARWU 世界大学综合排名——极重客观、极重科研、轻人均、重理工**。ARWU 排名的客观性科研类指标占比 80.00%，而其平均类指标（师均表现）仅占 10.00%。相较于 THE、QS 和 US News，ARWU 世界大学综合排名具有较强的独特性：（1）ARWU 的指标体系不含任何主观性声誉类指标，全部由客观性指标构成；（2）其绝大部分指标未在其他三大排名中使用；（3）ARWU 指标体系中的 Alumni、N&S 等指标更有利于理工类大学，具有较为明显的学科倾向性。

二、四类世界大学学科排名指标体系的特征

学科排名指标体系的特征可以从学科覆盖面和指标多样性两个角度进行分析。其中，学科覆盖面是指每个学科排名所涉及的学科数量，可借以观察排名的广度和对不同学科领域的重视程度；指标多样性则是对学科排名指标体系丰富程度的评价，包括指标内容多样性和指标权重分配模式多样化两个部分。如果两个指标体系中的指标内容相同，且各个指标的权重分配模式也一样，可将其定义为同一个学科指标体系；反之，即使指标内容相同，但两个指标体系中各个指标的权重分配模式存在差异，也可认为是两个不同的学科指标体系。

如表 1.16 所示，四类世界大学学科排名涉及的学科领域较多，THE、QS 和 ARWU 覆盖的学科都在 40 个以上，其中 ARWU 高达 54 个。为了更好地分析四大学科排名指标体系的特征，本节将重点选取艺术与人文、自然科学、社会科学和工学这四个学科门类，比较不同学科指标内容和指标权重分配模式的差异。THE 学科排名的指标内容与综合排名相同，但其五个一级指标权重分配和综合排名存在差异，且在 11 个学科门类之间彼此也不尽相同。因此，可先计算出 13 个二级指标占各自所对应的一级指标比重，再乘以所对应的一级指标占总指标体系的权重，最后对各项二级指标进行归类，指标归类方法与综合排名的归类方法相同（见表 1.14）。以艺术与人文学科门类的声誉类指标为例，其指标权重由教学声誉和研究声誉这两项二级指标权重相加而成。其中教学声誉的指标权重为其指标权重（15.00%）除以其所对应的一级指标教育教学环境在总指标体系中的权重（30.00%），再乘以艺术与人文学科门类中

教育教学环境的指标权重（37.4%，2019 年）（见表 1.4），即可得 18.70%
的指标权重；同理，可得研究声誉的指标权重为 22.56%。在此基础上，
将二者相加即可得到艺术与人文学科门类中声誉类指标的权重，即
41.26%（见表 1.17）。QS 学科排名四大学科门类各大类中，指标权重
根据各子学科学术声誉、雇主评价、论文平均引用率和 H 指数这四个指
标的平均得分汇总所得，如自然科学门类的声誉类指标权重为各子学科
学术声誉权重均值（43%）和雇主评价均值（14%）（见表 1.7）之和（57%）；
文献类指标权重则为其余两个指标权重均值之和（42%）。US News 学
科排名中除了明确的艺术与人文学科门类，本文选取软科学中的经济学
与商学、社会科学与公共卫生代表社会科学门类，选取软科学中的计算
机科学、工程学代表工学，选取硬科学中的化学和物理学代表自然科学，
并根据表 1.14 的各项指标比例汇总计算四个学科门类各大类指标的权
重。如工学的国际化指标，等于国际合作论文和国际合作论文比例这两
项指标权重之和，即 5%+5%，为 10%（见表 1.9）。ARWU 学科排名则
根据模式一和模式二各类指标权重之和与两种模式总权重的比例计算
自然科学各类指标权重，根据模式一、模式二和模式三的指标比例计算
工学各类指标权重，根据模式四、模式五和模式六的指标比例计算社会
科学各类指标权重（见表 1.13）。如社会科学的文献类指标权重，等于
模式四、模式五、模式六中论文总数、论文标准化影响力和顶尖期刊论
文数这三项指标的权重之和，即 450+150+300，除以三种模式的总权重
1050，为 85.71%。

表 1.16 2019 年 THE、QS、US News 和 ARWU 学科排名的学科覆盖对应关系

排名体系		THE	QS	US News	ARWU
学科覆盖	总数	43 个	48 个	22 个	54 个
	人文社科类	25 个	26 个	3 个	14 个
	理工生医类	18 个	22 个	19 个	40 个
指标数量		13 个	6 个	13 个	5 个
指标体系数量（适用不同学科）		6 个	19 个	3 个	6 个
具体对应学科门类		艺术与人文	艺术与人文	艺术与人文	无
		商业与经济	社会科学与管理学	软科学	社会科学
		社会科学			
		心理学			
		教育学			
		法学			
		工程技术学	工程与技术		工学
		计算机科学			
		自然科学	自然科学	硬科学	理学（自然科学）
		临床医学与健康	生命科学与医学		生命科学
		生命科学			医学

表 1.17 THE、QS、US News 和 ARWU 学科排名部分学科类别指标权重比较

排名	指标	艺术与人文	自然科学	社会科学	工学
THE	声誉类指标	41.26%	30.25%	35.76%	33.00%
	文献类指标	22.52%	40.50%	31.52%	33.50%
	非文献类科研指标	10.02%	8.00%	9.02%	11.00%
	教学类指标	18.70%	13.75%	16.20%	15.00%
	国际化指标	7.50%	7.50%	7.50%	7.50%
QS	声誉类指标	88.00%	57.00%	75.00%	70.00%
	文献类指标	11.00%	42.00%	25.00%	30.00%
US News	声誉类指标	35.00%	25.00%	25.00%	25.00%
	文献类指标	60.00%	65.00%	65.00%	65.00%
	国际化指标	5.00%	10.00%	10.00%	10.00%
ARWU	文献类指标	无	81.08%	85.71%	83.33%
	非文献类科研指标	无	13.51%	11.43%	11.11%
	国际化指标	无	5.41%	2.86%	5.56%

结合表 1.16 和表 1.17，可以发现四类学科排名具有如下特点。

THE 学科排名——重人文社科、指标内容多样性高、学科特征显著、权重相对均衡。THE 学科排名下设 11 个学科门类，43 个具体学科，其中人文社科类总计占比 58.14%。该排名根据学科门类建立了 6 个不同的学科指标体系，每个体系中均包括 5 个一级指标和 13 个二级指标。指标体系的权重分配较为均衡，在不同学科之间存在较为明显的差异。与自然科学和工学的文献类指标所占比例最高不同，艺术与人文学科、社会科学中声誉类指标的权重最大，且艺术与人文学科声誉类指标权重（41.26%）比文献类指标权重（22.52%）高出将近 19 个百分点。此外，在四大学科门类中，艺术与人文学科的教学类指标权重最大，为 18.70%。

QS 学科排名——重人文社科、指标体系多样性高、学科特征显著、重主观。QS 学科排名囊括了 48 个具体学科，其中人文社科领域相关学科占比达 54.17%。学科排名体系中内设 6 个指标，并根据 48 个具体学科的特点设置了 19 种指标体系的权重分配模式，指标权重在不同学科间的调整幅度较大。6 个指标主要可以归为文献类指标和声誉类指标，文献类指标在艺术与人文领域相关学科中占比仅为 11%，而在自然科学领域相关学科中占比高达 42%；主观性声誉类指标在各领域相关学科的指标权重分配中均扮演着极其重要的角色，即使在自然科学领域相关学科中，该指标权重均值也高达 57%。

US News 学科排名——重理工、指标体系多样性低、学科特征不显著、重客观。US News 学科排名仅包括 3 个学科门类，共计 22 个具体学科，其中理工生医类相关学科占比高达 86.36%。每个学科门类拥有一套排名指标体系，内设 13 个具体指标，指标数量虽多但指标体系多样性低。与 QS 学科排名相反，4 个参与比较的学科门类的文献类指标权重均高于声誉类指标权重，指标权重在不同学科门类之间的差异较小，例如，文献类指标在社会科学、自然科学和工学领域中的占比均相同。

ARWU 学科排名——重理工、指标内容多样性低、学科特征不显著、极重客观。ARWU 学科排名没有涉及艺术与人文领域，在覆盖的 54 个学科中仅有 14 个人文社科领域相关学科。该排名体系拥有 5 个具体指标和 6 个指标体系，指标内容以客观性科研类指标为主，多样性较低。文献类指标在各领域相关学科中所占比重均超过了 80%，在不同学科间差异较小。

第二章

世界大学排名产生和
发展的内在逻辑及其影响

　　第一章梳理了世界大学排名的缘起和发展，并对四个世界大学综合排名、学科排名和声誉排名的指标体系进行了介绍与对比分析。研究发现，不同机构设计的世界大学排名的指标体系各具特色，各类排名经过短短十余年的发展，无一例外地受到了各方利益群体的广泛关注，新的排名产品也层出不穷，成为世界高等教育评估领域中的重要参考内容。可见，不同大学排名得以产生并发展的背后，必然在现实与理论层面存在着支撑其长久发展的统一逻辑。这种逻辑奠定了大学排名的合理性基础，并使大学排名能够对世界高等教育的发展产生积极作用。与此同时，由于高等教育系统的复杂性与多样性，任何一类大学排名都难以用同一套标准科学公正地评价所有类型的大学，而大学排名存在的局限性可能会对高等教育的发展造成较大的负面影响。

　　那么，作为一种高等教育质量评估手段，大学排名产生且能被广泛接受的现实基础和理论依据是什么？其合理性何在？为政府、大学和社会公众带来了哪些积极影响，又对高等教育生态环境的发展产生了哪些负面作用？为回答上述问题，本章将从高等教育的大众化、市场化和国际化等视角论述世界大学排名产生的现实基础，基于大学功能理论、资源依赖理论和教育投入产出理论探讨支撑大学排名长久发展的理论依据，并客观分析世界大学排名的合理性和实际影响，以期为后续章节探讨世界大学排名与中国高水平大学建设的关系提供研究思路。

第一节　世界大学排名产生与发展的现实背景

全球高等教育领域出现的新特征为世界大学排名的产生和发展提供了深厚的现实基础。高等教育大众化阶段，高校分层分类发展趋势明显，学生/家长、政府、社会公众与大学的信息不对称问题越发突出；高等教育的市场化通过将市场机制引入高等教育资源配置的过程，强化了大学办学绩效与其资源获取能力之间的联系，进而催生了对高校进行绩效评估的现实需求；在高等教育国际化背景下，各国及各大学为了制定更有针对性的国际竞争策略或实现合作效益最大化，需要明确自己及其他高校在世界高等教育系统中的相对位置。作为一种高等教育质量评估手段，世界大学排名在一定程度上恰好可以解决上述问题，因此应运而生。

一、高等教育的大众化

根据高等教育入学率，世界高等教育发展过程可划分为精英化、大众化、普及化三个阶段。具体来说，当毛入学率达到 15% 时，高等教育由精英化阶段进入大众化阶段；当毛入学率达到 50% 时，高等教育进入普及化阶段。当前，随着高等教育规模的不断扩大，世界各国相继进入高等教育大众化阶段。2000—2018 年，世界高等教育入学率由 19.1%提升至 38.4%；[1]同一时期，中国高等教育毛入学率从 2000 年的 12.5%迅速增加到 2018 年的 48.1%。研究发现，高等教育在由精英化迈向大众化的过程中，精英大学的规模会保持在一定的范围内，其作用仍在于培养精英群体、引领高等教育发展；而普通大学、职业学校、社区学院等非精英大学起到吸收受教育群体、普及知识的作用。[2]这意味着在高等教育大众化阶段，高等学校数量众多，人们对高等教育的需求更加多元，高校生源的异质性也更加强化，大学分类分层也更加明显。学生/家长作为高等教育机构的主要选择者、政府作为高等教育的主要投资人和主管部门、社会公众作为高等教育的监督方，与高等学校之间存在着越来越多的信息不对称。伴随着高校数量与大学生人数的不断增多，迫切需要对数量如此庞大的高等教育机构的教学与科研质量进行系统而持续的评价，以满足各方群体的需求和期许，世界大学排名也因此应运而生。

二、高等教育的市场化

高等教育市场化通常是指在高等教育系统中引入市场机制，更少地依赖政府，让市场来自由地对教育资源进行配置。[3]经济合作与发展组织（OECD）将高等教育市场化定义为："把市场机制引入高等教育中，使高等教育运营至少具有如下一个显著的市场特征：竞争、选择、价格、

1 联合国教科文组织统计研究所.高等院校 2010—2018 年入学率 [EB/OL]. https://data.worldbank.org.cn/indicator/SE.TER.ENRR?end=2018&start=2000&view=chart.

2 TROW M. The expansion and transformation of higher education[J]. International Review of Education, 1972, 18(1):61–84.

3 王旭辉.高等教育市场化研究述评与研究展望[J].复旦教育论坛,2016(2):58–64.

分散决策、金钱刺激等。它排除绝对的传统公有化和绝对的私有化。"[1]在高等教育资源配置市场化的现实环境下,学生/家长、大学和政府都不可避免地被卷入到高等教育的市场竞争当中。(**1**)**在学生/家长与大学之间**。一方面,随着教育经费中公共部分占比的下降,大学会想方设法提高其在高等教育市场的竞争力,以吸引更多学生前来就读,从而获得更大规模的学费收入;另一方面,优质的高等教育具有促进个人社会阶层向上流动的功能,因而学生/家长也会尽可能地选择办学质量更好的大学。(**2**)**在政府与大学之间**。高等教育的发展使经费需求不断增加,超出了政府的拨款能力范畴,必须引入一定的市场因素予以分担;此外,大学所涉及学科领域的日趋多元,以及知识经济对就业者要求的变化更加迅速地削弱了政府对大学的调控能力。[2]上述两种变化都导致政府不能不加选择地向所有大学进行全额拨款,需要在经费供给与大学绩效之间通过引入评估与竞争机制建立强关联。(**3**)**在大学之间**。生源、师资与经费是各高校竞相争取的办学资源。在品牌经济[3]社会中,品牌效应直接影响一所大学在学术市场上的竞争力,并且大学品牌效应理论上是可以量化的。[4]大学排名结果在某种程度上正是大学品牌效应的具象化,各高校对大学排名结果的热衷程度恰好反映了高等教育市场化所导致的大学之间竞争的激烈程度。(**4**)**在大学内部**。高等教育的市场化弱化了政府对大学的管控,大学的办学自主权也随之加强,因而拥有了更多资

---

1 李兵盛. 高等教育市场化:欧洲观点[J].高等教育研究,2000(4):108–111.

2 金子元久.高等教育市场化:趋势、问题与前景[J].清华大学教育研究,2006(3):9–18.

3 品牌经济是生产力与市场经济发展到一定阶段的产物,是以品牌为核心整合各种经济要素,带动经济整体运营的一种市场经济高级阶段形态。

4 袁振国等. 大学排名的风险[M].太原:山西教育出版社,2019:169.

源配置的权利和空间。高校在发展过程中很难做到所有学科齐头并进，在特定阶段可能需要将有限的资源集中用于发展部分学科，为这些学科提供更为充裕的经费支持、更为宽松的人事政策等。如何从众多学科中挑选出重点支持学科，这同样需要有一个能够科学对比分析本校不同学科在全球或全国相对位置的评价机制。也就是说，在高等教育资源配置市场化背景下，学生/家长、大学和政府等不同利益主体都希望能够有一种机制对大学绩效进行全面、系统、科学的评估。世界大学排名恰好与以上4个方面的需求相契合。

三、高等教育的国际化

简·奈特将高等教育国际化定义为"将国际的、跨文化的或全球的维度整合进高等学校的目的、功能和提供方式中的过程"[1]，着重强调高等学校在高等教育国际化中的重要作用。在高等教育国际化背景下，各国及各大学之间的联系日益密切，竞争与合作并存。一方面，在知识经济时代，本国高等教育的国际竞争力是影响该国国际竞争力的重要因素，各国政府需要了解本国高等教育在世界范围内的位置。同样，不同国家的高校不仅要了解本校在本国高校的相对位置，也要清楚自己在世界大学体系中的相对位置。因此，需要有一个全世界公认的、较为权威的大学评价机制对世界范围内的高校进行统一评价。与此同时，在国际化趋势影响下，世界各国、各高校之间除了相互竞争，彼此之间的合作也日益增多。为实现合作效益最大化，各国、各高校需要一个平台来了解其他国家或高校的办学特点和办学水平，从而选择与之层次相同、特点相

---

1 李岩.中国大学国际化内涵及评估指标筛选[J].高教发展与评估,2013,29(5):55–62,102–103.

近或差异较大的国家或大学进行战略合作，而这些同样需要一个全球范围内认可度较高的大学评价机制。世界大学排名的特点恰恰符合上述需求。

综上所述，随着高等教育大众化的到来，以及高等教育市场化与国际化的推进，大学分类分层发展趋势更加明显，全球高校各类办学资源的竞争日趋激烈，跨国高校间的竞争与合作也不断加强。面对这些高等教育发展的新特征，学生/家长、大学、政府等利益相关群体都希望有一个对大学办学质量进行客观评估的机制。作为商业公司，排名机构敏锐地捕捉到了这一商机，发布了世界大学排名，满足了消费者的需求。与此同时，排名机构通过不断完善指标体系建设，在排名产品开发、业务范围拓展等方面紧跟市场需求，并通过线上、线下等多种渠道进行宣传推广，进一步扩大了世界大学排名的影响力。

第二节　世界大学排名产生与发展的理论基础

如第一节所述，高等教育的大众化、市场化、国际化是世界大学排名得以产生并快速发展的现实基础。虽然现阶段世界大学排名仍然受到很多质疑，但经过近 20 年的发展，人们对大学排名的认可度日益提高。越来越多的证据表明，排名不仅客观存在，而且对世界范围内有关高等教育质量和绩效责任讨论的影响逐渐增大。[1] 这从另一方面说明世界大学排名背后存在着某种支撑其长久发展的理论逻辑。鉴于此，本节将从大学功能理论、资源依赖理论、投入产出理论的视角，详细论述世界大学排名指标设计的理论依据。

一、世界大学排名的理论逻辑

（一）大学功能理论

大学功能理论认为，人才培养是大学的本体功能，随着社会的发展，大学还衍生出科学研究、社会服务、文化引领功能。[2] 19 世纪以前，人

1　刘念才，程莹，SADLAKJ. 大学排名：国际化与多元化［M］. 上海：上海交通大学出版社，2009：英文专刊前言，5.

2　任燕红. 大学功能整体性的内在构成[J]. 国家教育行政学院学报，2018(4)：36–40.

们普遍认为，大学的唯一职能是人才培养。[1]19 世纪初，洪堡创建柏林大学时首倡教学与研究相统一的大学理念，确立了科学研究在大学中的重要地位。[2]1862 年，美国通过了《莫雷尔法案》，规定赠地学院必须开设工农专业课程，[3]开启了大学为社会服务之先河。20 世纪 40 年代至 20 世纪 60 年代，美国许多大学教授开始作为政府和民众之间的调解人，发挥"公共知识分子"的智库作用。[4]此后，大学又被赋予了文化引领的功能。[5]

大学排名是一种教育评价，科学的评价必须能够体现被评估主体的核心功能，并能反映被评估主体的质量高低。换而言之，大学排名的评价体系也需要围绕大学的功能展开，即从人才培养、科学研究、社会服务和文化引领等方面全面考虑大学办学质量的评价指标，科学合理地设计不同指标的权重。尽管 THE、QS、US News 和 ARWU 排名对大学功能进行评价的指标内容和权重存在一定的差异，但这四大排名均充分考虑到大学的上述四个功能。具体来说，**在人才培养方面**，大学排名对人才培养功能的评价包括人才培养投入及人才培养成效两个方面，比如，THE 与 QS 均通过师生比对人才培养投入进行评估；THE 设计了博士学

---

1 刘宝存.洪堡大学理念述评[J].清华大学教育研究,2002(1):63–69.

2 王建华.重温"教学与科研相统一"[J].教育学报,2015,11(3):77–86.

3 陈时见,甄丽娜.美国高校社会服务的历史发展、主要形式与基本特征[J].比较教育研究,2006(12):7–11.

4 记者.大学功能与大学精神——访教育部党组成员、国家教育行政学院院长顾海良教授[J].思想教育研究, 2012(11):5–8.

5 记者.大学功能与大学精神——访教育部党组成员、国家教育行政学院院长顾海良教授[J].思想教育研究, 2012(11):5–8.

位/学士学位授予数量比、博士学位授予数量/教师数量；ARWU 采用了诺贝尔奖和菲尔兹奖的校友折合数等反映人才培养成效的指标。**在科学研究方面**，大学排名主要从科研成果的数量与质量、总量与均值两个维度对大学的科学研究功能进行量化评估。例如，THE 的师均发表论文数主要衡量科研成果的数量与师均产出情况，ARWU 选用的在 *Nature* 和 *Science* 上发表论文折合数，US News 采用的高被引论文数量（前 1%）都体现了大学科研成果的质量与总量情况。此外，四大排名还采用了会议论文、书籍、高被引论文比例和研究声誉等指标来评价大学的科研情况。**在社会服务方面**，大学排名主要从雇主评价、校企合作等角度对大学的社会服务功能进行评估。如 QS 的雇主声誉指标、THE 的师均企业研究经费指标等。**在文化引领方面**，大学的文化引领功能在某一个国家发挥的作用略有差异，大学在整个世界中的文化引领功能更多体现在其对全球范围内生源、师资的吸引力，以及大学在世界的声誉。如大学排名所采用的国际学生比例、国际教师比例，以及教学声誉、研究声誉、学术声誉等指标。

（二）资源依赖理论

费佛尔和萨兰奇科是资源依赖理论的主要贡献者，他们指出，组织不是孤立存在的，必须从外界其他因素获得维持生存所需的资源，而这些因素会对组织提出要求，因此，组织为了生存，会尽可能满足资源提供者的要求。[1] 根据资源依赖理论，大学作为一个组织同样不可能孤立存在，需要与外界环境相互依赖，发生交换。一方面，大学需要从外界

1　马迎贤. 资源依赖理论的发展和贡献评析[J].甘肃社会科学,2005(1):116–119、130.

获取学生、教师及经费等办学资源；另一方面，大学为了持续获得资源，又会回应资源提供者关心的问题，如培养出合格的毕业生、做出有价值的科研成果、解决社会实践问题、获得良好的声誉、为国家/社会组织提供决策方案等。[1-2] 现有世界大学排名指标设计主要从以下两个方面体现资源依赖理论：

第一，大学排名指标体系的设计体现了对大学资源获取能力的评价。在生源获取方面，国际学生比例是大学排名的常用指标；在教师方面，THE 和 QS 排名都采用国际教师比例来评价大学对国际人才的吸引力；在经费获取方面，大学排名常用的观测指标包括学术人员平均科研经费、师均企业研究经费等。ARWU 选用获诺贝尔奖和菲尔兹奖的教师折合数、各学科领域被引用次数最高的科学家数量来衡量大学对优质师资的获取能力。

第二，大学排名指标体系的设计体现了对产出是否达到资源提供者预期要求的评价。在高等教育市场化背景下，政府、学生/家长及社会都是大学的资源提供者。[3] 因此，大学排名采用了一些反映以上 3 个主体对大学产出要求的指标。具体来说，大学排名分别选用博士学位/学士学位授予比、师均引用率、标准化引用影响力等指标评价政府关心的人才培养成效与科研水平；采用教学声誉、获诺贝尔奖和菲尔兹奖的校友折合数等指标衡量学生/家长所看重的大学在教学方面的情况；使用雇主声誉评估大学所培养毕业生对社会的贡献。

---

1 伯顿·克拉克. 高等教育新论——多学科的研究[M]. 杭州：浙江教育出版社, 2001:15.

2 谢亚兰. 大学排名指标体系及影响研究[D]. 上海：上海交通大学, 2010.

3 刘瑞波. 试论高等教育筹资市场化的基本方式[J]. 教育科学, 2004(1):46–51.

（三）教育投入产出理论

里昂惕夫是投入产出理论的集大成者，他详细说明了经济系统中不同部门之间的产品投入与产出的关系，对于人们分析市场经济的内在约束条件非常有效。[1] 借鉴经济学领域中的投入产出理论，教育投入产出理论主要关注教育系统中教育投入与教育产出之间的关系。[2] 其中，教育投入包括人力、物力与财力资源 3 个方面；[3] 教育产出分为直接产出与间接产出两类，前者指受教育者本人劳动能力的提高，后者指教育所培养的人进入社会之后对社会带来的经济效益。[4] 具体到高等教育层次，芬尼和乌谢尔认为，评价高等教育质量的总体框架由相互关联的以下 4 个部分组成：（1）初始特征，指学生进入大学时的特征与能力；（2）学习投入，包括财力、物力等资源及这些资源的分配方式；（3）学习产出，指毕业生所具备的影响"最终结果"的技能与特征；（4）最终结果，指高等教育系统的最终目标，如就业率。此外，芬尼和乌谢尔还特别强调，这只是一个总体框架，并不是对高等教育质量的定义，但对人们的高等教育评估实践具有指导意义，[5] 大学排名的指标设计体现了芬尼和乌谢尔的上述高等教育评估思想。

大学排名主要从投入与产出两个维度对大学质量进行评价。投入维

---

1 方兴起. 西方市场经济运行理论的重新评价[J]. 经济评论, 2004(2):38–44.

2 蒋鸣和. 教育成本分析[M]. 北京：高等教育出版社, 2000:74.

3 王善迈. 教育投入与产出研究[M]. 石家庄：河北教育出版社, 1996:188.

4 王善迈. 教育投入与产出研究[M]. 石家庄：河北教育出版社, 1996:30.

5 FINNIE, R. and USHER, A. Measuring the Quality of Post–secondary Education: Concepts, CurrentPractices and a Strategic Plan. Kingston: Canadian Policy Research Networks, 2005.

度主要涵盖教学投入与科研投入两个方面，前者包括 THE 和 QS 采用的师生比、国际学生比例和国际教师比例等指标；后者包括 THE 选用的学术人员平均科研经费和师均企业研究经费等指标。产出维度涵盖教学产出与科研产出两大类。其中，教学产出包括博士学位/学士学位授予比、获诺贝尔奖和菲尔兹奖的校友折合数等。与教学产出指标相比，科研产出的评价指标更加全面、多元，如高被引论文数量（前 1%）、高被引论文数量（前 10%）、在 *Nature* 和 *Science* 上发表论文的折合数、论文引用次数等衡量不同影响力的科研成果的指标均被选用。

二、世界大学排名的柏林原则 [1]

高等教育机构及分专业的排名是一种全球现象，其服务于多种目的：排名试图满足客户了解高等教育机构声望信息的需要；激发高等教育机构之间的竞争；为资源配置提供依据；有助于人们区分不同类型的高等教育机构及学科专业。此外，在排名得到正确的理解和解读时，它们可以被用来判断特定国家内高等教育机构的"质量"，作为对各种官方和民间的质量评估的补充。因此，高等教育机构排名正成为各国大学责任报告和质量保障的一部分，越来越多的国家也希望看到大学排名的不断完善。在这个趋势下，排名机构负责任地进行数据收集、方法设计和结果公布是非常重要的。

在这种背景下，联合国教科文组织下设的欧洲高等教育研究中心和华盛顿高等教育政策研究所于 2004 年共同发起成立了大学排名国际专

---

1 本部分柏林原则的背景介绍和具体原则均来源于"IREG 学术排名与卓越国际协会"官方网站的中文翻译：高等教育排名机构的柏林原则［EB/OL］.［2016-5-20］https://ireg-observatory.org/en/about-us/.

家组（International Ranking Expert Group，IREG）。2006 年 5 月 18 至
20 日在柏林召开的 IREG 第二次会议上，讨论通过了一系列高等教育排
名的质量原则和操作范例——"高等教育机构排名的柏林原则"（*Berlin Principles on Ranking of Higher Education Institutions*）。具体内容如下 [1]：

（一）排名的目的

（1）应该成为对高等教育的投入、过程和产出评价的众多方法中的
一种。排名可以提供有关高等教育的可比信息，让人们对高等教育有更
深入的了解，但是不应该成为判断高等教育是什么和做什么的主要标准。
排名是从市场的角度来看待高等教育机构，这可以作为政府、认证机构
及其他独立评价机构所从事工作的补充。

（2）应该明确自己的目的和目标群体。排名的设计应该和目的一致。
为特定目的或特定群体而设计的指标可能并不适合其他目的或目标
群体。

（3）应该认识到高等教育机构的多样性并考虑到它们不同的使命和目
标。例如，对研究导向型院校和面向大众化教育的普通院校的质量评价标准
就截然不同。排名应该经常"咨询"被排名院校和相关专家的意见。

（4）应该清楚数据来源范围和数据背后的含义。排名结果的可靠性
取决于对信息的加工和信息的来源（比如数据库、学生、教师、雇主等）。
好的做法应该是将来自不同渠道、代表不同立场的数据组合起来，从而
形成一个对被排名院校更全面的看法。

---

1 Berlin Principles on Ranking of Higher Education Institutions[EB/OL]. https://ireg-observatory.org/en/about-us/.

（5）应该考虑被排名院校所处教育体系的语言、文化、经济及历史背景。特别是国际排名应该意识到可能产生的偏向及结果的精确性。并不是所有国家和教育体系在对第三级教育机构的"质量"认定上都有共同的价值取向，排名系统不应该被设计用来强制进行这种比较。

（二）指标设计与权重分配

（6）排名方法应当清楚透明。排名方法的选择应该清楚、明确。透明包括指标的计算和数据的来源。

（7）指标的选择应该基于指标的恰当性和有效性。数据的选择应该基于对质量和学术优劣的各种评价指标的认识，而不是仅仅考虑数据的可获取性。应当明确为什么包括这些指标和这些指标反映的是什么。

（8）尽可能优先评价产出而不是投入。投入数据反映的是机构现有的、全面的情况，并且通常都可以获取。然而，产出评价是对特定机构或专业的声望和/或质量更为精确的评价，排名的完成者应该确保这两者的权重达到恰当的平衡。

（9）指标的权重分配（如果有的话）应该非常明确并且尽量保持稳定。权重的变化会使客户难以明确地判断究竟是实力的变化还是排名方法的变化导致了机构或专业的位次变化。

（三）数据的收集与处理

（10）应该有一定的道德标准并吸收好的操作方法。为确保每个排名的可靠性，数据的收集、使用和网络访问的提供应该尽可能客观和公正。

（11）应该尽可能地使用审核过的、可核实的数据。这样的数据有许多优势：比如机构已经接受了这些数据，这些数据在机构间是可比的，口径是一致的。

（12）排名使用的数据应该是按照科学的数据收集过程所获得的。从不具代表性的或有缺陷的样本（学生、教师或其他群体）中获得的数据可能不能准确地反映一所机构或专业的实际状况，这样的数据不应被用于排名。

（13）运用各种手段对排名活动本身进行质量保障。应该考虑采用评价高等教育机构的方法去评价排名本身。排名者应该不断地根据专业意见去改进排名方法。

（14）采用体制性的措施增强排名的可靠性。这些举措可以包括设置顾问委员会甚至监督委员会，委员会成员中最好包括一些国际专家。

（四）排名结果的公布

（15）提供有关排名制作的所有信息，使客户能清楚地理解排名是如何得到的，并且允许客户自由选择排名结果的展示方式。这样排名的使用者可以更好地理解用于排名的指标。此外，他们有机会自行决定指标的权重分配方案。

（16）通过一定的处理消除或降低原始数据中的误差，并且通过恰当的组织和公布方法使错误可以被校正。机构和公众应该被告知排名中曾犯过的错误。

各类世界大学排名在柏林原则的约束下呈现了一定的统一化趋势，以期更加符合这一原则。首先，**在排名的目的方面**，世界大学排名的目

的更加多元化，依据不同地区对大学排名的需求，THE、QS 和 US News
均建立了亚洲大学排名、金砖国家大学排名等区域类的大学排名；依据
不同学科对大学排名的需求，还开发了商业硕士排名、国家教育体系排
名等。其次，**在指标的设计方面**，指标的构成相对全面且稳定，四类大
学排名的指标均涉及声誉、教学、科研和国际合作 4 个方面，能够较为
客观和综合地评价高校的表现；各类排名也均对其指标的构成与含义进
行了较为详细的说明。此外，**在数据的收集与处理方面**，均具有科学的
数据收集与处理方式，THE 与 QS 使用了更具有语言多样性的 Scopus
数据库，数据处理时通过标准化处理以保障数据的科学性。最后，**在排
名结果的展示方面**，大学排名都会在官方网站上公布与排名制作有关的
全部信息，一般包括指标的定义和权重、数据的收集办法和特征、数据
的处理办法、得分的计算方法。同时对于大学排名方法的变动，各类排
名机构都会进行特别说明。

　　总之，柏林原则的出台对各类世界大学排名提出了统一的规范性要
求，大学排名通过不断自我完善，更加合理，从而被越来越多的个人和
机构接受并应用。

第三节　世界大学排名指标体系的合理性

上一节从教育学、管理学与经济学的视角，探讨了世界大学排名的理论基础。与此同时，4 个主流世界大学排名在遵循统一的理论基础之上，在具体的指标设计环节各有侧重，各具特色，获得了各方利益群体几乎同等程度的重视，这说明不同的世界大学排名都具有一定的合理性。因此，本节将结合"高等教育机构排名的柏林原则"，从指标体系的多样性、指标权重分配的目的性、文献数据的科学性、声誉调查对象的代表性和涵盖学科范围的均衡性等 5 个方面，来分析世界大学排名指标体系的合理性。

一、指标体系的多样性

柏林原则要求，"排名应该认识到高等教育机构的多样性并考虑到它们不同的使命和目标"，因此，四大排名指标体系所包含的指标个数及涉及的指标维度均试图尽可能丰富多样，以引导全球大学朝多样性方向发展。如表 2.1 所示，每个排名体系均不低于 3 个评价维度，且指标数量都在 6 个及以上。四大排名中，THE 排名体系最为全面，含 5 个一级指标和 13 个二级指标，综合考虑了教学、科研、声誉与国际合作对大学办学质量的影响。QS 的指标体系相对简单，只有 6 个一级指标

（无二级指标），但指标之间的异质性较大，也涵盖了声誉、教学、科研、国际合作等4个维度。与THE相同，US News指标个数也比较多，共有13个，其中9个为科研类指标，其对科研的评价在所有排名体系中最为全面具体，如将不同类型（学术文章、书籍、会议论文）、不同质量（前10%、前1%高被引论文数量）的学术成果分别作为一个单独的评价指标。ARWU的指标数量在四个排名体系中最少，仅有4个一级指标和6个二级指标；指标维度也较为单一，只包括教学类、科研类等指标。虽然ARWU指标体系较为简单，但其特色在于充分肯定顶级科研成就对大学的影响与价值，采用了获诺贝尔奖和菲尔兹奖的校友数/教师折合数、在 Nature 和 Science 上发表论文的折合数等不同于其他排名的指标。

表2.1　2019年四大排名指标体系多样性

排名体系	指标数量	涉及的评价维度
THE	13	4
QS	6	4
US News	13	3
ARWU	6	3

二、指标权重分配的目的性

柏林原则强调，"排名应该明确自己的目的和目标群体，且排名的设计应该和目的相一致"。四大排名指标体系指标的权重设置主要涉及声誉类、教学类、科研类、国际合作类等几类指标的比例分配。一方面可能由于教学类指标不太容易测量和比较，另一方面可能因为四大排名机构都更加青睐研究型大学，其目标群体可能也主要集中在研究型大学，因而在四大排名指标体系中，体现高等教育机构科研水平的文献类指标权重都比较高。如表 2.2 所示，THE 排名教学类、科研类和声誉类指标的比重分别为 15.00%、44.50% 和 33.00%，在四大排名指标体系中最为均衡。QS 排名的指标权重则呈现教学和科研类指标权重相同，均为 20.00%，而声誉类指标权重高达 50.00% 的特点。与 THE 和 QS 排名相比，US News 和 ARWU 排名均更为偏重对高等教育机构科研能力的评价，其中，US News 排名指标体系未设置教学类指标，但赋予科研类指标 65.00% 的权重；而 ARWU 的科研类指标权重为四大排名指标体系之最，高达 80.00%，远高于教学类指标的 10.00%。

表 2.2　2019 年四大排名指标权重分配

指标名称	排名体系权重分配			
	THE	QS	US News	ARWU
声誉类指标	33.00%	50.00%	25.00%	0.00%
教学类指标	15.00%	20.00%	0.00%	10.00%
科研类指标	44.50%	20.00%	65.00%	80.00%
国际合作类指标	7.50%	10.00%	10.00%	0.00%
其他类指标	——	——	——	10.00%

三、文献数据的科学性

柏林原则指出，"排名应该尽可能地使用审核过的、可核实的数据，且使用的数据在机构间应是可比的、口径一致的"。由于每个国家、每所大学的差异性非常大，要想进行全球比较，在全世界范围内进行排名对于数据必须有非常严格的限制，经过筛选最终使用的数据一般都是大学现有的、可比较的和容易采集的。由于文献数据比较符合这一要求，所以文献类指标在世界大学排名体系中所占的比例较大，来自第三方数据库的文献数据也成为四个大学排名的重要数据来源。如表 2.3 所示，Elsevier 的 Scopus 数据库、科睿唯安公司的 Web of Science 数据库是四大排名的主要文献数据来源，且各个排名都会对数据进行标准化处理，以保证收集到的文献数据在不同高等教育机构之间具有可比性。具体来说，THE 与 QS 均主要使用 Scopus 数据库，而 US News 和 ARWU 的文献数据来源则以 Web of Science 数据库为主。Scopus 数据库是全球规模最大的摘要和引文数据库之一，其语言相对丰富，但侧重英语；而 Web of Science 数据库主要包括 SCIE、SSCI、CPCI-S 等引文索引数据库，其论文语言以英语为主，语言类别相对单一。

表 2.3　2019 年四大排名文献数据来源

排名体系	主要文献数据库	语言多样性	数据处理
THE[1]	Scopus	丰富但侧重英语	标准化处理
QS[2]	Scopus	丰富但侧重英语	标准化处理
US News[3]	Web of Science	单一	标准化处理
ARWU[4]	Web of Science	单一	标准化处理

四、声誉调查对象的代表性

柏林原则认为，"排名应该考虑被排名院校所处教育体系的语言、文化、经济及历史背景"；"排名应该清楚数据来源范围和数据背后的

---

1 TimesHigherEducation.THE 世界大学排名[EB/OL].https：//www. timeshighereducation. com/world–university–rankings/methodology–world–university–rankings–2019,2018–9–7.

2 QuacquarelliSymonds.QS 世界大学排名[EB/OL].https：//www.topuniversities.com/ qs–world–university–rankings/methodology,2019–6–19.

3 U.S.News&WorldReport.US News 大学排名[EB/OL].https：//www.US News.com/ education/best–global–universities/articles/methodology.2018–10–29.

4 ShanghaiRanking Consultancy.ARWU 大学排名[EB/OL]. http://www. shanghairanking. com/ARWU–Methodology–2019.html.2020–03–04.

含义，好的做法应该是将来源于不同渠道、代表不同立场的数据组合起来，从而形成一个对被排名院校的更全面的看法"。THE、QS 和 US News 大学排名针对世界各国专家、学者和雇主所采集的声誉调查数据正好能够兼顾不同地域及文化背景下的高等教育系统的差异，充分考虑到与高校办学质量密切相关的不同利益主体对大学的评价。如表 2.4 所示，三大排名声誉调查的对象来源广泛，2019 年覆盖了亚太地区、欧洲、北美洲、拉美地区、中东地区和非洲等区域。其中，THE 回收了 135 个国家的 11554 份声誉调查问卷；QS 声誉调查回收了 83877 份学术声誉调查问卷和 42862 份雇主声誉调查问卷，共计 126739 份；US News 声誉调查回收问卷数量最少，仅为 4855 份。此外，三大排名声誉调查对象对大学进行评价的范围也体现了柏林原则的上述要求。其中，THE 和 US News 声誉调查的评价范围都包括"世界范围"和"所在地区"两个部分，前者要求受访者基于自身经验，列出他们认为自己所从事研究领域内，研究和教学表现最好的大学各 15 所，可评价范围较大；后者包括全球性声誉调查和区域性声誉调查。在全球研究声誉调查中，受访者需要根据自身所在的学科，对大学进行学科层次和系级层次的排名；区域研究声誉同样以学科为基础，反映最近 5 年某一地区全球最佳大学研究的整体情况。而 QS 声誉调查的评价范围则包括"所在国家"和"所熟悉区域"两个部分，QS 学术声誉调查的受访者需要分别选出所在国家的 10 所研究最好的大学，以及所熟悉区域的 30 所研究最好的大学；QS 雇主声誉调查要求雇主选出毕业生招聘中表现优秀的至多 10 个国内院校，以及在所熟悉区域选出至多 30 个国际院校，同时指出偏好招募什么专业的毕业生。

表2.4　2019年三大排名声誉调查对象数量及评价范围

排名体系	调查对象数量（人）	评价范围
THE1	11 554	世界范围＋所在地区
QS2	12 6739	所在国家＋所熟悉区域
US News3	4 855	世界范围＋所在地区

五、涵盖学科范围的均衡性

THE、QS、US News 和 ARWU 分别于 2010 年、2011 年、2014 年和 2019 年开始公布世界大学学科排名，其中 THE 和 US News 学科排名的数据来源和指标构成与其世界大学综合排名基本一致，仅是根据不同学科的特征调整了指标体系的权重分配；QS 和 ARWU 学科排名则与其综合排名有所差异。柏林原则要求，"排名应该认识到高等教育机构的多样性并考虑到它们不同的使命和目标"，虽然四大学科排名的指标体系各有侧重，但都尽可能地考虑到更多数量的学科。如表 2.5 所示，2019 年，THE 学科排名共覆盖 43 个学科，其中理工生医类和人文社科类的学科数量分别为 18 个和 25 个。QS 学科排名共覆盖 48 个学科，其中人文社科类的学科数量为 26 个，略高于理工生医类的 22 个。US News 学科排名仅涉及 22 个学科，其中只有 3 个人文社科类学科。ARWU 虽然理工生医类（40 个）与人文社科类（14 个）的数量不太均衡，但其

---

1 2019 年 THE 世界大学声誉排名方法［EB/OL］. https://www. timeshighereducation. com/world-university-rankings/world-reputation-rankings-2019-methodology.

2 2019 年 QS 世界大学排名声誉调查［EB/OL］. http://www.iu.qs.com/academic-survey-responses.

3 2019 年 US News 世界大学排名方法［EB/OL］. https://www.usnews.com/ education/best-global-universities/articles/methodology.

学科总量为四大排名之最，高达 54 个。总体上看，THE 和 QS 学科排名涵盖的学科范围较为均衡；而 US News 和 ARWU 学科排名的均衡性相对较差，且以理工生医类的学科为主。

表 2.5　2019 年四大学科排名涵盖的学科数量

排名体系	学科覆盖量	
	理工生医类数量	人文社科类数量
THE	18	25
QS	22	26
US News	19	3
ARWU	40	14

第四节　世界大学排名的积极作用与负面影响

如前文所述，四大排名在指标体系、指标权重分配、文献数据来源、声誉调查方法、涵盖学科范围等方面均具有一定的合理性，并且不同排名体系也各具特色，具有各自的侧重点，能够在较大程度上从多个侧面反映世界高等教育的发展现状，供学生、家长、学校及政府决策提供一定的参考。当然，世界大学排名体系还有很多不尽如人意的地方，它在为世界高等教育发展带来积极影响的同时，也造成了较大的负面影响。

一、世界大学排名的积极作用

近年来，世界大学排名的影响力不断扩大，它在为学生提供简单直观的升学信息的同时，对政府的资源分配和高校的发展规划也都产生了广泛而深远的影响。

（一）为公众提供有效信息，减少信息不对称

随着高等教育国际化不断推进，越来越多的学生将出国留学作为促进自身发展的重要途径。在此情况下，大学排名通过使用一些主观和客观指标及来自大学或者相关部门的数据，对大学的相对水平进行"质量评定"，为学生群体提供了较为全面且可比的高校信息。[1] 相关数据显示，1995 年全球约

---

1 张优良. 世界大学排行榜的特征及高校应对策略[J]. 教育探索. 2015,(8):55-59.

有 135 万名留学生在海外接受高等教育，[1] 该数字在 2005 年增长至 300 万，[2] 在 2019 年激增到 530 万[3]。同一时期，中国赴海外留学人数由 2 万增加到 2015 年的约 12 万[4]，再到 2018 年的 66.21 万[5]。而对于学生而言，相较于在国内接受高等教育，选择出国留学是一种较为昂贵的教育投资，因此需要在慎重了解相关信息的情况下进行选择。世界大学排名能够使学生较为准确地了解国外大学的基本情况，减少信息的不对称，对不断扩张的国际高等教育市场起到质量保障的作用。研究表明，在中国有 48.5%的学生和 50.5%的家长将排名作为选择大学的重要参考依据。[6] 大学排名俨然成为高等教育市场的指南，美国学者亨利·汉斯曼（Henry Hansmann）认为，大学排名使得学生选择高校成为一种理性行为，谁会不选择（那些别人认为是）最好的学校呢？[7] THE、QS、US News 和 ARWU 等世界大学综合排名在指标设计和权重分配方面的不断完善，进一步满足了公众对全球范围内高校信息透明化的需求。

1 蒋在文. 国际留学生市场比较研究[J]. 技术与创新管理, 1995(5):36-38.

2 2000—2015 出国留学发展状况调查报告 [EB/OL].(2015-12-09)[2019-12-23]. http://learning.sohu.com/20151209/n430508277.shtml.

3 国际教育机构官方网站[EB/OL]. https://www.iie.org/en/Research-and-Insights/ Project-Atlas/Explore-Data/Infographics/2019-Project-Atlas-Infographics.

4 王建华. 中国出国留学教育与留学人才外流回归现象研究[D]. 杭州：浙江工业大学, 2004.

5 2018 年度我国出国留学人员情况统计 [EB/OL].(2019-03-27)[2019-12-23]. http://www.moe.gov.cn/jyb_xwfb/gzdt_gzdt/s5987/201903/t20190327_375704.html.

6 乐国林, 张丽. 大学排名对高校影响的社会学分析——基于布迪厄场域、资本理论的探析[J]. 现代教育科学(高教研究), 2005,(3):37-39,52.

7 亨利·汉斯曼. 具有连带产品属性的高等教育[J]. 北京大学教育评论. 2004,(3):67-73.

（二）为政府提供质量评估体系，优化资源配置

通过世界大学排名体系，政府可以清楚地了解本国高等教育的发展情况及其在世界高校中的相对位置，并据此制定出促进本国高等教育发展的政策。因此，世界大学排名能够服务于国家高等教育评估和发展体系建设，引导政府资源投入方向。俄罗斯、日本、中国、德国、韩国和法国等国家均推出一系列推进高等教育发展的卓越工程，通过建设一批一流大学和一流学科来提高国家竞争力。政府将大学排名作为评价高校办学质量的工具，并试图以此进一步推动高校良性竞争机制。与诸多此类国家导向的一流大学建设相关的是有针对性的巨大教育经费投入。这些项目的实施很多都是以世界大学排名为重要参考依据的，并投入大量的资金、人员和设备，在促进本国高等教育发展的同时，推动了全球高等教育事业的发展。此外，大学排名在国际教育合作领域也发挥了重要作用。例如，印度 2012 年开展的与世界一流高校双边合作计划对合作高校的认定标准，以及俄罗斯对中国高校毕业生学历资格自动认可的标准都是依据世界大学排名来制定的，前者要求为 THE 或 ARWU 排名前 500 名的大学，后者要求在 ARWU、QS、THE 排名中位列前 300 名。[1]

（三）为高校提供发展参考系，推动高校间良性竞争

随着大学排名影响力的日益提高，高校将其视为提升办学质量、加强学校建设的参照系，世界大学排名对高校行为和战略规划的塑造与引导作用愈发直接而有效。有了排名系统，并且采用了详细合理的指标，就可以培养高校的竞争意识了。[2]许多高校在大学排名这一"指挥棒"的导引下，竭力以提升排名作为发展的直接目标，并有针对性地采取相应策略。

---

1 袁振国等. 大学排名的风险［M］. 太原：山西教育出版社，2019·12-13.

2 刘念才，Sadlak J. 世界一流大学：特征·排名·建设[M].上海：上海交通大学出版社，2007:81.

有调查结果表明，58%的大学校长和高级管理人员对本校的排名不满，有93%和82%的调查者希望提升本校在国内和国际上的排名。[1]在中国这种情况也普遍存在，包括北京大学、清华大学、复旦大学在内的中国高水平大学在各自的"十三五规划"中都明确指出了要建设世界一流大学和学科，提升自身教学科研质量。其中，浙江大学明确提出"至少在两个以上权威世界大学排行榜中进入前100"，[2]上海交通大学也明确要求"到建校150周年时，绝大多数学科进入世界百强，主干学科均位列世界30强，若干优势学科或方向跻身世界前5"。[3]英国的华威大学、美国的明尼苏达大学、日本的东京大学等国外高校也都提出了提升世界排名的学校发展目标。除此之外，大学排名指标体系的具体指标能够具体地反映出高校的不足与优势，有利于高校制定有针对性的提升措施。目前世界上有58%的高校已经建立了各类大学排名的监控机制，[4]以排名为起点对自身发展进行分析，以期提升办学质量。

二、世界大学排名的负面影响

世界大学排名的广泛运用，对于高等教育发展的影响是多方面的，既可能产生正向的推动作用，也可能造成较大的负面影响。

---

1 Hazelkorn,E. The Impact of League Tables and Ranking Systems on Higher Education Decision Making[J]. Higher Education Management & Policy,2007:19, (2):87–110.

2 浙江大学"十三五"发展规划纲要[EB/OL]. http://www.moe.edu.cn/ s78/A08/gjs_left/s7187/zsgxgz_sswgh/201703/t20170313_299361.html.

3 上海交通大学.上海交通大学"十三五"发展规划纲要[EB/OL]. https://plan.sjtu.edu.cn/info/1010/1308.htm.

4 Hazelkorn,E. The Impact of League Tables and Ranking Systems on Higher Education Decision Making[J]. Higher Education Management & Policy,2007,19,(2):87–110.

（一）高等教育的规模导向

通过对比 THE、QS、US News 和 ARWU 这四个世界大学综合排名指标体系的平均类和总量类文献指标，可以发现 THE、US News 和 ARWU 在大量使用总量类文献指标，且该指标在 ARWU 中占据了 40%的权重，远高于相应的平均类文献指标（4%），这使得总体规模越大的学校，在大学排名中的位置就越容易靠前。高校为了提高自己在大学排行榜中的名次，就需要尽可能地提高自己的文献产出总量，尽可能地增加自己在总量类文献类指标的得分。然而过多地追求增加总量类文献指标得分，可能导致高校为了追求如文章发表、论文引用、教师人数等方面的短期数量增加而急功近利，盲目地扩大学校规模，强迫教师增加学术产出。科研学术有其本身的规律，事实上，越处于行业前沿的研究，往往越是需要学校长期支持，它们在短期内很难有产出，或产出相对较少。从这个角度来说，过于追求现在的大学排名，可能使得各大学都开始偏向追求大学的大而全，而这种规模导向的高等教育发展模式是对大学使命的曲解。相关研究结果也从侧面印证了这一结论，哈兹库恩曾对 639 所大学进问卷调查，在 202 所大学的回复中，有 52.63%和 36.84%的受访者认为大学排名会导致高校过多地关注规模扩张，崇尚论文数量。[1]

受世界大学排名的影响，高等教育规模导向的表现之一是特殊学科学院的建立。金子元久教授指出大学排名普遍关注论文发表数量，但是并没有考虑大学的组织形态，有医学部和协作医院的高校的论文数量往往普遍较高。[2]因此，21 世纪初以来，我国高校普遍追求通过合并或设立等方式建设医学类院系并与医院建立协作关系。与此类似的是农学院在我国的"复兴"，2018 年

1 于占军. 大学排名对院校的组织决策、行为和文化的影响[J]. 中国高等教育，2012（2）：25-28.

2 金子元久，窦心浩. 大学如何应对大学排行榜[J]. 大学·研究与评价,2009,(7):5-12.

包括北京大学、中山大学、南京大学、郑州大学在内的近十所"双一流"高校纷纷成立农学院，可能折射出论文高产出学科组织规模的扩张趋势。受大学排名的影响，高等教育追求规模的另一表现是高校的合并潮流。例如，巴黎高等师范学院、巴黎第九大学等高校在 2010 年联合组成巴黎文理研究大学，旨在提高法国高校在国际排名中的位置[1]；2014 年成立的巴黎萨克雷大学合并了 2 所大学、10 所大学校与 7 个研究所，校园面积达 5.46 平方千米，有约 60000 名学生与 10500 名科研人员[2]。

（二）高等教育的趋同化发展

大学是一个复杂的系统，而世界大学排名则把多样化的大学系统简单线性化了[3]。它们普遍强调一种只具有世界标准的模式，即大型综合性研究型大学。[4]具体来说，为了能够利用统计学方法对大学的办学情况进行排名和直观展现，世界大学排名指标体系的基本内容必须是可量化的，这使得世界大学综合排名指标体系相对单一。这种单一性一方面体现在指标数量上，如 QS 和 ARWU 排名只设置了 6 个具体指标；另一方面，这种单一性表现为指标权重设计中科研类指标比重过大，如 US News 世界大学综合排名的文献类指标占比就高达 65%。全球各高校为了迅速提高其大学排名，就必须迎合世界大学排名指标设计的要求，将学校发展的主要精力集中在文献类科研指标、学术声誉和国际交流指标等方面，而不再关注大学的办学特色。长此以往，全球高校就会呈现千篇一律的趋同化趋势。此外，世界大学排名中的声誉调

1　袁振国等. 大学排名的风险[M].太原：山西教育出版社, 2019: 161.

2　袁振国等. 大学排名的风险[M].太原：山西教育出版社, 2019: 13.

3　袁振国. 大学排名的风险[M].太原：山西教育出版社, 2019: 158.

4　王琪, 程莹, 刘念才. 世界一流大学：国家战略与大学实践[M]. 上海：上海交通大学出版社, 2011:128–137.

查要求受访者基于自身所在地区或国家选出他们心中的世界顶尖大学，而这些受访者中来自欧美地区的比重较高，这种地域上的偏向会导致本来就处于优势地位的欧美高校在世界大学排名中得到更多青睐，这在一定程度上也使得欧美大学，尤其是大型研究型综合性大学的世界排名较高。而当这些大学在世界高等教育领域中拥有了极强的话语权时，它们的发展模式也越来越多地被排名靠后的大学模仿。在此情况下，全球各地大学的多样性就会减弱，同质性就会增强，全球高校发展方向和模式就会越来越相似，世界高等教育的趋同化趋势就会进一步加强。

（三）高等教育的非均衡发展

在世界大学排名影响力日益增强的情况下，世界高等教育发展呈现重科研轻教学、重理工轻人文社科的态势。世界大学排名普遍倾向于考察高校的科研成果，对教学工作重视程度相对较低。THE、QS、US News 和 ARWU 世界大学综合排名指标体系中，涉及科研的文献类指标分别有 14 个，而涉及教学类的指标则只有 6 个，均存在非常强的科研导向。根据世界大学排名的指标设计方式，当一所大学希望提升自身的排名时，大学领导者只需将更多的精力用于努力提高自身的科研水平，就会有立竿见影的效果。而事实上，科研仅是大学使命的一个组成部分。此外，THE、QS、US News 和 ARWU 大学排名的文献数据来源中，理工医科等学科门类占绝大多数，而人文社科类数量相对较少。与理工医科相比，人文社科存在浓厚的本土化性质，很难在世界范围内达成普遍共识，国际上有公认影响力的人文社科类文献不仅数量较少，而且在语言上更偏向英语文献。在 QS 世界大学综合排名指标体系中，甚至没有设置有利于人文社科的文献来源类指标，如书籍章节、会议纪要等。非英语国家即使有高水平的人文社科类研究成果，也很难全面地提升大学在客观文献类指标上的得分。因此，为了追求大学排名的提高，大学领导者更可能将更多的资源投入理工科领域。

（四）个别高校报送的数据弄虚作假

四大排名所用的数据来源种类存在一定的差异，ARWU 仅使用文献数据，US News 在此基础上增加了声誉调查数据，THE 和 QS 除了使用上述两种数据，还收集并使用高校报送的数据。每年 2 月到 4 月，全球高校需要向 THE 和 QS 报送包括学生数量、教师数量、机构收入等方面的数据，这些数据占 THE 和 QS 两大排名各自比重的 37% 和 50%。

THE 排名每年公开的数据中，只公布一级指标的得分，不公布二级指标得分及各高校报送的原始数据；QS 排名每年公开的数据也没有各高校报送的原始数据。由于信息不够透明，无法形成有效的社会监督，这可能导致有些高校为了提高自己的排名，在报送数据时弄虚作假。虽然排名机构已经有意识地设计了一些指标进行内部平衡，如 QS 排名的师生比、国际教师比例和师均论文引用率，如果某高校为了在师生比和国际教师比例这两个指标上获得较高的分数，可能会多报教师数量，尤其是国际教师的数量，这会增加该校这两项指标的得分；但因该校教师数量的增多，其师均论文引用率得分就会减少。即便如此，有些高校还是会铤而走险，虚报数据。曾经就出现过某高校在 THE 和 QS 排名中国际学生比例、国际教师比例的得分在其所在国家所有高校中的排名，与该国教育主管部门公布的相关数据的全国排序有所出入的情况。这就引发了一些非常重要的问题，谁来核实全球高校报送的数据？谁来验证这些数据的真伪？谁来判断有些虚假数据是高校无心之失，还是有意为之？对此，排名机构给出的解释是它们很难全部核实，每年只能进行抽查，一旦发现数据弄虚作假，来年就不再对该大学进行排名。但这种抽查比例毕竟非常低，对某些高校弄虚作假行为的监督和惩罚力度还远远不够，并不能从根本上杜绝高校在报送数据时弄虚作假的行为。

（五）忽略高等院校的历史贡献

柏林原则强调，"排名应该考虑到被排名院校所处教育体系的语言的、文化的、经济的及历史的背景"。也就是说，各个世界大学排名系统如果要为高等教育的长远和健康发展负责，那么其在关注大学的教学科研质量的同时，也应该重点考虑大学发展所处的历史背景，以及其对所处国家和社会所做出的历史贡献，而这些历史贡献往往是无法量化的。排名意味着排序，排序意味着比较，比较意味着量化，量化则意味着设计各种量化指标。而大学中教学科研水平，尤其是科研水平是比较容易量化的，因此，当前的世界大学排名主要通过设计可以量化且可以国际比较的教学科研指标来对全球大学进行排序。事实上，一所大学对社会的贡献，远不止那些可以用于国际比较的论文数量和论文引用率等，大学对一个国家的更大贡献在于它与一个国家和民族的命运息息相关。比如北京大学，作为五四运动的策源地，在国家和民族危难时刻，传播先进思想，救亡图存，在中国历史上所做出的贡献在世界大学排名中，是无法用任何可以量化的指标来计算和衡量的。正如杜维明先生所说，"世界上没有任何一所大学，能够像北京大学一样，和一个国家和民族的命运结合得如此紧密"。在世界范围内对国家和社会做出突出历史贡献的高校还有很多，但这些无法量化的贡献在现行的大学排名体系中无法得以有效体现。

第五节　世界大学排名与中国高水平大学建设的关系思考

　　自 1998 年北京大学百年校庆时提出实施"985"工程以来，在国家大量经费的投入与支持下，中国高校取得了长足的进步和发展。以北京大学、清华大学、复旦大学、上海交通大学、南京大学、浙江大学、中国科学技术大学为代表的中国高水平大学在国际上的影响力日益增大，大部分高校都相继提出要尽快提升大学排名，建设世界一流大学的目标和规划。如前文所述，世界大学排名能够为公众提供有效信息，减少信息不对称；能够为政府提供质量评估体系，优化资源配置；能够为高校提供发展参考系，推动高校间良性竞争。与此同时，世界大学排名也容易引发世界高等教育发展的规模导向、趋同化发展、非均衡发展，个别高校存在报送数据弄虚作假，历史贡献被忽略等一系列问题。因此，中国的高水平大学在建设世界一流大学过程中必须理性看待世界大学排名，认真思考和客观分析世界大学排名和中国高水平大学建设之间的关系。

　　有鉴于此，本书将试图从世界大学排名的角度，分析探讨中国高水平大学与世界一流大学的差距，以期为中国高水平大学建设提供一定的参考意义。那么，何为世界一流大学？主流的世界大学排名机构如何界定世界一流大学？国家高等教育管理模式会影响大学排名吗？各国推行的世界一流大学建设项目是否能够提高相应国家的大学排名？中国高水平大学在世界大学排名中的表现如何？基于与世界一流大学的差距，我国现阶段应该如何建设中国特色、世界一流的高水平大学？对以上问题的回答实际构成了世界大学排名与我国高水平大学建设之关系的研究思路，也是本书的主体内容。因此，本书采取了如下的章节安排，即第一章对四大主流世界大学排名的核心产品——世界大学综合排名、世界大学学科排名、世界大学声誉排名的指标体系及权重分配进行逐一介绍与对比分析，系统梳理各类排名的特色与不足。第二章从高等教育发展的大众化、市场化和国际化的角度论述大学排名产生的现实背景，从教育学、管理学、经济学等学科视角探讨支撑世界大学排名产生和发展的理论基础；并客观分析世界大学排名的合理性和实际影响，最终为后续章节开展世界大学排名与中国高水平大学建设之关系的研究提供重要思路。第三章主要基于四大排名前 200 名高校进行描述统计，比较分析这些位居世界大学排名前列的高校在洲际、国别、建校历史和高校类型等方面的分布特征。第四章与第五章分别运用计量统计方法分析国家高等教育管理模式、"类 985 工程"对大学排名的影响及作用机制，以期从国家高等教育战略层面为我国高水平大学建设提供有益经验。第六章到第八章则分别从综合排名、学科排名及声誉排名三个方面，论述中国高水平大学与世界一流大学的差距及变化趋势，并进一步探寻形成差距的深层次原因，进而为我国高水平大学提高综合排名、创建一流学科、提升国际声誉提供建议。第九章在上述研究的基础上，系统概述中国高水平大学的建设理念与路径，从而为中国高水平大学创建中国特色的世界一流大学提供借鉴意义（本书的撰写逻辑框架见图 2-1）。

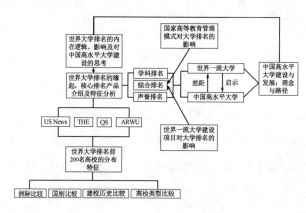

图 2-1　本书的撰写逻辑框架

第三章

世界大学排名前 200 名高校的分布特征

在开始探讨世界大学排名对中国高水平大学建设的影响之前，我们有必要了解位居世界大学排名相对靠前的高校在洲际、国别、建校历史和学校类型等方面的分布特征。这些高校在洲际、国别上的分布特征反映了世界高等教育发展的整体状况，而建校历史、办学类型方面的差异则说明了具有哪些特征的大学更有可能跻身世界大学排名前列，本节从这四个维度对排名相对靠前的大学进行细致的描述统计分析，为本书后续章节奠定良好的研究基础。

四大世界大学排行榜中的高校规模现均已达到1000所，我们难以穷尽这上千所高校的分布特征，故退而求其次，选取进入四大排名中前200名的高校进行分布特征分析。之所以选取这些高校，首先是因为进入世界大学排名前200名的高校，通常具有较高的学术声誉、良好的学科基础、优秀的师资队伍和生源，这些高校或已是世界一流大学，或享有更多追赶世界一流大学、跻身世界一流大学行列的机会，因而一个国家或区域拥有多少所排名前200名的大学在较大程度上能够反映出该国家或该区域高等教育发展的综合实力。其次是因为，每年进入排名前200名的高校相对稳定，200名之后高校之间总分及单项指标得分的差异越来越小，区分度越来越低。考虑到数据的可比性与统计分析的有效性，本章仅以排名前200名的高校作为研究对象。出于数据可比性的考量，世界大学排名前 200 名高校的分布特征分析更具统计和比较意义。

有鉴于此，本章以 THE2011—2019 年、QS2011—2019 年、US News 2015—2019 年和 ARWU2003—2019 年历年排名中前 200 名高校作为分析样本，第一节和第二节分别介绍了各大洲、各国进入世界大学排名前 200 名的高校数量及其变化趋势，第三节统计描述了前 200 名高校的建校历史特征，第四节从办学性质与类别两个维度分析了前 200 名高校在学校类型方面的分布特征。

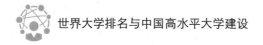

第一节　世界大学排名前 200 名高校的洲际分布

本节将比较各大洲进入世界大学四大排行榜前 200 名的高校数量，并描述其变化趋势，借以比较各大洲高等教育的发展水平和变化情况。本节将 THE2011—2019 年、QS2011—2019 年、US News2015—2019 年、ARWU2003—2019 年历年排名前 200 名的高校按其所属大洲整理，分别讨论不同排行榜中前 200 名高校的洲际分布情况，并通过图表比较各大洲入选四个大学排名前 200 名的高校数量和变化趋势。

一、2011—2019 年各大洲进入 THE 大学排名前 200 名的高校数量及变化趋势

表 3.1 展示了 2011—2019 年各大洲进入 THE 大学排名前 200 名的高校数量，图 3-1 通过折线图更为直观地展示了变化趋势。从 THE 大学排名来看，2014 年，六个大洲进入前 200 名的高校数量由多至少的排序基本为：欧洲、北美洲、亚洲、大洋洲、非洲、南美洲。总体而言，欧洲和北美洲高校总数保持在 160 所左右，占据了前 200 名中超过 80% 的席位；亚洲保持在 20 所左右；大洋洲保持在 10 所左右，数量非常稳定；南美洲、非洲则很少有高校进入前 200 名，二者数量之和一直未突破 2 所，分别为非洲的开普敦大学和南美洲的圣保罗大学。2016 年出现

较为明显的变化：2016 年之前，欧洲进入 THE 大学排名前 200 名的高校约 85 所；而在 2016 年，猛增至 104 所，占据了前 200 名中的一半以上，与之相伴的是 2016 年其他各大洲入选数量的减少。北美洲在 2011—2015 年间与欧洲的差距非常小，但在 2016 年出现了较大幅度的下降，2016 年后二者之间的差距一直保持在 30 所左右。亚洲在 2011—2019 年进入前 200 名的高校数量一直在 20 所左右，在 2016 年出现了较为明显的下降，但在此之后又开始持续增加。从 THE 大学排名看，欧洲和北美洲的高等教育在全球处于领先地位，其余大洲与之差距较为明显。2016 年后，欧洲与北美洲之间的差距也呈扩大趋势，前者在前 200 名中的席位明显多于后者。

表 3.1　2011—2019 年各大洲进入 THE 大学排名前 200 名的高校数量

	2011 年	2012 年	2013 年	2014 年	2015 年	2016 年	2017 年	2018 年	2019 年
欧洲	81	85	83	86	84	104	99	100	98
北美洲	82	85	85	85	83	71	72	69	70
亚洲	27	20	21	20	24	15	19	21	22
大洋洲	8	8	9	8	9	9	9	9	9
非洲	2	1	1	1	1	1	2	1	1
南美洲	0	1	1	0	0	0	0	0	0

注：某些年份会出现排名并列的情况，故该年份排名前 200 名的高校数量会大于 200 所，后同。

二、 2011—2019 年各大洲进入 QS 大学排名前 200 名的高校数量及变化趋势

2011—2019 年各大洲进入 QS 大学排名前 200 名的高校数量及其变化趋势如表 3.2 和图 3-2 所示，九年间各大洲进入 QS 大学排名前 200 名的高校数量按由多至少排序基本为：欧洲、北美洲、亚洲、大洋洲、南美洲、非洲。与 THE 排名的情况基本相似（如图 3-1 所示），欧洲、

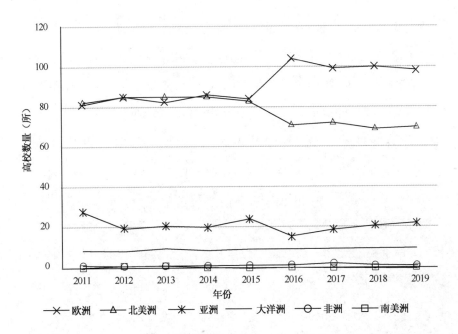

图 3-1　2011—2019 年各大洲进入 THE 大学排名前 200 名的高校数量变化趋势

北美洲、亚洲和大洋洲位居前四；不同之处在于 THE 排名中非洲的高校数量明显多于南美洲，而 QS 排名则恰恰相反，南美洲的高校数量多于非洲（非洲唯一入榜的高校仍然为南非的开普敦大学）。具体来说，欧洲进入前 200 名的高校数量最多，一直保持在 90 所左右，占据大约 45% 的席位。北美洲大约有 60 所，但数量大体上呈不断减少的趋势，由 2011 年的 65 所波动下降至 2019 年的 58 所。与之对应的是，亚洲前 200 名的高校数量呈现不断增多的趋势，由 2011 年的 36 所波动上升至 2019 年的 39 所。大洋洲进入 QS 大学排名前 200 名的高校数量较为稳定，一直保持在 10 所左右。南美洲进入 QS 大学排名前 200 名的数量也有所上升，但一直未突破 5 所。非洲则一直只有 1 所大学进入 QS 大学排名前 200 名。

表 3.2　2011—2019 年各大洲进入 QS 大学排名前 200 名的高校数量

	2011 年	2012 年	2013 年	2014 年	2015 年	2016 年	2017 年	2018 年	2019 年
欧洲	87	87	90	88	89	87	87	89	89
北美洲	65	65	62	63	59	59	59	57	58
亚洲	36	35	35	36	38	37	37	38	39
大洋洲	10	10	10	10	10	11	11	11	11
南美洲	1	2	2	3	4	5	5	4	3
非洲	1	1	1	1	1	1	1	1	1

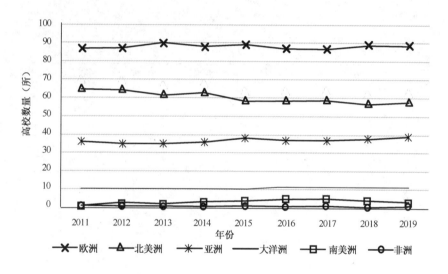

图 3-2　2011—2019 年各大洲进入 QS 大学排名前 200 名的高校数量变化趋势

三、2015—2019 年各大洲进入 US News 大学排名前 200 名的高校数量及变化趋势

从表 3.3 和图 3-3 不难发现，2015—2019 年，各大洲在 US News 大学排名前 200 名的高校数量和变化趋势与 THE 大学排名反映的情况基本相同。欧洲与北美洲稳居前两位，亚洲位列第三，其次是大洋洲，非洲与南美洲位列最后两名。其中，欧洲与北美洲在 US News 排名的前

200 名中共占 160~170 所，所占比例超过 80%。亚洲跻身前 200 名的高校数量在 23~27 所之间，大洋洲则一直为 9 所，非洲、南美洲则分别仅有一两所高校进入前 200 名 [1]。从各洲的变化趋势来看，欧洲入选的高校数量在 2017—2019 年出现了明显的增长，而北美洲入选的高校数量下降明显，两者之间的差距逐渐拉大，由之前的几乎没有差距，变为 2019 年欧洲比北美洲多 12 所。亚洲呈现出了缓慢下降的趋势，而大洋洲、非洲和南美洲进入 US News 大学排名前 200 名的高校数量基本未发生变化。

表 3.3　2015—2019 年各大洲进入 US News 大学排名前 200 名的高校数量

	2015 年	2016 年	2017 年	2018 年	2019 年
欧洲	81	81	83	86	89
北美洲	81	82	81	79	77
亚洲	27	26	25	26	23
大洋洲	9	9	9	9	9
非洲	1	1	1	1	2
南美洲	1	1	1	1	1

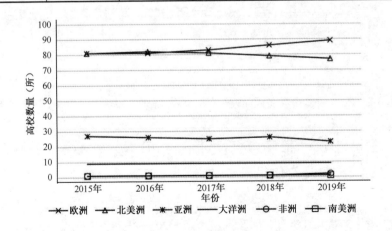

图 3-3　2015—2019 年各大洲进入 US News 大学排名前 200 名的高校数量变化趋势

---

1 非洲和南美洲入榜的高校分别为：开普敦大学和圣保罗大学。

四、2003—2019 年各大洲进入 ARWU 大学排名前 200 名的高校数量及变化趋势

ARWU 排名提供了更长时间跨度的趋势比较（见表 3.4 和图 3-4）。从整体来看，2003—2019 年，欧洲和北美洲仍然处于第一梯队，两者共计占据了前 200 名中 160 个左右的席位。亚洲次之，大洋洲则保持在 10 个左右，南美洲则只有一两所高校跻身前 200 名 [1]。与其他三大排名不同的是，在 ARWU 大学排名中，没有非洲高校进入前 200 名。从变化趋势来看，跻身前 200 名高校数量前两名的位次发生了变动。2016 年以前，北美洲最多有接近 100 所学校进入前 200 名，位列第一；欧洲则为 80 所左右，居于次席。但自 2017 年以来，北美洲的高校数量却呈现下滑趋势。2016 年，欧洲首次超过北美洲，其入选前 200 名的高校数量开始位居各洲之首，并持续保持到 2019 年。这与其他三个排名存在差异，在其他三个排名中，欧洲的高校数量在绝大多数年份都多于北美洲。从各个洲在 ARWU 排名的具体变动情况来看，北美洲自 2013 年起，其数量优势开始下降；亚洲则迎头赶上，自 2012 年开始，其跻身前 200 名的高校数量大体上呈增加趋势；大洋洲与南美洲的数量变化则并不明显。

表 3.4　2003—2019 年各大洲进入 ARWU 大学排名前 200 名的高校数量

	2003 年	2004 年	2005 年	2006 年	2007 年	2008 年	2009 年	2010 年	2011 年
北美洲	101	100	99	96	96	97	97	98	98
欧洲	76	79	79	78	80	79	79	74	75
亚洲	15	15	17	18	17	16	16	19	18
大洋洲	7	6	6	6	7	6	6	7	7
南美洲	1	1	1	2	2	2	2	2	2

1　分别为圣保罗大学和布宜诺斯艾利斯大学。

续表

	2012 年	2013 年	2014 年	2015 年	2016 年	2017 年	2018 年	2019 年
北美洲	93	93	85	84	78	78	78	75
欧洲	75	75	81	80	82	82	80	79
亚洲	22	23	28	26	29	29	32	37
大洋洲	8	7	8	8	9	10	9	8
南美洲	2	2	2	2	2	1	1	1

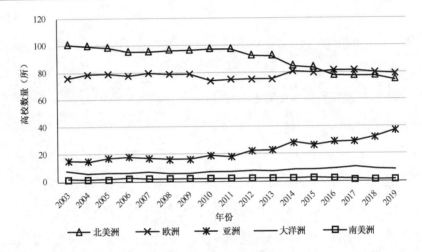

图 3-4　2003—2019 年各大洲进入 ARWU 大学排名前 200 名的高校数量变化趋势

综上所述，四大排行榜的统计结果表明，各大洲之间高等教育质量存在较为明显的差异。（1）从总量分布上看：欧洲与北美洲进入四大排行榜前 200 名的高校数量最多，居于前两位，两者大约占据了 80% 的席位；亚洲居第三位；大洋洲位列第四，数量稳定在 10 所左右；南美洲与非洲的数量最少，只有一到两所学校进入前 200 名。（2）从变化趋势来看：欧洲高校数量逐渐增多，在四大排行榜中都已超过北美洲 [1]；

---

[1] 但在四大排名排行榜前 100 名的大学里，从 2017—2019 年的数据看，北美洲大学比欧洲大学的优势更为明显。除了 QS 排名（均为 35 所左右），在 THE、US News、ARWU 排名中，北美洲为 50 所左右，欧洲为 35 所左右，北美洲一直比欧洲多 10～15 所。

与之相反，北美洲数量呈现逐渐下降的趋势；在四大排名中，亚洲有升有降，但总体上呈现追赶态势，跻身前 200 名的高校数量波动增加。

（3）从不同排行榜来看：不同排行榜之间存在一定差异。在由英国机构发布的 QS 和 THE 大学排名中，欧洲跻身前 200 名的高校数量远远高于北美洲。在由美国机构发布的 US News 排名中，欧洲的高校数量略高于北美洲。而来自中国的，尤其偏重科研的 ARWU 排名则显示，亚洲高校进步明显，欧洲高校数量稳中有升，而北美洲高校数量优势在逐步弱化。在 2013 年及以前，北美洲进入前 200 名的高校数量比欧洲多 20 所左右；但在 2014—2019 年，两者入选大学排名前 200 名的高校数量基本相同。

第二节　世界大学排名前 200 名高校的国别分布

　　基于 THE2011—2019 年、QS2011—2019 年、US News2015—2019 年、ARWU2003—2019 年的大学排名数据，本节对各国[1]四大排行榜排名前 200 名的高校数量进行了统计，并将中国大陆与进入大学排名前 200 名高校数量相对较多、高等教育较为发达的美国、英国、德国、荷兰、澳大利亚、瑞士、日本这 7 个国家进行对比，绘制了数量年度变化趋势图，以厘清我国与这些国家在高等教育发展方面的差距，为提升我国高等教育整体水平提供借鉴。下文将对各国（地区）在不同年份进入四大排行榜前 200 名的高校数量进行具体呈现，并对中国与上述 7 个国家进入前 200 名高校数量的变化趋势进行详细的描述分析。

一、2011—2019 年各国家和地区进入 THE 大学排名前 200 名的高校数量及变化趋势

　　如表 3.5 所示，2011—2019 年共有 31 个国家和地区的大学进入 THE 大学排名前 200 名。在这些国家和地区中，进入前 200 名的大学数量平均每年在 10 所以上的仅有美国、英国、德国和荷兰这 4 个国家；

---

1 如果某个国家在不同年份进入同一大学排名前 200 名的高校数量均为零，则图表中不包含该国。

其他大部分国家和地区的平均数量都在 5 所以下。其中，排名最高的是美国，平均每年 69.1 所；其次是英国，平均为 29.9 所。美、英两个国家合计大致占据 THE 世界大学排名前 200 名中的一半席位。此外，另一个北美洲国家——加拿大也表现不错，平均 8.9 所，居全球第五位。但总体来看，欧洲国家表现更为抢眼，德国以年均 16 所位居第三；荷兰、瑞士和法国分别以 11.9 所、6.9 所和 5.6 所排在全球第四、第七和第八位。大洋洲的澳大利亚表现稳定，平均每年 7.8 所，居第六位。亚洲的中国大陆地区、韩国和日本表现稍逊，分别仅有 4 所、4 所和 3.7 所进入前 200 名。

表 3.5　各国家和地区在 2011—2019 年进入 THE 大学排名前 200 名高校数量

大洲	国家和地区	2011 年	2012 年	2013 年	2014 年	2015 年	2016 年	2017 年	2018 年	2019 年	平均数
亚洲	韩国	4	3	4	4	4	4	4	4	5	4.0
	日本	5	5	5	5	5	2	2	2	2	3.7
	土耳其	2	0	0	1	4	0	0	0	0	0.8
	新加坡	2	2	2	2	2	2	2	2	2	2.0
	以色列	0	2	3	2	1	1	1	0	0	1.1
	中国大陆	6	3	2	2	3	2	4	7	7	4.0
	中国台湾	4	1	1	1	1	1	1	1	1	1.3
	中国香港	4	4	4	3	4	3	5	5	5	4.1
欧洲	爱尔兰	2	2	2	2	1	2	1	1	1	1.6
	奥地利	2	1	1	1	1	1	1	1	1	1.1
	比利时	2	3	4	5	4	4	3	4	3	3.6
	丹麦	3	3	3	3	3	3	3	3	4	3.1
	德国	14	12	11	10	12	20	22	20	23	16.0
	俄罗斯	0	0	0	0	1	1	1	1	1	0.6
	法国	4	5	7	8	7	5	4	6	4	5.6
	芬兰	1	1	1	1	1	1	1	2	2	1.2
	荷兰	10	12	12	12	11	12	13	13	12	11.9

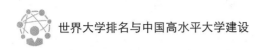

大洲	国家和地区	2011年	2012年	2013年	2014年	2015年	2016年	2017年	2018年	2019年	平均数
欧洲	卢森堡	0	0	0	0	0	1	1	1	0	0.3
	挪威	1	2	0	1	1	2	1	1	2	1.2
	瑞典	6	5	5	5	5	6	6	6	5	5.4
	瑞士	6	7	7	7	7	7	7	7	7	6.9
	西班牙	2	1	0	1	1	3	2	2	2	1.6
	意大利	0	0	0	0	1	3	2	2	3	1.2
	英国	28	31	30	30	28	33	31	30	28	29.9
北美洲	加拿大	10	10	9	8	9	8	9	7	10	8.9
	美国	72	75	76	77	74	63	63	62	60	69.1
南美洲	巴西	0	1	1	0	0	0	0	0	0	0.2
非洲	埃及	1	0	0	0	0	0	0	0	0	0.1
	南非共和国	1	1	1	1	1	1	2	1	1	1.1
大洋洲	澳大利亚	7	7	8	7	8	8	8	8	9	7.8
	新西兰	1	1	1	1	1	1	1	1	0	0.9

图 3-5 呈现了 2011—2019 年美国、英国、德国等几个代表性国家进入 THE 大学排名前 200 名高校数量的变化趋势。美国、英国、德国和荷兰一直位列前四名。随着德国进入前 200 高校数量的日益增多，英国与德国之间的差距逐渐减小。总体上看，美国入选 THE 大学排名前 200 名学校数量有所下降，其中 2016 年下降幅度最大，由 74 所下降到 63 所。英国、荷兰、瑞士和澳大利亚的高校数量基本保持稳定，每年波动较小。德国 2016 年后增幅明显，一年间增加了 8 所，随后开始趋于稳定。中国大陆的高校数量波浪式上升，2018 年和 2019 年连续两年有 7 所高校进入全球前 200 名。相形之下，日本进入前 200 名的高校数量有所减少，2015 年后一直保持仅有 2 所上榜。

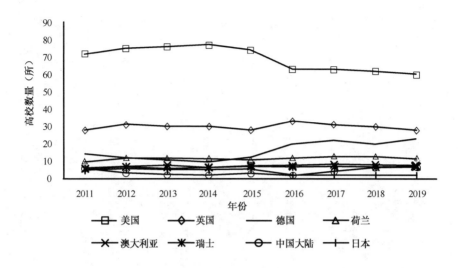

图 3-5　2011—2019 年主要国家和地区进入 THE 大学排名
前 200 名的高校数量变化趋势

二、2011—2019 年各国家和地区进入 QS 大学排名前 200 名的高校数量及变化趋势

各个国家和地区进入 QS 大学排名前 200 名的高校数量如表 3.6 所示，与 THE 排名相似的是，美国、英国、德国和荷兰位居前四，美国和英国依然大幅度领先其他国家和地区；加拿大、澳大利亚和瑞士的高校数量也名列前十，分别为第五、第七、第八名。而与 THE 排名的不同之处在于，进入 QS 排名前 200 名的有 35 个国家和地区，是各个排名中国家和地区数量最多、最分散的。美国虽然位居第一，但平均数量比 THE 排名中少了 19.1 所，与英国之间的差距也相对较小。同样，德国在 QS 排名中的平均数量也明显少于 THE 排名中的 16 所，只有 11.8 所；法国第十三名的名次较 THE 排名中的第八名也相对较低。日本、中国大陆和韩国表现亮眼，分别以 9.1 所、7 所和 6.4 所位居第六、第九、第十名。

表 3.6 各国家和地区在 2011—2019 年间进入 QS 大学排名前 200 名高校数量

大洲	国家和地区	2011 年	2012 年	2013 年	2014 年	2015 年	2016 年	2017 年	2018 年	2019 年	平均数
亚洲	韩国	5	6	6	6	7	7	7	7	7	6.4
	马来西亚	0	1	1	1	1	1	1	1	2	1.0
	日本	11	10	9	10	8	8	8	9	9	9.1
	沙特阿拉伯	1	1	0	0	0	1	1	1	1	0.7
	泰国	1	0	0	0	0	0	0	0	0	0.1
	新加坡	2	2	2	2	2	2	2	2	2	2.0
	以色列	2	1	3	3	2	1	1	1	1	1.7
	印度	0	0	0	0	2	2	2	3	3	1.3
	中国大陆	7	7	7	7	7	7	7	7	7	7.0
	中国台湾	2	2	2	3	3	3	3	2	2	2.2
	中国香港	5	5	5	5	5	5	5	5	5	5.0
欧洲	爱尔兰	3	3	2	2	2	2	2	2	2	2.2
	奥地利	1	1	1	1	2	2	2	2	2	1.6
	比利时	5	6	6	5	4	4	4	4	4	4.7
	丹麦	3	3	3	3	3	3	3	3	3	3.0
	德国	12	11	13	13	11	11	11	12	12	11.8
	俄罗斯	1	1	1	1	1	1	1	1	1	1.0
	法国	4	4	5	4	5	5	5	5	5	4.8
	芬兰	1	1	2	2	2	2	2	2	2	1.8
	荷兰	11	11	11	11	12	12	12	10	9	11.0
	挪威	2	2	2	2	2	2	2	2	2	2.0
	瑞典	5	5	4	5	5	5	5	5	5	4.9
	瑞士	7	7	7	7	7	7	7	7	7	7.0
	西班牙	2	2	3	3	3	1	1	3	3	2.3
	意大利	1	1	2	1	1	1	1	4	4	1.8
	英国	29	29	28	28	29	29	29	27	28	28.4
北美洲	加拿大	10	10	10	11	9	10	10	8	8	9.6
	美国	54	54	51	51	49	48	48	47	48	50.0
	墨西哥	1	1	1	1	1	1	1	2	2	1.2
南美洲	阿根廷	0	0	0	1	1	1	1	1	1	0.7
	巴西	1	1	1	1	2	2	2	2	2	1.4
	智利	0	1	1	1	1	2	2	1	1	1.1
非洲	南非共和国	1	1	1	1	1	1	1	1	1	1.0
大洋洲	澳大利亚	8	8	8	8	8	9	9	9	9	8.4
	新西兰	2	2	2	2	2	2	2	2	2	2.0

从变化趋势上看，大部分国家和地区在 QS 排名前 200 名的高校数量非常稳定（见图 3-6），9 年间变化较少。只有美国呈现明显下降趋势，从 2011 年的 54 所下降到 2019 年的 48 所。北美洲的另一个国家加拿大也略微下降，从 2011 年的 10 所下降到 2019 年的 8 所。位居前十的其他 8 个国家和地区——英国、德国、荷兰、日本、澳大利亚、瑞士、中国大陆、韩国分别稳定地在 29 所、12 所、11 所、9 所、8 所、7 所、7 所、6 所左右徘徊（按数量从高到低排列）。

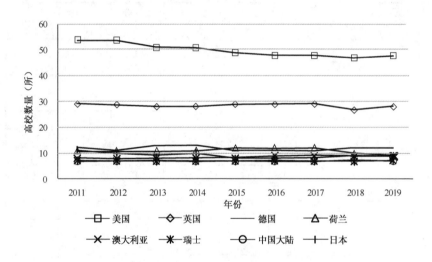

图 3-6　主要国家和地区在 2011—2019 年进入 QS 大学排名
前 200 名的高校数量变化趋势

三、2015—2019 年各国家和地区进入 US News 大学排名前 200 名的高校数量及变化趋势

2014—2019 年共有 30 个国家和地区的高校进入 US News 大学排名前 200 名，比 THE 和 QS 排名中的国家和地区数量少（见表 3.7）。与前两个排名相似，前四名仍然是美国、英国、德国和荷兰，澳大利亚、

加拿大和瑞士依旧位居前十。其中，美国优势非常明显，平均高达 73 所；英国和德国分别以 21.8 所和 16.4 所尾随其后，但与美国的差距较为明显。排名第四的荷兰仅有 10 所，与排名第三的德国也有不小差距。此外，与 THE 排名相似，法国和瑞典也位居前十；与 QS 排名相似，中国大陆也跻身前十，以平均 7.2 所居第六位，这也是中国大陆在四大排行榜中进入前 200 名高校数量之最。

表 3.7　各国家和地区进入 US News2015—2019 年大学排名前 200 名高校数量

大洲	国家和地区	2015 年	2016 年	2017 年	2018 年	2019 年	平均数
亚洲	韩国	4	3	2	3	2	2.8
	日本	6	5	4	3	2	4
	沙特阿拉伯	0	0	1	2	2	1
	土耳其	1	0	1	1	0	0.6
	新加坡	2	2	2	2	2	2
	以色列	3	3	3	3	3	3
	中国大陆	7	8	7	7	7	7.2
	中国台湾	1	1	1	1	1	1
	中国香港	3	4	4	4	4	3.8
欧洲	奥地利	1	0	1	1	2	1
	比利时	2	2	2	4	4	2.8
	丹麦	3	3	3	3	3	3
	德国	16	18	16	16	16	16.4
	俄罗斯	1	0	0	0	0	0.2
	法国	7	7	7	7	7	7
	芬兰	1	1	1	1	1	1
	荷兰	10	10	10	10	10	10
	捷克	1	0	0	1	0	0.4
	挪威	1	1	2	2	2	1.6
	瑞典	5	5	4	5	5	4.8
	瑞士	6	6	7	7	7	6.6
	西班牙	2	2	3	3	4	2.8
	意大利	4	5	5	4	5	4.6
	英国	21	21	22	22	23	21.8
北美洲	加拿大	7	8	6	7	7	7
	美国	74	74	75	72	70	73

续表

大洲	国家和地区	2015 年	2016 年	2017 年	2018 年	2019 年	平均数
南美洲	巴西	1	1	1	1	1	1
非洲	南非	1	1	1	1	2	1.2
大洋洲	澳大利亚	8	8	8	8	8	8
	新西兰	1	1	1	1	1	1

变化趋势方面（见图 3-7），与前面两个排名相似，尽管美国仍名列第一，但数量略有下降，五年内从 74 所降到 70 所。韩国、日本数量也在下降，分别从 4 所、6 所都下降到 2 所。英国略有上升，从 2015 年的 21 所增加到 2019 年的 23 所。德国、荷兰、澳大利亚、中国大陆、法国、加拿大、瑞士、瑞典等国家和地区非常稳定，分别保持在 16 所、10 所、8 所、7 所、7 所、7 所、6 所、5 所左右。

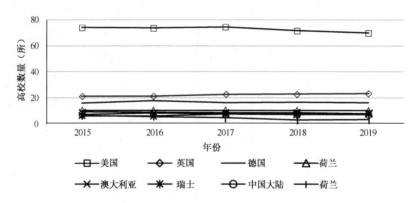

图 3-7　主要国家和地区进入 US News 2015—2019 年大学排名
前 200 名的高校数量变化趋势

四、2003—2019 年各国家和地区进入 ARWU 大学排名前 200 名的高校数量及变化趋势

与 THE 排名的情况相似，在 2003—2019 年进入 ARWU 大学排名前 200 名的高校来自 31 个国家和地区（见表 3.8），多于 US News 排

名的高校数量，少于 QS 排名的高校数量。与其他排名相似，前四名仍然是美国、英国、德国和荷兰，加拿大、澳大利亚和瑞士依旧位居前十。美国以 82.8 所的平均数量居于绝对领先位置，在四大排名中最高，比第二位的英国（20.4 所）超出 60 多所。在 THE、QS、US News、ARWU 四个排名中，英国在 ARWU 中表现最差，与美国的差距也是四大排名中最大的。与其他排名不同的是，ARWU 排名中仅有美国、英国、德国三国平均数量大于 10 所，荷兰仅有 8.4 所高校进入前 200 名，为四大排名中最低。在亚洲国家和地区中，日本以 8.3 所位列第五；中国大陆为 4.6 所，居第十一位；而韩国平均仅有 1.2 所，为四大排名中最低。

表 3.8　各国和地区在 2003—2019 年进入 ARWU 大学排名前 200 名高校数量

大洲	国家和地区	2003 年	2004 年	2005 年	2006 年	2007 年	2008 年	2009 年	2010 年	2011 年
亚洲	韩国	1	1	1	1	1	1	1	1	1
	日本	9	9	9	9	9	9	9	9	9
	沙特阿拉伯	0	0	0	0	0	0	0	0	0
	新加坡	1	1	1	1	1	1	1	1	1
	以色列	3	3	4	4	4	4	4	4	4
	中国大陆	0	0	0	1	1	1	0	2	3
	中国台湾	1	1	1	1	1	1	1	1	1
	中国香港	0	0	0	1	0	0	0	1	1
欧洲	爱尔兰	0	0	0	0	0	0	0	0	0
	奥地利	1	1	1	1	1	1	1	1	1
	比利时	2	4	4	4	4	4	4	4	4
	丹麦	2	3	3	3	3	3	3	3	3
	德国	16	17	16	15	14	14	14	14	14
	俄罗斯	1	1	1	1	1	1	1	1	1
	法国	8	8	8	6	7	7	7	7	8
	芬兰	1	1	1	1	1	1	1	1	1
	荷兰	8	7	7	7	9	9	9	9	9
	挪威	1	1	1	1	1	1	1	1	1
	葡萄牙	0	0	0	0	0	0	0	0	0
	瑞典	6	6	5	4	4	4	4	4	4
	瑞士	6	6	6	6	6	6	6	6	6

续表

大洲	国家和地区	2003 年	2004 年	2005 年	2006 年	2007 年	2008 年	2009 年	2010 年	2011 年
欧洲	西班牙	1	1	2	1	1	1	1	0	0
	意大利	4	5	5	6	5	5	4	4	4
	英国	19	18	19	22	23	22	23	19	19
北美洲	加拿大	7	9	8	8	7	6	6	8	8
	美国	93	90	90	87	88	90	90	89	89
	墨西哥	1	1	1	1	1	1	1	1	1
南美洲	阿根廷	0	0	0	1	1	1	1	1	1
	巴西	1	1	1	1	1	1	1	1	1
大洋洲	澳大利亚	7	6	6	6	7	6	6	7	7
	新西兰	0	0	0	0	0	0	0	0	0

大洲	国家和地区	2012 年	2013 年	2014 年	2015 年	2016 年	2017 年	2018 年	2019 年	平均数
亚洲	韩国	1	1	1	1	3	1	2	2	1.2
	日本	9	9	9	7	6	7	7	7	8.3
	沙特阿拉伯	0	1	2	2	2	2	2	2	0.8
	新加坡	1	1	2	2	2	2	2	2	1.4
	以色列	4	4	4	4	4	4	4	4	3.9
	中国大陆	4	5	7	7	10	10	12	17	4.6
	中国台湾	1	1	1	1	1	1	1	1	1
	中国香港	2	1	2	2	1	2	2	2	1.0
欧洲	爱尔兰	0	0	1	1	1	1	1	1	0.4
	奥地利	1	1	2	1	2	2	1	1	1.2
	比利时	4	4	4	4	4	4	4	4	3.9
	丹麦	3	3	3	3	3	3	3	3	2.9
	德国	14	14	13	13	14	15	14	10	14.2
	俄罗斯	1	1	1	1	1	1	1	1	1.0
	法国	8	8	8	8	9	9	8	9	7.8
	芬兰	1	1	1	1	1	1	1	1	1.0
	荷兰	8	8	8	8	9	9	9	9	8.4
	挪威	1	1	1	2	2	2	2	2	1.3
	葡萄牙	0	0	0	0	1	1	1	1	0.2
	瑞典	5	5	5	5	5	5	5	5	4.8
	瑞士	6	6	7	6	6	7	7	7	6.2
	西班牙	0	0	1	1	1	0	1	1	0.8
	意大利	4	4	6	5	2	2	1	3	4.1
	英国	19	19	21	21	21	20	21	21	20.4

续表

大洲	国家和地区	2012 年	2013 年	2014 年	2015 年	2016 年	2017 年	2018 年	2019 年	平均数
北美洲	加拿大	7	7	8	6	6	8	9	9	7.5
	美国	85	85	77	78	71	70	69	66	82.8
	墨西哥	1	1	0	0	1	0	0	0	0.7
南美洲	阿根廷	1	1	1	1	1	0	0	0	0.6
	巴西	1	1	1	1	1	1	1	1	1.0
大洋洲	澳大利亚	7	7	8	8	8	10	9	8	7.2
	新西兰	1	0	0	0	1	0	0	0	0.1

从变化趋势上看,如图 3-8 所示,与其他排名相似,美国进入 ARWU
排名前 200 名的高校数量有较为明显的下降,由 2003 年的 93 所下降至
2019 年的 66 所,下降幅度在四大排名中最大。德国也存在一定数量的
下滑,由 2003 年的 16 所下滑至 2019 年的 10 所。英国、荷兰、日本、
法国、加拿大、澳大利亚、瑞士、瑞典等国家数量相对稳定,分别保持
在 20 所、8 所、8 所、8 所、7 所、7 所、6 所、5 所左右。值得一提的
是,中国大陆在 2010 年前未超过 2 所,但自 2011 年以来逐年上升至 2019
年的 17 所,首次超过德国升至第三位,上升速度在四大排名中最快。

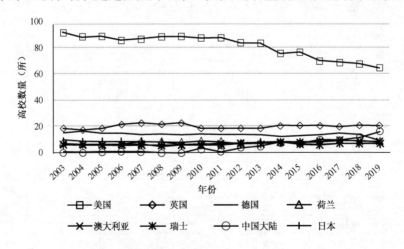

图 3-8　主要国家和地区在 2003—2019 年进入 ARWU 大学排名
前 200 名的高校数量变化趋势

综合四大排名的分布特征，将各大排名中前 200 名高校数量前十的国家和地区汇总如表 3.9 所示。美国、英国、德国、荷兰在四个排名中均居前四位，加拿大、澳大利亚、瑞士也均进入前十，这七个国家可被认为是四个排名公认的高等教育强国。其中，美国为高等教育实力最强的国家，其进入各排行榜前 200 名的高校数量均相当于甚至超过位列第二至第四位的数量之和；但从前文所述的趋势来看，美国进入前 200 名的高校数量在四大排名中均呈下降趋势。整体而言，欧洲高等教育水平较高，英国、德国、荷兰、瑞士四国在四个排名中均位列前十，法国、瑞典也在三个排名中位列前十。与北美洲和欧洲相比，亚洲整体相对落后，日本在 ARWU 排名中列第五位，综合来看仍是亚洲高等教育实力最强的国家。中国大陆在 QS 和 US News 排行中进入前十，中国香港地区则进入 THE 排名前十。从变化趋势上看，中国高等教育进步明显，进入各大排名前 200 名的高校数量呈显著增加态势。

表 3.9　进入四大排名前 200 名的高校数量前十的国家和地区

| | THE 世界大学排名 | | QS 世界大学排名 | | US News 世界大学排名 | | ARWU 世界大学排名 | |
	国家和地区	平均数	国家和地区	平均数	国家和地区	平均数	国家和地区	平均数
1	美国	69.1	美国	50.0	美国	73	美国	82.8
2	英国	29.9	英国	28.4	英国	21.8	英国	20.4
3	德国	16.0	德国	11.8	德国	16.4	德国	14.2
4	荷兰	11.9	荷兰	11.0	荷兰	10	荷兰	8.4
5	加拿大	8.9	加拿大	9.6	澳大利亚	8	日本	8.3
6	澳大利亚	7.8	日本	9.1	中国大陆	7.2	法国	7.8
7	瑞士	6.9	澳大利亚	8.4	法国	7	加拿大	7.5
8	法国	5.6	瑞士	7.0	加拿大	7	澳大利亚	7.2
9	瑞典	5.4	中国大陆	7.0	瑞士	6.6	瑞士	6.2
10	中国香港	4.1	韩国	6.4	瑞典	4.8	瑞典	4.8

第三节 世界大学排名前 200 名高校的建校历史分布

本节基于 THE2011—2019 年、QS2011—2019 年、US News2015—2019 年、ARWU2003—2019 年世界大学排名前 200 名高校的建校时间数据,计算不同排行榜中高校的建校时长,并将其划分为年轻型(50 年以内)、发展型(50~99 年)、成熟型(100~199 年)、悠久型(200~399 年)、古老型(400 年以上)五大建校历史类型,通过统计不同建校历史类型的高校数量,配以图表,描述其变化趋势。

一、2011—2019 年 THE 大学排名前 200 名高校的建校历史类型及变化趋势

表 3.10 展示了 2011—2019 年 THE 大学排名前 200 名中不同建校历史类型的高校数量,图 3-9 直观地展现了其整体变化趋势。可以看到,在前 200 名高校中,成熟型高校数量最多,占总数的一半左右;发展型、悠久型及古老型高校数量比较接近,均在 20 所以上;年轻型高校数量最少,未超过 15 所。就变化趋势而言,古老型高校数量先略有上升,再趋于稳定;成熟型高校数量呈现波动下降趋势,由 2011 年的 105 所下降至 2019 年的 99 所;而年轻型高校数量则呈现出缓慢上升的趋势,九年间增加 5 所;悠久型高校数量相对最为稳定。从 2019 年的

最新数据中可以发现，有 50%的高校属于成熟型，而发展型、悠久型及古老型高校数量均为 30 所左右，年轻型高校仅有 14 所，是其中最少的一类。

表 3.10　2011—2019 年 THE 大学排名前 200 名高校的建校历史类型

建校历史	2011 年	2012 年	2013 年	2014 年	2015 年	2016 年	2017 年	2018 年	2019 年
50 年以内（年轻型）	9	10	10	10	11	10	12	12	14
50～99 年（发展型）	34	36	32	33	30	35	37	33	31
100～199 年（成熟型）	105	105	109	107	105	98	97	99	99
200～399 年（悠久型）	30	27	27	28	31	31	30	31	30
400 年以上（古老型）	22	22	22	22	24	26	25	25	26

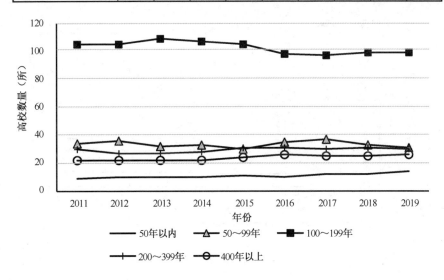

图 3-9　2011—2019 年 THE 大学排名前 200 名高校建校历史类型的变化趋势

二、2011—2019 年 QS 大学排名前 200 名高校的建校历史类型及变化趋势

表 3.11 和图 3-10 呈现了 2011—2019 年 QS 大学排名前 200 名中各建校历史类型的高校数量及其变化趋势。年轻型和发展型高校数量均呈

现出小幅波动、略有上升的变化趋势；而成熟型高校数量相对稳定，保持在 104～111 所之间；悠久型与古老型的高校数量均保持在 25 所左右，在五类建校历史类型中最为稳定。

表 3.11　2011—2019 年 QS 大学排名前 200 名高校的建校历史类型

建校历史	2011 年	2012 年	2013 年	2014 年	2015 年	2016 年	2017 年	2018 年	2019 年
50 年以内（年轻型）	8	8	9	8	9	10	10	10	11
50～99 年（发展型）	31	30	30	31	34	33	33	34	33
100～199 年（成熟型）	111	111	108	110	108	107	107	104	106
200～399 年（悠久型）	25	25	26	26	25	25	25	26	25
400 年以上（古老型）	25	26	27	26	25	25	25	26	26

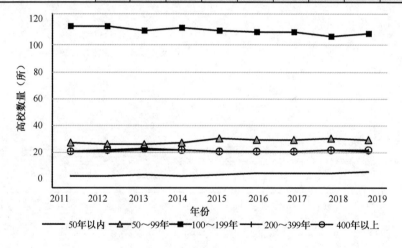

图 3-10　2011—2019 年 QS 大学排名前 200 名高校建校历史类型的变化趋势

结合前文分析可以发现，QS 与 THE 大学排名前 200 名高校的建校历史类型总体数量分布相似，即成熟型高校数量最多，占总数的一半以上；而年轻型、发展型、悠久型及古老型高校数量之和不足总数一半，其中年轻型高校数量最少。略有不同的是，在 QS 大学排名前 200 名高校的建校历史类型中，成熟型高校数量较 THE 大学排名的更多，而年轻型高校数量较 THE 大学排名的更少。从变化趋势来看，THE 大学排名的成熟型与发展型高校数量存在较大波动,九年间QS大学排名前200名高校的建校历史类型数量分布情况基本稳定、无明显变化。

三、2015—2019 年 US News 大学排名前 200 名高校的建校历史类型及变化趋势

从表 3.12 和图 3-11 中不难发现,在 US News 大学排名前 200 名高校中,有 105 所左右的大学建校历史为 100 ~ 199 年,属于成熟型高校;发展型、悠久型及古老型高校数量基本在 23 ~ 34 所,每年仅有 15 所以下的年轻型高校。US News 与 QS 大学排名前 200 名的年轻型、发展型及成熟型高校数量较为一致;但 2019 年 US News 排名中的古老型高校(29 所)略高于 THE 的 26 所,而 THE 排名中的悠久型高校数量(30 所)则明显多于 US News 的 23 所。

表 3.12　2015—2019 年 US News 大学排名前 200 名高校的建校历史类型

建校历史	2015 年	2016 年	2017 年	2018 年	2019 年
50 年以内(年轻型)	11	12	13	14	12
50~99 年(发展型)	30	30	33	34	34
100~199 年(成熟型)	109	108	103	103	103
200~399 年(悠久型)	24	23	26	23	23
400 年以上(古老型)	26	27	25	28	29

在变化趋势方面,US News 与其他排行榜有相似之处,也有一定的特点。与 THE 及 QS 排名类似,US News 的成熟型高校数量减少较为明显,从 2015 年的 109 所下降至 2019 年的 103 所。不同于 THE 中发展型高校数量呈现波动减少的变化趋势,US News 的发展型高校数量略有上升。

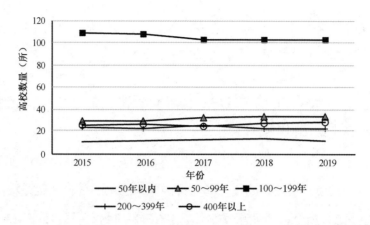

图 3-11　2015—2019 年 US News 大学排名前 200 名高校建校历史类型的变化趋势

四、2003—2019 年 ARWU 大学排名前 200 名高校的建校历史类型及变化趋势

从表 3.13 和图 3-12 可以看出，ARWU 大学排名前 200 名的高校中，成熟型高校数量占一半左右；发展型高校数量为 30 所左右；悠久型及古老型高校数量基本维持在 23～31 所；年轻型高校数量最少，一直未突破 20 所。

表 3.13　2003—2019 年 ARWU 大学排名前 200 名高校的建校历史类型

建校历史	2003 年	2004 年	2005 年	2006 年	2007 年	2008 年	2009 年	2010 年	2011 年
50 年以内（年轻型）	20	17	18	15	15	16	16	16	15
50～99 年（发展型）	31	30	31	31	31	29	28	30	28
100～199 年（成熟型）	97	99	98	99	102	102	103	102	103
200～399 年（悠久型）	25	25	25	24	25	25	25	26	27
400 年以上（古老型）	27	30	30	31	29	28	28	26	27
建校历史	2012 年	2013 年	2014 年	2015 年	2016 年	2017 年	2018 年	2019 年	
50 年以内（年轻型）	13	11	13	9	9	7	7	6	
50～99 年（发展型）	27	29	29	32	29	35	35	35	
100～199 年（成熟型）	106	106	108	105	107	103	106	105	
200～399 年（悠久型）	27	27	23	25	25	27	23	24	
400 年以上（古老型）	27	27	31	29	30	28	29	30	

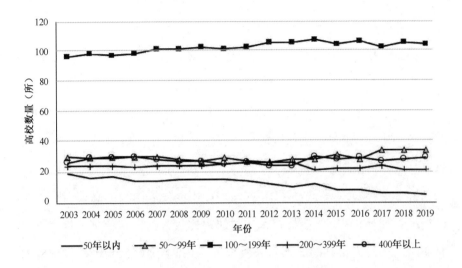

图 3-12　2003—2019 年 ARWU 历年大学排名前 200 名高校建校历史类型的变化趋势

从变化趋势来看，在 ARWU 大学排名中，成熟型与发展型高校数量变化趋势基本一致，均稳中有升，前者由 2003 年的 97 所增加至 2019 年的 105 所，后者由 2003 年的 31 所上升至 2019 年的 35 所；古老型高校数量先缓慢增长，后有所下降，最后开始回升；年轻型高校数量总体呈现较为明显的下降趋势，与其在 THE、QS 的上升趋势恰好相反。而与之前 THE、QS、US News 三个排名中成熟型高校数量下降的趋势不同的是，ARWU 中成熟型高校数量呈现波动上升的趋势。ARWU 排名的指标体系与其他排名差异较大，较为偏重理工类学科，而且科研占比大，这可能导致其变化趋势与其他三个大学排名差异较大。

总体而言，不同建校历史类型的高校在四个大学排名前 200 名的数量及其变化趋势上存在差异，不同排行榜之间也有区别。（1）从数量分布来看，成熟型高校数量最多，占前 200 名高校的一半左右；发展型高校次之，其数量一般在 30 所以上；悠久型高校和古老型高校数量在 30

所左右；年轻型高校数量最少，在四大榜单中均未突破 20 所。总体而言，成熟型和发展型高校相对其他类型的高校在数量上更具优势，也说明具有一定历史积淀的高校其综合实力更加突出。（2）从变化趋势来看，THE 和 US News 的成熟型高校数量在部分年份波动较大，QS 中各个建校历史类型的高校数量较为稳定，ARWU 中成熟型高校数量有所上升，但年轻型高校数量趋于下降。（3）从不同排行榜来看，不同排行的指标体系存在差异，造成了不同排名中不同发展阶段的高校名次不一的情况。如 ARWU 的指标体系中科研占比较大，首先，对于具有雄厚科研实力和研究基础的成熟型高校来说，在排名上就比年轻型高校更加靠前。其次，不同排名对于不同区域的学校有一定偏好，这对排名机构所在国家的高校更加有利。如 THE 和 QS 排名源于英国，US News 排名源于美国，两个国家的历史长短不同，那么在其排名中不同发展阶段的高校数量自然也就存在差异了。

第四节　世界大学排名前 200 名高校的类型分布

　　本节基于世界大学排名前 200 名高校的不同办学性质（包括公立学校与私立学校）和类别（包括综合类、理工类和其他类）的数据对各类型的高校数量、变化趋势进行统计分析及描述。目前高等教育办学主体主要为国家、地方政府和个人三种形式。[1] 因此，就办学性质而言，本节将以国家与地方政府为办学主体的学校划分为公立学校，将以个人为办学主体的学校划分为私立学校。高校类别则以高校所拥有的学科为参考依据，将同时包含所有基础学科与部分实用学科的学校划分为综合类学校，将仅有自然学科与工学或以自然学科与工学为主要学科的学校划分为理工类学校。在四个排名中，由于综合类与理工类学校数量占比最多，其他类别的学校相对较少，因此本文将除了综合类与理工类的学校均划分为其他类学校。

---

1 邬大光. 试论高等教育管理、办学与投资体制改革的相关性［J］. 高等教育研究，1999（2）：23–25.

一、世界大学排名前 200 名高校的办学性质比较

（一）2011—2019 年 THE 世界大学排名前 200 名的高校的办学性质分布及变化趋势

如表 3.14 所示，在 2011—2019 年 THE 世界大学排名前 200 名的高校中，公立、私立高校所占的比例变化不大，公立高校占大多数。在前 200 名中，公立高校为 165 所左右，私立高校为 35 所左右；公立和私立高校的比例约为 5:1。从具体数量来看，九年间公立、私立高校数量变化不大，其中公立高校数量呈上升态势，由 2011 年的 164 所增加至 2019 年的 167 所；而私立高校则对应由 36 所下降至 33 所。

表 3.14　2011—2019 年 THE 世界大学排名前 200 名的

公立、私立高校数量分布及变化趋势

	性质	2011 年	2012 年	2013 年	2014 年	2015 年	2016 年	2017 年	2018 年	2019 年
总体	公立	164	163	163	161	162	166	168	168	167
	私立	36	37	37	39	39	34	33	32	33
美国	公立	39	39	41	40	38	31	32	32	30
	私立	33	36	35	37	36	32	31	30	30
韩国	公立	2	2	2	2	2	2	2	2	2
	私立	2	1	2	2	2	2	2	2	3

在私立高校方面，THE 世界大学排名前 200 名的私立高校主要稳定集中在美国和韩国，[1] 其中以美国为主，占私立高校的 90% 以上。从 THE 世界大学综合排名可以看出，美国的私立教育系统比较发达，进入 THE 排名前 10 名的学校基本为美国的著名私立高校，如加州理工学院、

---

1 来自其他国家的私立高校为：土耳其毕尔肯大学（2011 年）、萨班哲大学（2015 年）。

哈佛大学、斯坦福大学和麻省理工学院等。而韩国进入 THE 排名前 200 名的私立学校主要是浦项科技大学和延世大学两所。从变化趋势来看，在前 200 名中，韩国的公立与私立高校数量在九年间非常稳定，而美国则表现为公立高校数量大幅下降、私立高校数量小幅下滑。对美国而言，在 2011—2015 年，前 200 名高校中私立高校的数量有小幅上升，公立高校则没有较大变化；而在 2016 年，美国进入前 200 名的公立和私立高校均出现较大幅度的下降，公立学校减少了 7 所，私立学校减少了 4 所。此拐点出现的主要原因可能是美国进入 THE 前 200 名的大学受到研究经费减少的影响，且外国留学生就学人数下跌，而 THE 官方给出的解释则是特朗普政府带来的政策投入不稳定[1]。

（二）2011—2019 年 QS 世界大学排名前 200 名的高校的办学性质分布及变化趋势

如表 3.15 所示，2011—2019 年，QS 世界大学排名前 200 名的公立、私立高校数量分布与 THE 世界大学排名呈现的特点基本一致，在前 200 名高校中，公立、私立高校数量的比例同样约为 5:1，但前者比后者数量更稳定，一直在 169 所左右徘徊。此外，与 THE 排名不同的是，在 QS 排名前 200 名的私立高校中，日本高校拥有稳定席位，进入前 200 名的私立高校较 THE 排名更为分散。美国的相对优势并没有在 THE 中那么明显，在 QS 排名前 200 名的私立高校中，美国约占 80%，较 THE 排名低了约 10 个百分点，韩国进入前 200 名的私立高校较 THE

---

1 https://www.timeshighereducation.com/news/world-university-rankings-2018-results-announced.

排名多 2～3 所。

表 3.15　2011—2019 年 QS 世界大学排名前 200 名的公立、

私立高校数量分布及变化趋势

	性质	2011 年	2012 年	2013 年	2014 年	2015 年	2016 年	2017 年	2018 年	2019 年
总体	公立	168	167	169	169	171	171	171	169	168
	私立	32	33	31	32	30	29	29	31	33
美国	公立	27	27	25	25	25	25	25	24	23
	私立	27	27	26	26	24	23	23	23	25
韩国	公立	2	2	2	2	2	2	2	2	2
	私立	3	4	4	4	5	5	5	5	5
日本	公立	9	8	8	9	8	8	8	8	8
	私立	12	2	21	1	10	0	0	1	1

　　将国家分布与公立、私立分布结合来看，美国的私立学校数量占比居首，且美国公立、私立学校并驾齐驱，数量基本相近。美国能进入 QS 排名前 20 名的著名学校基本为私立大学，如麻省理工学院、哈佛大学、芝加哥大学、普林斯顿大学等，常春藤联盟高校基本每年均在前 50 名内。而日本的顶尖高校大部分来自公立系统，在进入 QS 前 200 名的高校中，有九成都为公立高校；私立高校最为突出的是庆应义塾大学和早稻田大学，其中庆应义塾大学基本每年都能进入前 200 名。韩国私立高校也表现不俗，在 QS 排名前 200 名中的私立高校数量仅次于美国。尽管韩国最顶尖的、能进入排名前 50 名的学校是两所公立大学——国立首尔大学和韩国科学技术院，但其他进入前 200 名的学校均为私立学校，如浦项科技大学、高丽大学和延世大学等。

（三）2015—2019 年 US News 世界大学排名前 200 名的高校的办学性质分布及变化趋势

如表 3.16 所示，从 2015—2019 年 US News 世界大学排名前 200 名的情况来看，公立、私立高校的分布情况与 THE 和 QS 呈现的一致，公立、私立高校的比例约为 5:1，且数量相对稳定，几乎没有变动。与 THE 排名相似，US News 排名前 200 名中的私立高校主要集中在美国、韩国，美国占绝大多数（90% 左右）。US News 排名前 200 名的美国公立高校数量相较 THE 和 QS 都更多，每年平均为 42 所；而 US News 排名前 200 名的美国私立高校数量则多于 QS、少于 THE，每年平均 31 所。韩国公立高校数量与其他两个排名相似，只有一两所，而私立高校数量与 THE 和 QS 相比更少。

表 3.16　2015—2019 年 US News 世界大学排名前 200 名的
公立、私立高校数量分布及变化趋势

	性质	2015 年	2016 年	2017 年	2018 年	2019 年
总体	公立	167	168	168	170	169
	私立	33	32	32	32	32
美国	公立	43	43	44	42	40
	私立	31	31	31	30	30
韩国	公立	2	2	2	2	1
	私立	2	1	0	1	1

（四）2003—2019 年 ARWU 世界大学排名前 200 名的高校的办学性质分布及变化趋势

表 3.17 呈现的是 2003—2019 年 ARWU 世界大学排名前 200 名高校的公立、私立分布情况。总体而言，公立、私立高校的分布特点与其余三个排名相同，公立高校占 170 所左右，私立高校大约有 30 所，公

立、私立高校比例约为 5:1，公立高校占绝大多数。其不同之处在于，2003—2019 年 ARWU 前 200 名中的私立高校几乎全部都是美国高校，这种垄断局面直到 2016 年才开始被打破，之后韩国私立高校（主要为成均馆大学）一直稳居前 200 名。与此同时，在 ARWU 排名中，美国进入前 200 名的总体数量也为四个排行榜之首，且美国的公立高校相较其私立高校的数量优势更为明显。但从变化趋势来看，自 2003 年以来，美国进入 ARWU 前 200 名的公立高校数量显著下滑，由 60 所减少到 37 所，其私立高校的数量则稳中略有下降。这一变化进一步证实了美国的私立高校在榜单中整体排名较为靠前，而公立高校排名相对靠后的情况，因此当其他国家的高校迎头赶上时，在排名上受到冲击的首先是公立高校。韩国则每年稳定有 1 所公立高校——国立首尔大学进入排名，韩国的私立学校（主要是成均馆大学）在 2016 年进入前 200 名。

表 3.17　2003—2019 年 ARWU 世界大学排名前 200 名的

公立、私立高校数量分布及变化趋势

	性质	2003 年	2004 年	2005 年	2006 年	2007 年	2008 年	2009 年	2010 年
总体	公立	167	168	168	169	171	170	169	169
	私立	33	33	34	31	31	30	31	31
美国	公立	60	57	56	56	57	60	59	57
	私立	33	33	34	31	31	30	31	31
韩国	公立	1	1	1	1	1	1	1	1
	私立	0	0	0	0	0	0	0	0

	性质	2011 年	2012 年	2013 年	2014 年	2015 年	2016 年	2017 年	2018 年	2019 年
总体	公立	169	169	169	173	170	168	170	170	170
	私立	31	31	31	31	30	32	30	30	30
美国	公立	58	54	54	47	48	41	40	40	37
	私立	31	31	31	30	30	30	30	29	29
韩国	公立	1	1	1	1	1	1	1	1	1
	私立	0	0	0	0	0	2	0	1	1

综上所述，在四个世界大学排名中前 200 名高校办学性质的分布具有如下几个特点：（1）以公立学校为主（约 167 所），以私立学校为辅（约 33 所），公立、私立比例为 5:1 左右。其中各排名前 10 名和前 20 名的私立高校与公立高校数量分布大致相同，而 THE 世界大学排名的前 10 名以私立高校居多。在能够统计到的年份间，两类学校进入四类排名前 200 名的数量和比例基本无太大变动。（2）在四个排行榜中，美国历年进入前 200 名的公立高校数量整体而言多于私立高校，但其公立高校的数量呈现出逐年递减趋势，这一点在 THE 和 ARWU 排名中反映得尤为明显。（3）在私立高校方面，美国处于绝对领先地位，各大榜单中的私立高校近九成都是美国高校，且美国私立高校的排名也居于前列。但不可忽视的是，韩国私立高校作为新兴力量也已经在前 200 名中占据稳定席位。

二、世界大学排名前 200 名高校的类别比较

下文将对跻身四个排名前 200 名的各类别高校的数量及其变化趋势进行描述性统计分析。各类别高校包括综合类、理工类、其他类。其他类高校主要包含社科类、医学类等。

（一）2011—2019 年 THE 世界大学排名前 200 名的高校的类别分布及变化趋势

如表 3.18 所示，在 2011—2019 年 THE 世界大学排名中，各类别高校数量略有波动，但总体上较为平稳。进入前 200 名的高校以综合类居多，数量在 175 所左右，占比为 87.5% 左右；理工类高校为 22 所左右，占比为 11% 左右；其他类高校数量较少，在 3 所左右，占比为 1.5% 左右，但其他类学校所包含的种类较多，包括农业类、社科类、医学类等。

各类别学校的数量变化没有明显趋势，均在平均线上下浮动，变化幅度不大。

表 3.18　2011—2019 年 THE 世界大学排名前 200 名的各类别高校数量分布

类别	2011 年	2012 年	2013 年	2014 年	2015 年	2016 年	2017 年	2018 年	2019 年
综合类	174	175	174	174	175	177	177	175	177
理工类	22	21	23	24	23	19	21	21	20
其他类	4	4	3	2	3	4	3	4	3

（二）2011—2019 年 QS 世界大学排名前 200 名的高校的类别分布及变化趋势

如表 3.19 所示，从 2011—2019 年 QS 世界大学排名来看，进入前 200 名的高校的类别分布与 THE 较为类似，综合类高校最多，其次为理工类，其他类高校数量较少。在 QS 排名前 200 中，综合类高校数量有 175 所左右，占比 87.5%左右，且呈现出下降的趋势。理工类高校数量较 THE 中的更多，且呈现出上升趋势，近年来已接近 30 所。其他类高校 1 所，为社科类院校——伦敦政治经济学院，与 THE 相比数量较少。

表 3.19　2011—2019 年 QS 世界大学排名前 200 名的各类别高校数量分布

类别	2011 年	2012 年	2013 年	2014 年	2015 年	2016 年	2017 年	2018 年	2019 年
综合类	180	180	178	178	171	171	171	170	172
理工类	19	19	21	22	29	28	28	29	28
其他类	1	1	1	1	1	1	1	1	1

（三）2015—2019 年 US News 世界大学排名前 200 名的高校的类别分布及变化趋势

如表 3.20 所示，2015—2019 年 US News 世界大学排名如表 3.20 所

示：与 THE 和 QS 世界大学排名相似的是，US News 前 200 名学校以综合类学校为主，年均约 174 所，大约占据总数的 87%。不同之处在于，在 US News 前 200 名中理工类高校的数量与 QS 和 THE 相比较少，约为 18 所，约占总数的 9%；而其他类高校稳定在 9 所左右，约占 4.5%，比 QS 和 THE 多。此外，在 US News 前 200 名中综合类高校数量呈上升趋势，理工类高校数量呈现下降趋势，其他类高校数量非常稳定，且主要以医学类为主。

表 3.20　2015—2019 年 US News 世界大学排名前 200 名的各类别高校数量分布

类别	2015 年	2016 年	2017 年	2018 年	2019 年
综合类	170	174	173	176	176
理工类	20	18	17	17	16
其他类	10	8	10	9	9

（四）2003—2019 年 ARWU 世界大学排名前 200 名的高校的类别分布及变化趋势

如表 3-21 所示，在 2003—2019 年 ARWU 世界大学排名中，进入前 200 名的学校仍然以综合类为主，数量在 175 所左右，约占总数的 87.5%。但与其余三个排名不同的是，在 ARWU 排名前 200 名的高校中理工类高校和其他类高校的数量较为接近，均为 14 所左右，约占 7%，其他类高校的数量在四个排行中最多。在 ARWU 排名前 200 名高校中其他类学校类型与 US News 排名类似，含有医学类、社科类等，且以医学类为主。从整体趋势来看，在 ARWU 排名前 200 名高校中综合类高校的数量较为稳定，理工类高校的数量呈波动上升的态势，其他类高校则有波动下降的趋势。

表 3.21　2003—2019 年 ARWU 世界大学排名前 200 名的各类别高校数量分布

类别	2003 年	2004 年	2005 年	2006 年	2007 年	2008 年	2009 年	2010 年
综合类	178	177	177	176	175	174	174	174
理工类	12	14	14	14	14	14	14	14
其他类	10	10	11	10	13	12	12	12

类别	2011 年	2012 年	2013 年	2014 年	2015 年	2016 年	2017 年	2018 年	2019 年
综合类	173	174	174	178	175	171	173	173	175
理工类	14	13	13	15	14	16	16	15	15
其他类	13	13	13	11	11	13	11	12	10

　　总体而言，进入四个大学排名前 200 名的高校类别分布呈现如下几个特点：（1）从数量上看，综合类高校占大多数，均占总数的 88%左右；理工类高校居于次席，最后为其他类高校。当然，这一方面可能是因为全球大学中综合类高校的数量本身就比理工类和其他单科类高校多；另一方面也可能是因为四个排名标准会更有利于综合类高校。（2）从变化趋势上看，各类别的高校数量变动趋势较小，其中 THE 和 US News 排名前 200 名的综合类高校数量呈现上升趋势，理工类高校的数量相应减少；而 QS 和 ARWU 世界排名中综合类高校数量呈下降趋势，理工类高校数量有所增加。另外，各排名中的其他类高校种类各有特点。QS 中其他类高校数量最少，主要为社科类；THE 中其他类高校种类较为多样，有农业类、社科类和医学类等；US News 与 ARWU 中其他类高校的数量较多，这可能与其评价指标体系有利于医学等其他学科有关。

第五节　本章小结

本章基于各世界大学综合排名前 200 名的高校，从洲际分布、国别分布、建校历史分布、类型分布等角度对其进行了描述统计和分析总结。小结如下：

（1）从洲际分布来看，各大洲之间高等教育质量存在较为明显的差异。欧洲与北美洲进入四大排行榜前 200 名的高校数量最多；亚洲、大洋洲分列第三、第四位；南美洲与非洲的高校数量最少。从变化趋势来看，欧洲高校数量逐渐增多，北美洲高校数量呈现逐渐下降的趋势，而亚洲总体上呈现追赶态势，跻身前 200 名的高校数量在逐渐增加。

（2）从国别分布来看，美国居于绝对领先地位；美国、英国、德国、荷兰在四大排名前 200 名的高校数量均居于前四名。欧洲整体高等教育水平较高，排名前十的国家超半数为欧洲国家。中国在 QS 和 US News 排名中进入前十位，且进入前 200 名的高校数量明显增加。

（3）从建校历史分布来看，前 200 名中成熟型高校数量最多；其次为发展型高校，其数量一般在 30 所以上；悠久型高校和古老型高校数量大多在 30 所左右；年轻型高校数量最少。在各个排名中不同建校历史类型的高校变化趋势不完全相同，但总体数量分布差异不大。

（4）从办学性质分布来看，在前 200 名中公立高校占大多数，公立高校、私立高校比例为 5:1 左右，且在能够统计到的年份中，两类高校的数量和比例基本无太大变动。各排名前 10 名和前 20 名的私立高校与公立高校数量大致相同。在私立高校方面，美国一骑绝尘，各大榜单中的私立高校近九成都是美国高校，且美国私立高校的排名也居于前列。从高校类型分布来看，在进入前 200 名的高校中综合类高校占大多数，理工类高校居次席，最后为其他类高校。在四大排名中，各类别高校数量变动趋势虽有所区别，但总体上变化不大。

第四章

高等教育管理模式与
世界大学排名提升

　　第三章我们研究了世界大学排名前 200 名高校在洲际、国别、建校历史和学校类型等方面的分布特征，发现不同类型国家中进入前 200 名的高校数量存在较大差异。英美等国家监督型高等教育管理模式下的高校占据了前 200 名的多数席位，但数量上呈现出不断下降的趋势；而德国、中国、俄罗斯等国家控制型高等教育管理模式下的高校进入前 200 名的相对较少，但这些年进步非常明显。那么，是何种原因使得不同国家排名靠前的高校在数量规模和数量变化趋势上呈现不一样的特征？高等教育管理模式对本国高校的世界大学排名及排名提高程度有何影响？其影响机制是什么？这些都是值得深入研究与讨论的问题。

　　本章选取 THE、QS 和 US News 三大世界大学排名中 2019 年榜单前 100 名高校作为研究对象，分别将这些大学的历年排名及排名提高程度作为因变量，先通过构建面板数据模型，探究国家高等教育管理模式对因变量的平均效应，然后运用分位数回归模型深入分析在因变量的不同分位数水平下国家高等教育管理模式的影响方向与程度，以期为从国家战略层面推动中国高水平大学建设提供借鉴意义。

第一节 国家高等教育管理模式

世界大学排名受多方面因素的影响。既有研究主要关注以下三个方面：一是排名指标层面的因素，包括学术科研成果、教师队伍、人才培养质量、经费保障、全球化视野等；[1]二是高校层面的因素（排名指标层面的因素除外），比如建校历史、学校性质、[2]生均经费开支、大学使命、大学规模、[3]大学自治程度与竞争激烈程度；[4]三是国家层面的因素，Pietrucha 认为国家的经济潜力、研发支出、长期政治稳定（免于战争、侵略等）及包括政府效力在内的体制变量会影响大学排名，[5]另有研究指出，国家的收入、人口规模、研发支出和语言等因素会影响一个国家的

---

1 王兆旭，薛惠锋. 基于相关性分析的世界一流大学影响因素研究[J]. 现代教育管理，2016（10）：18-23.

2 夏振荣，俞立平. 世界大学排名影响因素的初步分析[J]. 情报杂志，2011（6）：103-106.

3 MARCONI G，RITZEN J. Determinants of international university rankings scores[J]. Applied economics，2015，47（57）：6211-6227.

4 AGHION P，DEWATRIPONT M, HOXBY C, et al. The governance and performance of universities: evidence from Europe and the US[J]. Economic policy，2010，25（61）：7-59.

5 PIETRUCHA J. Country-specific determinants of world university rankings[J]. Scientometrics，2018，114（3）：1129-1139.

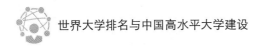

大学排名表现。[1]

然而，影响大学排名的因素除了上述三个方面，还有一个重要因素，即高等教育管理模式。区分不同高等教育管理模式的核心标准是政府与大学的关系，学术界通常将政府与大学的关系划分为两种模式，一种是国家控制模式（Government-controlled Type），一种是国家监督模式（Government-supervised Type）（下文统一将采用这两类模式的国家分别简称为"控制型国家"与"监督型国家"）。这两种模式的主要差异是政府干预高等教育的程度与策略：在国家控制模式下，政府试图通过经费等手段控制高等教育系统的全部方面；而在国家监督模式下，大学拥有更大自主权。[2]表 4.1 通过选取法国、美国分别作为国家控制模式与国家监督模式的典型代表国家，从政府与大学的关系、校长遴选方式、大学教授的身份、经费来源等角度对两类高等教育管理模式的差异进行了比较（下文统一将来自这两类国家的大学分别简称为"国家控制型大学"与"国家监督型大学"）。总体而言，与国家控制型大学相比，国家监督型大学在学校人事、财政等方面拥有更大的自主权，包括自主遴选校长、招聘雇员、多渠道筹集办学资金等。基于以上分类标准，欧洲大陆国家及受其影响的日本、韩国主要采用国家控制模式，而美国、英国、加拿大等盎格鲁—撒克逊国家则采取国家监督模式。[3]

1 LI M, SHANKAR S, Tang K K. Why does the USA dominate university league tables ［J］. Studies in higher education，2011，36（8）：923–937.

2 弗兰斯·F. 范富格特等. 国际高等教育政策比较研究［M］. 王承绪，等，译. 杭州：浙江教育出版社，2001.

3 VAN VUGHT F A. Autonomy and accountability in government/university relationships［M］. In: J. Salmi and AM Verspoor, Revitalizing higher education. Pergamon Press, 1995：322–363.

表 4.1　两种高等教育管理模式的特征比较

类型	国家控制模式	国家监督模式
典型代表国家	法国	美国
政府与大学的关系	国家控制大学的人事权、财政权等	联邦政府不干预大学事务。私立大学是一个完全法人，在遵守宪法基础上实行完全自治，部分私立学校成立董事会参与大学治理。公立大学由各州高等教育委员会领导建立的董事会（其成员包括社会代表）管理
校长遴选方式	大学评议会推举名单，最终由政府主管部门批准	校长由董事会选任，并对董事会负责
大学教授的身份	国家公务员	学校雇员
经费来源	以政府拨款为主，国家投入资金实施重大工程项目以创建世界一流大学	私立高校的办学经费筹资渠道多元，且以学费收入为主；公立高校办学经费以州政府资助为主

那么，在哪种高等教育管理模式下，世界一流大学建设项目的实施效果更好，参与项目建设的大学更容易跻身世界一流大学排行榜前列，进而促进本国高等教育的发展呢？对此，学者们观点不一。一种观点认为，国家监督模式优于国家控制模式，政府行为（国家对大学的控制）经常被描述为"对高等教育的攻击"，[1]政府对大学过于细致的控制存在很大的风险，[2]精英大学容易在国家监督模式下产生并得到保留。[3]另一种观点则指出，国家控制模式也有其优点，与国家监督模式相比，采用

1　熊耕. 简析美国联邦政府与高等教育认证之间控制与反控制之争[J]. 比较教育研究，2003（8）：21-25.

2　NEAVE G, VAN VUGHT F A. Government and higher education relationships across three continents: The winds of change[J]. International journal of educational development，1995, 15（3）：335-336.

3　阎凤桥，闵维方. 从国家精英大学到世界一流大学：基于制度的视角［J］. 北京大学教育评论，2017（1）：34-48.

国家控制模式的政府倾向于集中国家资源，通过实施世界一流大学建设项目，迅速提高入选大学的科研产出，[1]从而提高大学排名。以上研究大部分采用理论思辨与经验总结的方法，如，阎凤桥等从制度理论的视角论证了哪种高等教育管理模式更容易产生精英大学[2]；朱彦臻等基于已有研究文献，系统梳理了两种高等教育管理模式的差异、形成原因及对大学发展的影响[3]。相形之下，现有研究中利用数据资料进行计量分析的研究相对较少。有鉴于此，本章将采用定量研究方法，使用面板数据分析不同高等教育管理模式对大学排名的影响方向及程度，并探究不同高等教育管理模式对大学排名的影响机制，以期为我国"双一流"高校建设的稳步推进、高等教育质量水平的整体提升提供建议。

1 SHIN J C. Building world-class research university: The Brain Korea 21 project［J］. Higher education，2009，58（5）：669.

2 阎凤桥，闵维方. 从国家精英大学到世界一流大学：基于制度的视角［J］. 北京大学教育评论，2017（1）：34-48.

3 朱彦臻，蒋凯. 政府如何管理高等教育?——控制模式与监督模式的比较研究［J］. 现代大学教育，2019（1）：81-89.

第二节　面板数据和分位数回归模型

一、数据来源

综合考虑 THE、QS 和 US News 排名的年份、数据可获取程度、数据缺失情况、样本可比较性等因素后，本章将使用上述排名中 2019 年榜单前 100 名大学作为分析样本，同时收集了这些大学在三个榜单的历年排名数据。因为三大榜单的首次发布时间不同，而且 THE 和 QS 在 2011 年之后分开排名，因此，本研究以各个大学在 THE-QS 排名 2005—2010 年、THE 排名 2011—2019 年、QS 排名 2011—2019 年及 US News 排名 2015—2019 年的排名数据作为研究资料。需要说明的是，在排名前 100 名的大学中，由于萨克雷大学、巴黎文理研究大学和索邦大学等高校是近年来合并后产生的，排名数据存在一定波动，所以在后续分析中将它们剔除。

二、模型设定

（一）面板数据模型

根据前文对大学排名影响因素的文献综述及数据的可获得性，设定如下面板数据模型：

$$Y_{it} = \beta_0 + \beta_1 Type_{it} + \beta_2 Eduexp_{it} + \beta_3 Ter_{it} + \beta_4 Rd_{it} +$$

$$\beta_5 ln(Gdpppc_{it}) + \beta_6 ln(Pop_{it}) + \beta_7 Public + \varepsilon_{it} \qquad (1)$$

其中，Y_{it} 为因变量，包括两类，一类是大学 i 在 t 年份中的世界大学排名，另一类是大学 i 在 t 年份中的世界大学排名提高程度。$Type_{it}$ 是核心自变量，指高等教育管理模式的类型（基准项为国家监督型大学，即国家控制型大学为 1，国家监督型大学为 0）。其他为控制变量，具体来说，$Eduexp_{it}$ 为公共教育经费投入占 GDP 比重；Ter_{it} 为高等教育经费投入占公共教育经费投入比重；Rd_{it} 为科研经费投入占 GDP 比重；$Gdpppc_{it}$ 为人均 GDP；Pop_{it} 为总人口；$Public$ 表示该大学是公立大学，与私立大学对应（公立大学为 1，私立大学为 0）。为了减少异方差性，同时使自变量的估计系数不受量纲的影响，从而使回归系数的解释具有实际意义，在进行回归分析前，对人均 GDP 和总人口这两个变量取对数，分别为 $ln(Gdpppc_{it})$ 和 $ln(Pop_{it})$。对于个别缺失数据，使用插补方法进行补齐，其中，排名数据使用临近年份补齐，其他控制变量则使用均值插补方法补齐。

面板数据一般需要使用固定效应模型或随机效应模型进行参数估计。为判断本研究所使用的面板数据更适合采用哪种模型，先使用豪斯曼检验在两种模型间做出选择。结果发现，不能拒绝原假设，即应当使用随机效应模型（见表 4.2）。

表 4.2　豪斯曼检验结果

	THE	QS	US News
排名	chi2= 16.45	chi2= 17.34	chi2=9.57
	Prob>chi2=0.0115	Prob>chi2=0.0081	Prob>chi2=0.0845
排名提高程度	chi2=3.91	chi2=10.50	chi2=9.66
	Prob>chi2=0.6891	Prob>chi2=0.1620	Prob>chi2=0.0854

（二）分位数回归模型

上述模型事先假定，在不同分位点上，自变量对因变量的边际效应相同，即各自变量对所有大学的排名或排名提高程度的影响具有一致性。而事实上，这种影响可能不完全一致。为进一步探究自变量对不同分位点处的排名或排名提高程度边际效应的差异性，进而为我国"双一流"高校建设提供更加具有针对性的建议，本研究引入了分位数回归模型。分位数回归模型最早由柯恩克尔（Koenker）和巴塞特（Bassett）提出，是对以古典条件均值模型为基础的最小二乘法的拓展。[1]与最小二乘法通过残差平方和最小进行参数估计，且估计结果只能反映自变量对因变量的平均边际效应不同，分位数回归模型通过加权残差绝对值之和最小估计模型参数，能够估计因变量在所有分位点上自变量对因变量影响的参数，得到不同的分位数函数。[2]随着分位点的取值由 0 到 1，可以刻画所有 y 在 x 上的条件分布轨迹。本研究将分位数回归方法与面板数据相结合，构建面板分位数回归模型，重点分析因变量在 10%、50% 和 90% 这三个具有代表性的分位点处，各自变量的边际效果，具体如下：

$$Q_q(Y_{it}) = \beta_0 + \beta_1 Type_{it} + Eduexp_{it} + \beta_3 Ter_{it} + \beta_4 Rd_{it} +$$

$$\beta_5 ln(Gdpppc_{it}) + \beta_6 ln(Pop_{it}) + \beta_7 Public + \varepsilon_{it} \qquad （2）$$

其中，q 表示分位点，本章分别对大学排名及排名提高程度在 10%、50%

1 KOENKER R, BASSETT G. Regression quantiles［J］. Econometrica: journal of the econometric society，1978：33-50.

2 李群峰. 基于分位数回归的面板数据模型估计方法［J］. 统计与决策，2011（17）：24-26.

和 90% 分位点处进行参数估计。

三、变量说明

随机效应模型及面板分位数回归模型的因变量都是大学的排名或排名提高程度。值得注意的是，由于排名越靠后，表示排名数值越大，所处分位数水平越高，所以在对排名的分位数回归结果进行解释时，10% 分位数代表排名数值较小，排名较靠前；90% 分位数代表排名前 100 名大学中相对靠后的位置。对排名提高程度的分位数回归结果解释与此类似。如表 4.3 所示，在三大排行榜 2019 年榜单前 100 名大学中，监督型国家的高校上榜数量远远高于控制型国家。其中，在 US News 排名中，前者比后者多 39 所。从历年排名的平均值来看，监督型国家比控制型国家大学排名更高。如在 THE-QS2005—2010 年、QS2011—2019 年共计 15 年的榜单中，监督型国家的排名平均值为 44.57 名，排名相对靠前；而控制型国家仅为 85.55 名，排名相对靠后。历年排名提高程度的平均值则恰好相反，即控制型国家的历年排名提高程度平均值更大，以 US News2015—2019 年榜单为例，控制型国家平均提高 4.87 名，监督型国家仅提高 1.25 名。究其原因，可能在于监督型国家主要是英美等传统高等教育强国，其优质大学数量相对较多，且长期占据榜单前列；而控制型国家的高等教育发展历史普遍较短，基础较弱，与高等教育强国存在较大差距，有的国家启动各种类似于我国"985 工程"的国家项目，尚处于追赶阶段。

如表 4.3 所示，各个控制变量的数据通过计算样本中所包含国家历年数据的均值得出，即先计算各个国家历年的平均值（每个国家能够获取的数据年份有所差异），然后计算同一高等教育管理模式国家的均值。

结果发现，控制型国家的公共教育经费投入占 GDP 比重、科研经费投入占 GDP 比重比监督型国家更高；而在高等教育经费投入占教育经费比重、人均 GDP 等方面则相对更低。这体现出监督型国家在教育和科研方面的投入所占比例不及控制型国家，整体控制能力相对较弱。但监督型国家比控制型国家的经济更发达，教育和科技水平更高，高等教育经费投入占教育经费比重更大。此外，通过分析两类国家中进入榜单前 100 名的学校性质可以发现（见表 4.4），在监督型国家进入榜单前 100 名的大学中公立大学的比例为 70.69%，低于控制型国家的 92.86%。以上因素对大学排名及排名提升程度是否具有显著影响，后文将通过计量模型进行更为深入的探究。

表 4.3　控制型国家和监督型国家跻身三大排行榜 2019 年榜单前 100 名的
大学数量及名次情况[1]

三大排名		历年排名平均值			历年排名提高程度平均值	
	指标	控制型国家	监督型国家	指标	控制型国家	监督型国家
THE-QS2005—2010 年、THE2011—2019 年榜单	大学数量	35	63	大学数量	35	63
	样本量	525	945	样本量	490	882
	历年排名平均值	86.63	49.13	历年排名提高程度平均值	3.08	1.41
THE-QS2005—2010 年、QS2011—2019 年榜单	大学数量	40	58	大学数量	40	58
	样本量	600	870	样本量	550	812
	历年排名平均值	85.55	44.57	历年排名提高程度平均值	3.62	0.48

---

1 剔除萨克雷大学、巴黎文理研究大学和索邦大学后，THE 和 QS 世界大学排名前 100 名的大学数量为 98 所，US News 世界大学排名前 100 名的大学数量为 98 所。

续表

三大排名	历年排名平均值			历年排名提高程度平均值		
	指标	控制型国家	监督型国家	指标	控制型国家	监督型国家
US News2015—2019 年榜单	大学数量	29	68	大学数量	29	68
	样本量	145	340	样本量	116	272
	历年排名平均值	76.49	44.35	历年排名提高程度平均值	4.87	1.25

表 4.4　控制变量的描述性统计

	公共教育经费投入占 GDP 比重（%）	高等教育经费投入占教育经费比重（%）	科研经费投入占 GDP 比重（%）	人均 GDP（万美元）	平均总人口（亿人）	世界前 100 名大学中公立大学比重（%）
控制型国家	5.55	26.10	2.41	2.89	1.27	92.86
监督型国家	5.00	26.55	2.07	3.14	1.00	70.69

第三节　高等教育管理模式对大学排名的影响

一、高等教育管理模式与大学排名及排名提高程度的关系

根据回归结果可以发现（见表 4.5），高等教育管理模式对世界大学排名影响显著，国家监督型大学的排名显著高于国家控制型大学。回归结果 1、3、5 为没有加入控制变量时，高等教育管理模式分别对 THE、QS 和 US News 三大排行榜前 100 名大学排名的影响，回归结果（2）、（4）、（6）在回归结果（1）、（3）、（5）的基础上加入了公共教育经费投入占 GDP 比重、高等教育经费投入占教育经费比重、科研经费投入占 GDP 比重、人均 GDP（取对数）和总人口（取对数）、公立大学等控制变量。总体上看，不论是否加入控制变量，国家监督型大学的排名均高于国家控制型大学，且在 0.01 水平上显著。具体来说，在不加入控制变量时，THE、QS 和 US News 三大排名的关键自变量高等教育管理模式的系数分别为 37.50、40.98 和 32.14。这表明在三大排行榜前 100 名大学中，国家控制型大学的排名比国家监督型大学分别低 37.5 名、40.98 名、32.14 名，三大排行榜的回归系数均为正，且数值差异较小，表明回归结果较为可信。在加入控制变量时，国家控制型大学的 THE 和 US News 排名与国家监督型大学的差距更大，即国家控制型大学的排名

低得更多，但两类大学在 QS 排名中的差距缩小。三个排名的指标体系存在差异可能是造成这一现象的主要原因，QS 排名比其他两个排名多了雇主声誉（权重为 10%）这一指标，且师生比在 QS 排名中的权重高达 20%，远高于 THE 排名的师生比（权重为 4.5%），而 US News 无师生比相关指标，以上指标体系的差异可能影响了控制变量在不同排名中的回归结果。具体而言，THE、QS 和 US News 排名都受到科研经费投入占 GDP 比重的显著影响，而 QS 和 US News 排名还受人均 GDP 的显著影响。例如，科研经费投入占 GDP 比重每提高 1 个百分点，其 QS 排名平均提高 29.1 名；人均 GDP 每增长 1 个百分点，QS 排名将提高 20.75 名。这三个控制变量可能在一定程度上削弱了国家控制模式对大学排名高低的负向作用，从而缩小了国家控制型大学在排名方面与国家监督型大学的差距。

表 4.5　高等教育管理模式与世界大学排名的关系

变量	(1) THE	(2) THE	(3) QS	(4) QS	(5) US News	(6) US News
高等教育管理模式	37.50***	58.28***	40.98***	21.47	32.14***	38.25***
	(9.278)	(19.68)	(8.802)	(15.14)	(6.953)	(9.552)
公共教育经费投入占比		4.427		−7.248		3.035
		(3.374)		(4.627)		(3.797)
高等教育经费投入占比		−0.202		−0.247		−0.606
		(0.681)		(0.497)		(0.822)
科研经费投入占比		−43.32***		−29.10***		−25.46***
		(13.44)		(9.356)		(9.025)
人均 GDP 对数		13.68		−20.75**		16.12*
		(9.455)		(8.920)		(9.007)
总人口对数		7.882		−2.946		0.710
		(4.852)		(4.719)		(3.261)
公立学校		−0.0525		−20.49		−1.648

续表

变量	(1)	(2)	(3)	(4)	(5)	(6)
	THE	THE	QS	QS	US News	US News
		(20.99)		(18.97)		(11.23)
截距项	49.13***	−161.4	44.58***	445.7***	44.36***	−81.13
	(4.263)	(139.4)	(4.031)	(149.1)	(3.937)	(142.0)
观测值	1470	1470	1470	1470	485	485
大学数量	98	98	98	98	97	97

注：（）中为稳健标准误；*** $p<0.01$，** $p<0.05$，* $p<0.1$。

表 4.6 回归结果（1）至（5）表明，当因变量为大学排名提高程度时，国家控制型大学的排名提高程度要显著高于国家监督型大学，而回归结果（6）不显著。由于高等教育管理模式的基准项为国家监督模式，且大学排名数值的减小代表排名水平的提高，所以回归系数为负表示国家控制型大学的排名提高程度高于国家监督型大学。在 6 个回归结果中，前 5 个回归结果的系数均为负且显著，表明从总体来看，国家控制型大学的排名提高程度更大。在三大排名中，只有 US News排名加入控制变量后，核心自变量高等教育管理模式的回归系数不显著。从具体数值来看，在不加入控制变量时，国家控制型大学比国家监督型大学的 THE、QS 和 US News 排名分别多提高 1.680 名、3.150 名和 3.624 名。加入控制变量后，相对于国家监督型大学，国家控制型大学的 THE 排名提高程度更大，QS 排名提高程度更小，而 US News 排名提高程度则变得不显著。进一步分析控制变量中影响排名提高程度的因素后发现，所有控制变量对 THE 排名提高程度的影响均不显著；在 QS 排名中，私立大学排名提高程度比公立大学显著高出 1.617 名；在 US News 排名中，影响大学排名提高程度的控制变量较多，且各个变量的影响方向与程度不同；高等教育经费投入占比这一变量虽然显

著，但是对于不同排名影响不一。究其原因，可能是大学排名提高程度的难易在不同分位点处存在差异，比如与从第 100 名提升到第 99 名相比，从第 10 名提升到第 9 名的难度更大，但其名次提升的绝对值相同。同时，面板数据模型事先假定在排行榜前 100 名大学中，各自变量的回归系数在整个排名提高程度的条件分布中保持不变，且只能观测各自变量对因变量的"平均影响"。

表 4.6　高等教育管理模式与世界大学排名提高的关系

变量	(1) THE	(2) THE	(3) QS	(4) QS	(5) US News	(6) US News
高等教育管理模式	−1.680**	−2.635**	−3.150***	−2.660*	−3.624*	4.187
	(0.729)	(1.134)	(0.762)	(1.494)	(2.126)	(3.517)
公共教育经费投入占比		−0.963		0.125		1.576
		(0.623)		(0.518)		(1.525)
高等教育经费投入占比		−0.0988		0.167**		−0.877**
		(0.133)		(0.0686)		(0.349)
科研经费投入占比		−0.892		0.124		−2.019
		(1.429)		(1.076)		(2.792)
人均 GDP 对数		0.294		0.844		9.782
		(1.178)		(1.077)		(7.808)
总人口对数		−0.449		0.112		3.808**
		(0.475)		(0.374)		(1.866)
公立学校		0.578		1.617**		5.375
		(1.049)		(0.821)		(3.312)
截距项	−1.406***	13.16	−0.477*	−17.89	−1.246**	−163.3
	(0.336)	(19.97)	(0.254)	(15.02)	(0.618)	(114.0)
观测值	1372	1372	1372	1372	388	388
大学数量	98	98	98	98	97	97

注：（　）中为稳健标准误；*** $p<0.01$，** $p<0.05$，* $p<0.1$。

二、高等教育管理模式与大学排名及排名提高程度分位数的关系

如表 4.7 所示，将大学排名作为因变量可以发现，在 10%、50% 及 90% 分位点处，国家控制型大学的排名数值显著大于国家监督型大学，表明国家监督型大学的排名显著高于国家控制型大学，这一回归结果与面板数据模型基本一致。但分位数回归结果还表明，在排名越靠后的大学中，国家控制型大学的排名比国家监督型大学低更多。由于排名数值越大代表排名越靠后，因此，本文的低分位点（10% 分位点）实际指榜单前 100 名中排名靠前的大学，而高分位点（90% 分位点）是指名次相对靠后的大学。据此，从不同分位点的比较来看，在三大排名中，在排名靠前的大学（10% 分位点）中，国家控制型大学与国家监督型大学的名次差距相对较小，其中在 QS 中的名次差异最小，仅为 11.96 名；而在榜单前 100 名中排名相对靠后的大学中（90% 分位点），不同高等教育管理模式下的大学，其名次差距非常大，如国家控制型大学在 THE 中的排名平均比国家监督型大学低 75.04 名。这是因为，一方面，不同分位点处的大学，其名次差距的实际含义略有不同，以低分位点处的第 10 名与第 11 名、高分位点处的第 90 名与第 91 名为例，虽然两个分位点处的名次差距均为 1，但人们普遍认为，第 10 名与第 11 名的差距远远大于第 90 名与第 91 名的差距；另一方面，根据不同分位点处各控制变量回归系数的显著性可以发现，显著影响排名靠前大学名次的因素更多，换言之，若想跻身世界一流大学前列，需要在公共教育经费、高等教育经费等各类经费投入及经济发展状况等方面都达到一定的水平，这些因素在一定程度上可能削弱了国家高等教育管理模式对大学排名的影响。值得注意的是，US News 在各分位点的回归结果具有一定的独特性，与

其他两个排名存在差异，这可能与 US News 首次发布世界大学排名的年份相对较晚、观测值较少有关，但 US News 在各分位点的总体特征与 THE、QS 基本一致。

表 4.7　高等教育管理模式与世界大学排名的分位数回归

变量	(1) 10%分位数			(2) 50%分位数			(3) 90%分位数		
	THE	QS	US News	THE	QS	US News	THE	QS	US News
高等教育管理模式	26.22***	11.96***	43.23***	27.28***	16.78***	39.19***	75.04***	27.90***	34.00*
	(5.929)	(3.412)	(7.908)	(4.259)	(2.951)	(8.917)	(7.455)	(7.295)	(17.64)
公共教育经费投入占比	5.891***	6.149***	2.572	8.152***	13.18***	7.491***	-11.80***	13.29***	4.178
	(1.472)	(1.053)	(2.785)	(2.096)	(2.074)	(2.427)	(4.135)	(3.450)	(5.711)
高等教育经费投入占比	1.076***	0.573***	0.843	0.903**	-1.316***	-0.772	0.628	-3.410***	-1.438
	(0.125)	(0.111)	(0.801)	(0.374)	(0.309)	(1.079)	(0.880)	(0.551)	(1.512)
科研经费投入占比	-2.144	7.019***	-18.02***	4.788	3.389	-22.18***	4.260	11.47	-37.97***
	(3.380)	(1.515)	(4.964)	(3.314)	(3.292)	(7.169)	(7.447)	(8.049)	(9.263)
人均 GDP 对数	2.296	-9.406***	14.58*	3.753	-17.81***	15.69*	2.046	-53.66***	30.29
	(3.935)	(1.569)	(8.358)	(2.932)	(5.399)	(9.055)	(10.49)	(5.871)	(18.52)
总人口对数	3.423**	2.111***	4.596*	2.418**	2.006	2.901	13.18***	-2.713	-0.0433
	(1.503)	(0.743)	(2.449)	(1.191)	(1.796)	(2.862)	(3.577)	(2.492)	(3.966)
公立学校	14.23***	17.10***	8.169***	35.81***	31***	15.27***	23.78**	-6.799	-23.21**
	(1.114)	(1.630)	(2.738)	(2.916)	(4.173)	(5.081)	(9.634)	(15.63)	(10.24)
截距项	-142.1**	-1.612	-233.6*	-149.6***	131.3	-162.3	-149.5	713.0***	-116.5
	(63.79)	(26.95)	(123.4)	(37.51)	(83.07)	(120.7)	(196.5)	(86.11)	(234.9)
观测值	1470	1470	485	1470	1470	485	1470	1470	485

注：（ ）中为稳健标准误；*** $p<0.01$，** $p<0.05$，* $p<0.1$。

如表 4.8 所示，当因变量为大学排名提高程度时，在排名靠前的大学中（10%分位点），国家控制型大学的排名提高程度更大；在排名居中的大学中（50%分位点），国家控制型大学在排名提高程度方面的优势下降；而到了90%分位点，情况恰好相反，国家监督型大学的名次提高程度更大。大学排名提高程度仅在10%与50%分位点处的回归结果与面板数据模型基本一致，由此表明，分位数回归能够反映更加全面的数据特征。具体来说，在排名靠前的大学中，国家控制型大学在THE、QS的排名提高程度显著大于国家监督型大学，分别高出 17.05 名和 14.11 名；在50%分位点处，QS 的显著性水平由 0.01 水平下显著变为 0.05 水平下显著，且回归系数仅为-2.402，而 THE 的回归系数不再显著；到90%分位点时，关键自变量高等教育管理模式的系数符号发生改变，表明国家监督型大学的名次提高程度更大，其在 QS 的名次提高程度比国家控制型大学显著高出 4.752 名。在不同分位点处，两类大学在 US News 排名的提高程度都不显著，其原因可能仍然是 US News 的排名时间较短、数据较少。分析 THE、QS 和 US News 近年来的榜单可以发现，国家监督型大学几乎包揽了排行榜前 20 名。因此，这些大学在 10%分位点处可能存在"天花板效应"，名次提升的空间太小，难度太大，由此导致在排名靠前的大学中，国家控制型大学的名次提高程度更大。而到了50%分位点，国家监督型大学的"天花板效应"逐渐消失，国家控制型大学在名次提高方面的优势下降。到90%分位点时，排名相对靠后的国家控制型大学与排名靠前及居中的国家控制型大学相比，其所在国家给予的人、财、物等各方面的支持力度可能更小，因此在名次提高程度上处于相对劣势。

表4.8　高等教育管理模式与世界大学排名提高程度的分位数回归

变量	(1)			(2)			(3)		
	10%分位数			50%分位数			90%分位数		
	THE	QS	US News	THE	QS	US News	THE	QS	US News
高等教育管理模式	−17.05***	−14.11***	−4.709	−1.388	−2.402**	2.383	5.137	4.752	4.729
	(5.654)	(4.518)	(7.883)	(1.025)	(1.078)	(2.221)	(4.909)	(2.969)	(5.017)
公共教育经费投入占比	−10.06***	−0.693	1.110	−0.300	−0.123	−0.0586	4.327	3.990***	0.157
	(2.909)	(1.537)	(2.949)	(0.424)	(0.381)	(0.740)	(3.745)	(1.042)	(1.292)
高等教育经费投入占比	−0.440	0.578***	−0.397	−0.0333	0.0452	−0.626**	0.419	0.0735	−0.941*
	(0.288)	(0.162)	(0.800)	(0.0405)	(0.0514)	(0.317)	(0.394)	(0.134)	(0.533)
科研经费投入占比	1.294	2.933	−1.753	0.605	0.562	−0.733	0.445	0.00343	0.606
	(3.974)	(2.734)	(7.670)	(0.611)	(0.718)	(2.132)	(2.520)	(2.366)	(3.507)
人均GDP对数	2.933	1.277	15.40	−0.149	0.451	2.684	−0.761	−2.152	2.693
	(2.651)	(2.870)	(20.68)	(0.712)	(0.530)	(3.058)	(2.736)	(1.930)	(5.819)
总人口对数	−3.828***	−0.572	2.669	−0.189	0.0858	2.051**	0.977	0.867	2.158
	(1.299)	(1.228)	(2.124)	(0.223)	(0.224)	(0.792)	(0.757)	(0.942)	(1.359)
公立学校	−12.72***	−1.704	5.000	0.106	1.442**	1.078	10.62***	4.934**	2.000
	(3.317)	(2.049)	(8.127)	(0.397)	(0.564)	(0.821)	(2.376)	(1.951)	(2.085)
截距项	92.35**	−29.24	−220.6	6.109	−8.750	−50.17	−38.76	−11.29	−41.65
	(41.21)	(50.74)	(234.5)	(9.497)	(8.102)	(42.90)	(32.72)	(29.91)	(69.33)
观测值	1372	1372	388	1372	1372	388	1372	1372	388

注：（）中为稳健标准误；*** $p<0.01$，** $p<0.05$，* $p<0.1$。

三、高等教育管理模式与大学排名对数的关系

由于在世界大学排名中，处于不同名次的大学，其提高一个名次的难度存在差异，分位数回归结果也表明，不同分位点处的回归系数各不相同。为进一步验证以上分析结果的稳健性，本节通过对因变量大学排

名取对数，探究核心自变量与各控制变量对大学排名变化率的"平均影响"及 10%、50%、90%三个分位点处的边际效应。也就是说，处于不同排名的大学，其变动一个名次所引起的名次变化率不同，如排名第 10 名的大学提高一名，对应的名次变化率为 10%；而排名第 100 名的大学提高一名，对应的名次变化率仅为 1%。根据以上方法，对三大排名进行面板数据与分位数回归，面板数据回归结果表明，在加入控制变量时，与以大学排名为因变量的回归结果类似，高等教育管理模式的系数仍然显著，即在三大排名中，国家控制型大学比国家监督型大学的排名平均低 86%、47.3%、53.5%（回归结果见表 4.9）。与大学排名类似，以大学排名对数为因变量的分位数回归结果都显示，国家监督型大学的排名显著高于国家控制型大学。此外，各控制变量对排名及排名对数的影响方向与程度基本保持一致。值得注意的是，随着排名的对数由低分位点向高分位点移动，高等教育管理模式的回归系数大致呈现逐渐变小的趋势。以 THE 排名为例，在 10%分位点上，即排名靠前的大学中，回归系数为 1.289，表明国家监督型大学比国家控制型大学的排名高 128.9%；而在 90%分位点上，回归系数减少到 0.534，即国家监督型大学仅比国家控制型大学排名高 53.4%。这一点正好对应了前文中提到的：处于不同排名的大学，其变动相同名次所引起的变化率不同。对数化处理使得排名靠前的大学虽然进步名次的绝对数值低，但是变化率高，使得对排名提升的评价更加公允。上述回归结果也体现了这一思路（回归结果见表 4.10）。

表4.9 高等教育管理模式与世界大学排名对数的关系

变量	(1) THE 对数	(2) THE 对数	(3) QS 对数	(4) QS 对数	(5) US News 对数	(6) US News 对数
高等教育管理模式	0.801***	0.860***	0.816***	0.473**	0.846***	0.535***
	(0.163)	(0.240)	(0.169)	(0.222)	(0.142)	(0.166)
公共教育经费投入占比		0.0802		-0.0656		-0.0341
		(0.0530)		(0.0415)		(0.0693)
高等教育经费投入占比		0.00252		0.00609		-0.0181
		(0.00861)		(0.00595)		(0.0134)
科研经费投入占比		-0.463***		-0.270***		-0.304*
		(0.108)		(0.0729)		(0.161)
人均 GDP 对数		0.180		-0.217***		0.194
		(0.135)		(0.0826)		(0.163)
总人口对数		0.0795		-0.0281		-0.0850
		(0.0673)		(0.0633)		(0.0692)
公立学校		0.609*		0.437		0.434
		(0.325)		(0.327)		(0.301)
截距项	3.452***	0.211	3.391***	6.732***	3.403***	3.987
	(0.130)	(2.213)	(0.135)	(1.719)	(0.124)	(2.625)
观测值	1470	1470	1470	1470	485	485
大学数量	98	98	98	98	97	97

注：（）中为稳健标准误；*** $p<0.01$，** $p<0.05$，* $p<0.1$。

表4.10 高等教育管理模式与世界大学排名对数的分位数回归

变量	(1) 10%分位数 THE 对数	(1) 10%分位数 QS 对数	(1) 10%分位数 US News 对数	(2) 50%分位数 THE 对数	(2) 50%分位数 QS 对数	(2) 50%分位数 US News 对数	(3) 90%分位数 THE 对数	(3) 90%分位数 QS 对数	(3) 90%分位数 US News 对数
高等教育管理模式	1.289***	0.419***	1.430***	0.507***	0.343***	0.565***	0.534***	0.292***	0.333***
	(0.223)	(0.153)	(0.280)	(0.0906)	(0.0508)	(0.117)	(0.0594)	(0.0585)	(0.0950)
公共教育经费投入占比	0.229***	0.237***	0.0818*	0.120***	0.224***	0.110**	-0.0708*	0.146***	0.0434
	(0.0751)	(0.0451)	(0.0496)	(0.0269)	(0.0249)	(0.0452)	(0.0365)	(0.0371)	(0.0487)

续表

变量	(1)			(2)			(3)		
	10%分位数			50%分位数			90%分位数		
	THE 对数	QS 对数	US News 对数	THE 对数	QS 对数	US News 对数	THE 对数	QS 对数	US News 对数
高等教育经费投入占比	0.0808***	0.0505***	0.0118	0.0202***	-0.0297***	-0.0136	0.00921	-0.0375***	-0.0176
	(0.00594)	(0.0115)	(0.0262)	(0.00737)	(0.00489)	(0.0134)	(0.00689)	(0.00521)	(0.0137)
科研经费投入占比	-0.00713	0.509***	-0.513***	0.0829*	0.0110	-0.296***	0.0438	0.0913	-0.385***
	(0.171)	(0.100)	(0.179)	(0.0477)	(0.0459)	(0.0548)	(0.0657)	(0.0556)	(0.0868)
人均GDP对数	0.191	-0.491***	0.234	0.0861**	-0.224***	0.113	0.0426	-0.397***	0.314**
	(0.139)	(0.0892)	(0.219)	(0.0418)	(0.0687)	(0.108)	(0.0508)	(0.0491)	(0.122)
总人口对数	0.229***	0.0888***	0.0644	0.0626**	0.0424	-0.00208	0.0899***	-0.0171	-0.00955
	(0.0635)	(0.0291)	(0.0908)	(0.0295)	(0.0278)	(0.0353)	(0.0283)	(0.0170)	(0.0305)
公立学校	1.465***	1.817***	1.299***	1.086***	0.978***	0.563***	0.192**	0.0361	-0.211**
	(0.137)	(0.230)	(0.423)	(0.0864)	(0.132)	(0.117)	(0.0796)	(0.150)	(0.101)
截距项	-8518***	0.767	-2.056	-0.661	4.088***	2.487	2.364**	8.978***	2.537
	(2.576)	(1.231)	(4.342)	(0.659)	(1.266)	(1.714)	(1.061)	(0.732)	(1.752)
观测值	1470	1470	485	1470	1470	485	1470	1470	485

注： （ ）中为稳健标准误；*** $p<0.01$，** $p<0.05$，* $p<0.1$。

第四节　研究结论及启示

本章以 THE、QS 和 US News2019 年榜单前 100 名的大学作为研究样本，分别将这些大学在三大榜单的历年排名及排名提高程度作为因变量，先通过构建面板数据模型，探究核心自变量国家高等教育管理模式对因变量的平均效应，然后运用分位数回归模型，深入分析在因变量的 10%、50% 及 90% 分位数水平下核心自变量国家高等教育管理模式的影响方向与程度。根据回归分析结果，可以得出以下研究结论：

一方面，国家监督型大学的世界大学排名显著高于国家控制型大学。这其中固然有历史积淀的原因，但高等教育管理模式的重要性也不可忽视。在三大世界大学排行榜前 100 名的大学中，监督型国家如英、美等国的大学占大多数，且这些大学的排名相对靠前。阎凤桥等从制度的视角解释了这一现象，即在国家监督模式下，精英大学在自然发展过程中形成，其中一部分杰出者在历史进程或者竞争中脱颖而出。成为世界一流大学，不需要国家的特别干预[1]。本研究也发现，监督型国家在高等教育等方面投入相对更多，国家监督型大学占据了相当多的资源。历史的

---

[1] 阎凤桥，闵维方. 从国家精英大学到世界一流大学：基于制度的视角［J］. 北京大学教育评论，2017（1）：34-48.

积累使得这些大学拥有雄厚的实力，可以长期位于世界大学排行榜的前列。

另一方面，为进一步探究国家控制型大学能否在政府的资金支持下迅速缩小与国家监督型大学的差距，本文以大学排名提高程度为因变量进行回归分析。总体而言，在排名提高程度方面，国家控制型大学的排名显著高于国家监督型大学。对于绝大多数控制型国家来说，短期内要想让本国的大多数大学排名迅速上升比较困难，但通过国家项目重点支持 1~2 所高校快速发展，以使其跻身世界一流大学行列乃至前列，可能是一项既具有可行性又能充分发挥高等教育对本国经济社会发展的积极促进作用的世界一流大学建设政策。本文面板数据回归结果表明，国家控制型大学比国家监督型大学的排名提高得更多，这可能与这些高水平大学建设项目切实推动了本国一流大学发展有关，且政府的支持力度更大，其赶超力度也更大。既有研究也支持了这一观点，在国家控制模式下，世界一流大学的产生是政府指定的[1]。本研究的研究结论在一定程度上佐证了政府扶持对国家控制型大学提升世界排名的积极意义。

不过，本研究的分位数回归结果也显示，随着排名提高程度由低分位点向高分位点移动，也就是排名从高到低，国家控制型大学在名次提高程度方面的优势逐渐减弱；到90%分位点时，即处于榜单前100名相对靠后的大学中，国家监督型大学的名次提高得更多。这主要是因为国家监督型大学普遍遵循市场逻辑，具有相当强的竞争力。而对于榜单前100名中排名相对靠后的国家控制型大学而言，如果无法获取足够的国

---

1 周光礼，蔡三发，徐贤春，等. 世界一流大学的建设与评价：国际经验与中国探索［J］. 中国高教研究，2019（9）：22-28.

家资金支持，就难以与国家监督型大学开展竞争，由此导致这类大学在名次提高程度方面显著低于国家监督型大学，并造成了一定程度的分化。

根据以上结论，第一，我国政府应该继续大力推动"双一流"高校建设，支持国内高水平大学跻身世界一流大学前列。研究结果显示，在国际高等教育竞争中，国家控制型大学的排名越靠前，其相对竞争力越大，而排名相对靠后的国家控制型大学反而不如国家监督型大学有优势。另外，大学所在国家的公共教育经费投入、研究经费投入及人均 GDP 都有可能提高大学的世界排名。因此，要想保持并进一步提高我国高水平大学的办学实力，国家必须全力支持并不断加大投入。第二，世界一流大学的建设并不是仅仅依靠物质资源投入就能够实现的。国家监督型大学一直以来整体保持相对较强实力的一个重要原因在于其监督模式保证了大学在享有自主权的情况下相互之间自由竞争，使其不断提高竞争力，并适应社会发展的实际需要。有鉴于此，在保障相应资源投入的前提下，政府在人事、财务等方面应该给予大学更多的自主权，以提高中国大学的活力和竞争力。第三，我国高校还需进一步落实党委领导下的校长负责制，贯彻执行党的教育方针，坚持社会主义办学方向，不断加强教学科研能力，在实现大学高水平发展的同时，高校还要充分发挥其对国家和所在地区经济社会发展的支撑引领作用；此外，要进一步加快中国高等教育治理体系和治理能力的现代化，切实执行"双一流"建设高校有进有退、有升有降的动态调整机制，不断激发高校的竞争意识与忧患意识，有效推动高校的合理定位，形成有序竞争的良好局面，加速推进一批高水平大学和学科进入世界一流行列或前列。第四，要理性看待世界大学排名，重视排名但不能唯排名论。各类大学排名虽然通过较为丰富的评价指标体系，在一定程度上客观地反映出各个大学的办学情况，但其很难全面反映大学的教学情况及历史贡献等难以量化的指标。因此，我国"双一流"高校建设项目在借鉴世界大学排名时也要结合我国国情，鼓励各大学对本科生教学等投入大、回报慢、难以短期内在数据上得到充分反映的部分，给予长期重点投入，从根本上提升中国高等教育的综合实力和国际竞争力，切实办好具有中国特色、与国际接轨的世界一流大学。

第五章

"类 985 工程"与
世界大学排名提升

第四章的研究结果表明，国家监督型大学的世界大学排名显著高于国家控制型大学，在排名提高程度方面则为国家控制型大学显著高于国家监督型大学。在国家监督模式下，大学享受较大的自主权，能够在自由竞争中脱颖而出并发展成为世界一流大学；而在国家控制模式下，政府通过世界卓越工程大学计划等一系列重大项目加大对大学的资金支持力度，从而使国家控制型大学能够迅速缩小与国家监督型大学的差距，并快速跻身世界一列大学行列乃至前列。在我国实施"双一流"建设背景下，上述研究结论对进一步探究世界卓越工程大学计划对本国高校教育质量的提升具有重要的借鉴意义。

近二十多年以来，世界各国陆续推出一系列旨在提升高等教育质量的重大战略工程项目，其中德国、日本和俄罗斯等采取控制型高等教育管理模式的国家尤为突出。如日本于 2002 年开启的"21 世纪 COE 计划"、德国在 2006 年实施的"卓越计划"、俄罗斯于 2012 年推出的"5—100 计划"等，本书将这些与我国"985 工程"相似的高等教育卓越工程项目定义为"类 985 工程"。那么，不同国家实施"类 985 工程"的情况如何？有哪些异同点？其对本国大学排名的提升有何作用？背后的影响机制又究竟怎样？为了回答这些问题，本章首先梳理总结各国"类 985 工程"的实施情况、特征及异同点；然后以德国、日本和俄罗

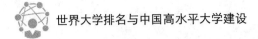

斯为代表，通过使用面板数据和固定效应模型，探究"类985工程"对大学排名提升的促进作用；并尝试从经费结构、科研产出、组织和评价机制等方面，分析"类985工程"的作用机制和不同国家实施效果存在差异的原因；最后再详细论述上述研究结论为我国"双一流"建设所带来的启示。

第一节 "类 985 工程"的实施情况及其特征

在知识经济高速发展、国家间竞争日益激烈的国际背景下，各国政府不断意识到人力资本与科技创新的重要性。大学作为培养科研人才、生产高深知识、积累国家人力资本和推动社会发展的阵地，在 20 世纪中后期美国教育强国的示范作用下，日益受到各国政府的重视与支持。

在 1998 年北京大学百年校庆时，中国政府启动"985 工程"以重点支持北京大学、清华大学等一批高校创建世界一流大学，此后其他国家也纷纷推出类似工程以加强本国的高等教育竞争力。其中，韩国在 1999 年启动了"BK21（Brain Korea 21）工程"，日本于 2002 年开启了"21 世纪 COE 计划"，德国在 2006 年实施了"卓越计划（Exzellenzinitiative）"，法国于 2010 年启动了"卓越大学计划（Initiatives d'Excellence，Idex）"，俄罗斯于 2012 年推出了"5—100 计划"等。这些工程以提升大学世界排名、加强高等教育国际竞争力为主要目标，通过择优资助、学科建设、政策支持等措施，激励高校提升人才培养质量、科研学术水平和社会服务能力。本文将这些高等教育卓越工程定义为"类 985 工程"。

一、"类 985 工程"的实施情况（见表 5.1）

表 5.1　世界代表性国家开展"类 985 工程"的情况

国别	工程项目	开始时间	资助对象	资助额度	目标
日本	21 世纪 COE 计划	2002 年	91 所大学的 274 个基地项目[1]	约 1700 亿日元[2]	建设卓越教育科研基地，提升科研竞争力，培养国际尖端人才，重点建设 30 所世界一流大学
	全球 COE 计划	2007 年	41 所大学的 140 个基地项目[3]	1489 亿日元预算[4]	
	博士教育引领计划	2011 年	33 所大学的 62 个研究生院项目	1016 亿日元[5]	
	顶级全球性大学计划	2014 年	13 个 A 类大学（世界一流大学）24 个 B 类大学（创新型大学）	约 960 亿日元[6]	
	卓越大学院计划	2018 年	13 所研究生院 15 个重点项目[7]	首年预算 56 亿日元[8]	

1　日本学术振兴会. 21 世纪 COE プログラムの審査結果(平成 16 年 7 月）［EB/OL］.［2004-07-02］. https://www.jsps.go.jp/j-21coe.

2　日本文部科学省. 21 世紀 COE プログラムの成果(平成 18 年 8 月)［EB/OL］.［2006-08-02］. https://www.jsps.go.jp/j-21coe/07_sonota/index.html.

3　日本文部科学省. Global COE Program Selected Programs ［EB/OL］.［2019-03-08］. https://www.jsps.go.jp/english/e-globalcoe/05_selected_programs_k.html.

4　日本学术振兴会. Global COE Program Outline［EB/OL］.［2019-08-12］. https://www. jsps.go.jp/english/e-globalcoe/01_outline.html/.

5　日本学术振兴会. Program for Leading Graduate Schools Outline［EB/OL］.［2019-08-02］. https://www.jsps.go.jp/english/e-hakasekatei/outline.html.

6　日本学术振兴会. スーパーグローバル大学創成支援事業：制度概要［EB/OL］.［2019-08-02］. https://www.jsps.go.jp/j-sgu/gaiyou.html.

7　日本文部科学省. 平成 30 年度「卓越大学院プログラム」の選定結果［EB/OL］.［2019-01-12］. http://www.mext.go.jp/b_menu/houdou/30/10/1409731.htm.

8　日本文部科学省. 卓越大学院プログラム制度概要［EB/OL］.［2019-04-04］. https://www.jsps.go.jp/j-takuetsu-pro/gaiyou.html.

续表

国别	工程项目	开始时间	资助对象	资助额度	目标
韩国	BK21 工程	一期：1999—2005 年 二期：2006—2012 年	一期：14 所研究生院和 38 所地方大学[1] 二期：74 所大学的 243 个研究项目和 325 个团队[2]	一期：1.2 万亿韩元 二期：2.3 万亿韩元	旨在通过完善科研设施和人才培养，建设世界一流研究型大学和卓越地方研究生院
	WCU	2008 年	30 所大学的 116 个科研项目[3]	0.83 万亿韩元	
	BK21 Plus 工程	2013 年	67 所大学的 542 个科研单位[4]	年均 27 亿韩元	
德国	卓越计划	一期：2006—2011 年 二期：2012—2017 年 三期：2019—2026 年	在前两轮（分三次）选拔中，博士研究生分别累计至 18 所、21 所、45 所；卓越集群 17 所、20 所、43 所；卓越大学 3 所、6 所、11 所。在第三轮选拔中，共有 10 所大学和 1 个联盟校（共 13 所大学）	联邦政府与州政府按 3:1 拨款，前两轮共投入 46 亿欧元，第三轮预计每年投入 1.5 亿欧元，持续到 2026 年[5]	重振德国大学重要的科研地位与国际声誉，促进跨学科与国际合作

---

1 韩国教育部. Brain Korea 21 Brochure 2005 ［EB/OL］. ［2019-08-29］. http://english.moe.go.kr/boardCnts/view.do?boardID=265&boardSeq=1487&lev=0&searchType=null&statusYN=C&page=56&s=english&m=0301&opType=N.

2 韩国教育部. 2nd Stage BK21 Selection Results Announced ［EB/OL］. ［2019-08-29］. http://english.moe.go.kr/boardCnts/view.do?boardID=265&boardSeq= 1399&lev=0&searchType=null&statusYN=C&page=53&s=english&m=0301&opType=N.

3 韩国教育部. 2012 년 세계수준의 연구중심대학(WCU) 육성사업 중간평가 계획 ［EB/OL］. ［2012-04-02］. https://www.moe.go.kr/boardCnts/view.do?boardID=337&boardSeq=48411&lev=0&searchType=S&statusYN=W&page=1&s=moe&m=0303&opType=N.

4 韩国教育部. 2019 년도 BK21 플러스 사업 운영관리 계획 ［EB/OL］. ［2019-04-22］. https://www.moe.go.kr/boardCnts/view.do?boardID=337& boardSeq= 77312&lev=0&searchType=S&statusYN=W&page=1&s=moe&m=0303&opType=N.

5 Final decisions in the German Excellence Strategy: Excellence Commission selected ten Universities and one University Consortium of Excellence［EB/OL］. ［2019-08-01］. https://www.dfg.de/en/service/press/press_releases/2019/press_release_ no_34/index.html.

国别	工程项目	开始时间	资助对象	资助额度	目标
法国	卓越大学计划	2010 年	10 所大学,其中 4 所获得永久资格,6 所处于试行阶段	政府专项资助共约 123 亿欧元[1]	重振法国高等教育形象、提升世界大学排名,建设 5～10 所世界一流大学
印度	"十五"规划(卓越潜力大学计划)	2002—2007 年	截至 2017 年,共有 15 所印度高校进入"卓越潜力大学计划"[2]	联邦政府与州政府按比例资助,上限为 50 亿卢比/大学	在特定学科领域中打造世界一流大学,建设 14 所创新型大学,增强印度大学全球竞争力
印度	"十一五"规划	2007—2012 年	截至 2017 年,共有 15 所印度高校进入"卓越潜力大学计划"[2]	联邦政府与州政府按比例资助,上限为 50 亿卢比/大学	在特定学科领域中打造世界一流大学,建设 14 所创新型大学,增强印度大学全球竞争力
印度	"十二五"规划	2012—2017 年	截至 2017 年,共有 15 所印度高校进入"卓越潜力大学计划"[2]	联邦政府与州政府按比例资助,上限为 50 亿卢比/大学	在特定学科领域中打造世界一流大学,建设 14 所创新型大学,增强印度大学全球竞争力
俄罗斯	5—100 计划	2012 年	第一批 16 所高校,第二批入选 5 所高校,共计 21 所	专项财政拨款共约 100 亿卢布/年[3]	2020 年前,至少 5 所大学进入世界大学排名前 100 行列

(一)韩国:聚焦研究型大学建设,提升地方高校社会服务能力

从 20 世纪末起,韩国开展了一系列"类 985 工程",包括"BK21 工程""BK21 PLUS 工程"和"世界一流大学工程(World Class University Program,WCU)"。韩国高等教育的系列卓越工程项目一方面在于建

---

1 许浙景.法国"卓越大学"建设进程及成效[EB/OL].[2018–12–13].http://www.sohu.com/a/281521420_764031.

2 CHAAND A. UGC Shortlists 15 Universities with Potential for Excellence [EB/OL].[2017–03–28].https://www.collegedekho.com/news/ugc-shortlists-15-universities-with-potential-for-excellence-37195.

3 Ministry of Science and Higher Education of the Russian Federation. Government Decree No. 211 of 16 March 2013 on measures of government support for leading Russian universities to inrease their competitiveness among the world's leading research and education [EB/OL].[2018–10–05].https://5top100.ru/en/documents/regulations.

设一批具有较高科研水平的研究型大学，提高高校创新人才培养能力；另一方面通过增强地方大学与相关企业的合作，促进地方大学社会服务职能的有效发挥。

1999 年，韩国首先启动了"BK21 工程"，也称"21 世纪韩国人力资本工程"。该工程的目标为建成一批世界高水平研究生院和优秀地方大学，提升韩国高校竞争力与科研水平。具体而言，该项目通过完善配套设施、改革高校教学与管理制度，培养一批高水平科研人员，建设世界一流研究生院；[1]通过产学研合作的方式，回应市场需求，促进地方院校与产业部门的联系，以此推动建设一批优秀地方大学，提升服务区域经济社会发展能力。[2] "BK21 工程"的开展与实施，大大增强了韩国高等教育机构的科研实力，学术论文发刊量显著提升，SCI 及扩展论文数从 1999 年的 13713 篇提升到 2004 年的 27182 篇，[3]五年内增加近两倍。

（二）日本：以培养科研人才为基础，提升高校国际化水平和全球竞争力

日本从 21 世纪初开始推行"类 985 工程"，先后实施了 "COE 基地计划"（2001 年）、"21 世纪 COE 计划"（2002 年）、"全球 COE 计划"（2007 年）、"顶级全球性大学计划"（2014 年）、"卓越大学院计划"（2018 年）等。这些项目的核心目标为提高日本高等教育的教

---

1 许丽敏. 韩国世界一流大学计划注重引进"外脑"［J］. 评价与管理，2010，8（2）：70.

2 徐小洲，郑英蓓. 韩国的世界一流大学发展计划：BK21 工程［J］. 高等工程教育研究，2006（6）：99-104.

3 数据由作者检索、整理 Web of Science 核心合集获得，具体检索内容为：引文索引（含：SCI-EXPANDED；文献类型为 ARTICLE；国家/地区为"KOREA"），2019-08-02.

学水平，培养科研人才，加强学科建设能力；促进科研成果转化，推动产业经济的发展；加大日本高校的全球吸引力，进一步提高高等教育的国际化程度。

日本于 2001 年首先启动了"COE 基地计划"，该项目主要通过加大对入选高校的经费资助力度，完善高校的基础设施；2002 年开展的"21 世纪 COE 计划"将改革重点放在提升教学与科研质量、培养拔尖创新人才上；2007 年的"全球 COE 计划"将重点聚焦于增强研究人员的国际交流与合作；2014 年实施的"顶级全球性大学计划"及之后的"卓越大学院计划"更侧重于提升日本高等教育的国际化水平与全球竞争力，培养符合国家社会经济发展需要、具有国际视野的拔尖创新人才。这一系列工程支持的重点从基础设施建设扩展到科研教学，再扩展到国际合作，体现了日本高等教育卓越工程的延续性和深入性。

（三）德国：提高经费资助力度，引入阶段性退出机制

德国在第二次世界大战后面临高校科研水平下降、人才外流和世界学术中心转移等问题。战后民众对于精英文化的抵触与反感，政府在教育领域推行平均主义及科研经费的削减，进一步阻碍了德国一流大学建设的进程。[1]在这些问题的冲击下，德国意识到谋求高校发展的现实需要，于 2005 年签署"卓越计划"协议，其目标是推动德国前沿科学研究和国际合作，使德国大学再次跻身国际卓越高校行列。

"卓越计划"分类支持博士研究生院、卓越集群和卓越大学，分别以

---

1 孙华. 德国"卓越大学计划"评析［J］. 教育发展研究，2009，29（Z1）：106-109.

博士生院、科研共同体和顶尖大学为资助对象，培养青年科研人才、加强跨界科研合作、提升国际竞争力，以实现德国高等教育从均衡发展向卓越引领的转变。[1]该计划分三个阶段实施，于 2006 年开始落实资助，过程中引入退出机制。在"卓越计划"第一阶段（2006 年至 2011 年 12 月），德国政府投资 19 亿欧元，[2]共资助 9 所高校；在第二阶段（2012 年至 2017 年 10 月），德国政府投资 27 亿欧元，将资助范围扩大到 11 所高校，同时强化选拔竞争力度，[3]淘汰了 3 所高校。从 2018 年起，该计划开启了第三轮建设——"卓越战略"（Exzellenzstrategie），联邦政府和州政府每年将提供总计 5.33 亿欧元的资金支持卓越集群和卓越大学发展，其中 3.85 亿欧元用于卓越集群，1.48 亿欧元用于卓越大学。从 2019 年 1 月起，由国际专家、联邦政府和州政府科学部长组成的委员会陆续遴选 57 个卓越集群进行资助，对卓越集群的资助期限为七年。2019 年 7 月，该轮计划最终选拔出 10 所大学和 1 个联盟校（该联盟包括柏林工业大学、柏林洪堡大学和柏林自由大学三所学校）作为卓越大学进行资助，该类资助为永久性，但须每七年审核一次，预

1 刘宝存，张伟. 国际比较视野下的创建世界一流大学政策研究［J］. 比较教育研究，2016，38（6）：1-8.

2 Bundesministerium für Bildung und Forschung（BMBF）. Die Exzellenzinitiative strkt die Universitre Spitzenforschung[EB/OL].［2018-01-15］. https://www.bmbf.de/ de/die-exzellenzinitiative-staerkt-die-universitaerespitzenforschung-1638.html.

3 朱佳妮. 追求大学科研卓越——德国"卓越计划"的实施效果与未来发展［J］. 比较教育究，2017，39（2）：46-53.

计至 2026 年结束。[1]

（四）法国：加强优势资源重组，提高高校国际影响力

2008 年经济危机后，法国经济严重衰退，亟待新兴产业刺激经济增长，高等教育与科研创新被视为解决问题的关键。为此，法国政府联合国家研究署于 2010 年启动了"卓越大学计划"。作为法国国家"未来投资计划"的重点建设项目之一，"卓越大学计划"致力于建设 10 所具有国际影响力的世界一流大学，以推动高等教育创新发展，刺激法国经济增长。

"卓越大学计划"一方面通过优势资源重组，提高法国高等教育的综合实力，加大对优质生源的吸引力；另一方面依托国家"未来投资计划"，以高等教育立法的形式，加强法国高校合作，构建学术共同体，实现良性竞争，保持学科优势。该计划的实施缓解了法国教育中科研与教学相分离、高等教育体制集权的状况，促进了法国高校资源共享、强强联合，进一步提高了法国高等教育的国际影响力，提升了法国高校的世界大学排名。例如，在资源重组中，巴黎高等师范学院、巴黎第九大学、法国国家科学研究院等 6 所高等学院、1 所大学和 2 个研究院合并成巴黎文理研究大学，完善了基础设施建设，大大提升了师资水

---

1 German Council of Science and Humanities (WR）. Final decisions in the German Excellence Strategy: Excellence Commission selected ten Universities and one University Consortium of Excellence ［EB/OL］. ［2019–07–19］. https://www.dfg.de/en/service/press/press_releases/2019/press_release_no_34/index.html.

平和生源质量，并与 13 所世界一流大学达成了合作关系。[1]在 2019 年
的 QS 世界大学排名中，巴黎文理研究大学成为全球排名第 50、法国排
名第 1 的高校，在同年的 THE 世界大学排名中，该校更是荣登世界排
名第 41 位。

（五）俄罗斯：政府调控为主导，择优资助为重点

俄罗斯固有体制的弊端使其高校难以同国际接轨，国际竞争力不足。
从 21 世纪初开始，俄罗斯相继推出"联邦大学计划"（2005 年）、"创
新大学项目"（2006 年）、"国立研究型大学计划"（2009 年），[2]改
革高等教育培养模式，支持国立大学发展。2012 年 5 月，俄罗斯政府在
《关于落实国家教育与科学政策的相关措施》中首次提出加强俄罗斯大
学全球竞争力计划，[3]并聘请 5 个全球教育领域的著名专家，与本国专
家共同组成专家委员会，每年召开一次专门会议，听取高校汇报后对各
高校发展情况进行评估，并根据评估结果分配经费。由于该项目的目标
定位是推动俄罗斯在 2020 年至少建成 5 所具有高效管理结构和高度国
际声誉、保持世界排名前 100 名的大学，因此该项目也称"5—100 计
划"。同年 10 月，俄罗斯政府颁布了第 2006 号政府令——《俄罗斯一

---

1 巴黎文理研究大学官网［EB/OL］．［2019-07-19］．https://www.psl.eu/en/
university/about-us/psl-quick-facts.

2 刘宝存，张伟. 国际比较视野下的创建世界一流大学政策研究［J］. 比较教育研究，
2016，38（6）：1-8.

3 Наталья Зиганшина（ZIGANSHINA N）. Вузы продвигают вверх Высшие учебные
заведения страны готовят к вхождению в первую сотню мировых образовательных рейтингов
［EB/OL］．［2013-02-06］. https://www.gazeta.ru/social/2013/02/06/4955657.shtml.

流大学提高国际竞争力措施实施计划》，为世界一流大学建设提供了较为具体的建设举措。

俄罗斯"5—100 计划"从实施以来不断增加经费投入力度，2017年开始有所回落。2013—2019 年，该计划分别每年拨款 87 亿卢布、101 亿卢布、101 亿卢布、109 亿卢布、103 亿卢布、87 亿卢布、87 亿卢布，[1]通过优化顶层设计、改革培养模式、加强国际交流合作、激励科研创新、整合高校资源等措施，支持俄罗斯国内具有世界一流潜力的高校发展。2019 年莫斯科大学在 QS 世界大学排名第 90 名，2020 年跃升至第 84名。与此同时，莫斯科物理技术学院、俄罗斯高等经济学院、俄罗斯国立核能研究大学和莫斯科国际关系学院这四所专业型大学的物理天文、现代语言、社会学、政治学也跻身 QS 学科排行榜前 100 名；莫斯科大学的物理天文、数学、化学，圣彼得堡国立大学的数学也进入 QS 学科排行榜前 100 名。

二、"类 985 工程"的实施特征

各国实施"类 985 工程"的战略目标基本相同，大多以提升大学世界排名、加强高等教育国际竞争力为目标，通过择优资助、学科建设、改革培养、加大激励等措施，提升高校人才培养质量、科研学术水平、社会服务能力，促进国际交流合作。因此，在实施策略和建设重点上，国际高等教育卓越工程具有一些共性特征，主要体现如下。

第一，强化高等教育发展战略地位，整合驱动多方建设资源。俄罗

---

1 赵俊芳，崔鸣哲. 21 世纪智慧韩国高水平大学建设工程研究［J］. 比较教育研究，2016，38（5）：1-6，37.

斯将"5—100 计划"视为国家重大战略，在《关于落实国家教育与科学政策的相关措施》等多项文件中强调"5—100 计划"的重要性和整合多方资源支持该计划的必要性。在"5—100"计划实施后，俄罗斯跻身 THE 世界大学排名前 500 名的学校数量增加了 6 所，从 2012 年的 2 所提高到 2018 年的 8 所。俄罗斯大学的快速发展受益于"5—100 计划"的国家战略驱动和多方资源整合。法国于 2010 年提出"未来投资计划"，其重要组成部分就是"卓越大学计划"。该战略立足整合多方资源，从六个方面推动法国未来的发展，高等教育和科学研究是核心所在。在这种战略意识引领下，法国高等教育水平有所提升，进入 ARWU 世界大学学术排名前 200 名的学校数量增加了 2 所，也推动了巴黎文理学院跻身 QS 世界排名前 50 名。

第二，以优势学科建设为平台支撑，回应国家建设前沿需求。世界"类 985 工程"具有突出的学科聚焦性，倾向于选拔和资助具有突出优势、引领科技进步和产业转型的优势学科领域。日本"21 世纪 COE 计划"重点资助基础性学科和前沿性学科，其中以理工科等革新性学术领域为主；2018 年启动的"卓越大学院计划"确定了 4 个资助领域，均紧密围绕诺贝尔奖潜力学科和优势产业。韩国在实施该类工程时也强调学科与国家社会需求的适切性，"BK21 工程"的资助领域为具有国家优势的应用科学、人文社科、新兴学科与传统学科，而"BK21 PLUS 工程"中对基础科学、应用技术和交叉学科的资助比例高达 86.7%。[1]与之类似，德国"卓越计划"的核心措施也是长期资助优势学科，拓展学科优势，

---

1 赵俊芳，崔鸣哲. 21 世纪智慧韩国高水平大学建设工程研究［J］. 比较教育研究，2016，38（5）：1–6，37.

提高国际竞争力。

第三，择优遴选、分层资助为主，优化经费资源合理配置。在世界"类985工程"的实施路径中，择优遴选、分层资助是一个共性特征。它有利于激励大学提升竞争意识，保障经费资源的配置效率，提升大学的教学与科研水平。已有国家大多通过制定申报程序、评估指标等措施遴选具备潜力的高校，提供稳定的经费支持。日本"顶级全球性大学计划"采用择优资助模式，优先支持进入世界排名前100名的日本大学，以绩效考核、鼓励合作等措施，推动大学内部人事与管理体制改革，促进日本高校与国际高校接轨，提供世界一流高等教育。[1]德国"卓越计划"也是通过分层资助，对博士研究生院、卓越集群和卓越大学三类单位择优进行经费支持，提升人才培养、科研合作和学科建设水平。在资助水平和资助时间上，大多数国家卓越工程的资助水平相对稳定，资助周期逐渐加长，体现了循序渐进、尊重人才培养规律的原则。

第四，着力改善高校科研环境，积极稳定优秀人才队伍。"类985工程"的重点目标是通过改善高校科研环境，提升科研人员薪资待遇，激励优质科研产出，培养科研人才后备力量，提升高校国际竞争力。日本先后实施的"21世纪COE计划""全球COE计划"均以建立世界顶尖水平的教学和科研中心、培养高水平科研人员为重点。德国"卓越计划"对博士研究生院的资助，核心在于人才培养，通过资助优秀博士研究生，为其提供良好的科研环境和学术条件，提升博士研究生学术水平。俄罗斯"5—100计划"改革大学治理、培养模式、考核机制，通过培养

---

1 日本学术振兴会. Top Global University Project［EB/OL］.［2018-02-22］. https://www.jsps.go.jp/j-sgu/data/kekka/h29_sgu_chukan_kekkasoukatsu.pdf.

和引进高水平优秀人才，提高大学的教学科研实力。

三、"类 985 工程"的实施差异

由于各个国家的社会经济条件、高等教育模式和教育资源存量不尽相同，所以不同国家实施"类 985 工程"的组织机制、资助结构和评价方式也存在一定差异，具体表现如下。

第一，政府成为各国组织建设主体，实施机构的控制程度存在差异。 在"类 985 工程"的实施过程中，各国政府作为组织主体在其中发挥了不可或缺的主导作用，但不同组织主体在控制程度上存在差异。俄罗斯、法国等国家的控制型组织特征更加明显，它们重视顶层设计，将高等教育建设置于战略地位，强调通过立法和政策推动"类 985 工程"的实施。与之相比，德国、日本等国家的控制程度相对较低，一般通过委托独立机构监督"类 985 工程"的实施。日本此类工程由文部科学省委托日本学术振兴会遴选领域代表人物组建委员会，负责拟定学科、评选审核与监督评价工作；而德国是由联邦政府委托德国研究基金会和德国科学人文委员会协同推进。

第二，不同发展水平的国家经费配置差异显著，基础设施教学科研各有侧重。 由于不同国家高等教育处于不同发展阶段，教育发展水平存在差距，因此各个国家"类 985 工程"的资助结构侧重点也不尽相同。一般来说，以中国、印度为代表的经济发展水平较低或高等教育处于大众化阶段的国家，大部分以完善基础设施建设为出发点，注重人才培养和学科建设；而日本、韩国、俄罗斯和德国等经济发展水平较高或高等教育处于普及化阶段的国家更侧重在强化大学教学、科研和服务功能的基础上，提升高校的国际化水平。

　　第三，政府或第三方机构作为主要评估主体，不同国家评价机制各有特色。以中国、俄罗斯为代表的部分国家，以政府及其教育主管部门作为"类 985 工程"的评估主体；而日本和德国则通过委托第三方机构进行评估。前者有利于汇集国家智库力量，运用行政力量对高校进行评估；而后者有利于减少社会舆论和行政力量干预，加强评估的科学性、客观性和透明度，同时引入竞争和激励机制，激发高等教育活力，提升高校教学与科研水平。在评价机制上，部分国家具有阶段性评价意识和严格淘汰机制。日本"顶级全球性大学计划"的阶段评价结果分为 S、A、B、C、D 五个档次，其中 D 档结果意味着"实现目标极为困难，建议取消经费支持"，[1]以阶段性评价结果警示发展不佳的高校，有利于敦促日本高校保持活力与发展动力。德国"卓越计划"在首轮评价中采用了严格的淘汰机制，淘汰了卡鲁斯特理工学院等 3 所评估结果不佳的高校。俄罗斯在 2014 年的评估中，取消了对圣彼得堡国立电子技术大学等评估结果未合格学校的资助。这种严格的淘汰机制保证了"类 985 工程"的实施效率与评价效力，强化了入选高校的危机意识，避免了入选高校一劳永逸，激励其保持活力与发展动力。

1　日本学术振兴会. Top Global University Project［EB/OL］.［2018-02-22］. https://www.jsps.go.jp/j-sgu/data/kekka/h29_sgu_chukan_kekkasoukatsu.pdf.

第二节　　"类 985 工程"对大学排名的影响

一、研究数据

本文数据主要来自世界银行数据库（WDI）、联合国教科文组织数据库（UIS Data）、Web of Science 全球学术信息数据库及世界大学排名官网。考虑到世界大学排名的客观性和权威性，本文使用了 2004 年至 2019 年 THE 世界大学排名前 300 名高校中德国、日本和俄罗斯的大学排名数据进行分析，并结合 QS 世界大学排名数据进行稳健性检验。

二、研究模型

由于使用面板数据进行回归分析时通常会选用固定效应模型或随机效应模型，因此本文首先使用豪斯曼检验选取了适合此研究的模型。豪斯曼检验结果显示（见表 5.2），卡方统计量的伴随概率均小于 0.05，应该拒绝原假设，即"类 985 工程"对大学世界排名影响的研究，使用固定效应模型更为合适。

表 5.2　豪斯曼检验结果

世界大学排名	THE		QS	
因变量	大学排名	大学排名提升比例	大学排名	大学排名提升比例
豪斯曼检验	chi2=103.84	chi2=66.30	chi2=50.14	chi2=33.94
	Prob>chi2=0.0000	Prob>chi2=0.0000	Prob>chi2=0.0000	Prob>chi2=0.0002

鉴于此类工程的实施效果存在一定的时滞效应[1]，其影响一般会在 1～3 年呈现出来。因此本文使用"类 985 工程"实施两年后的大学排名数据作为因变量，即滞后两期，以更加符合高等教育建设工程实施效果的客观规律。本文建立如下固定效应模型：

$$Y_{i(t+2)} = \beta_0 + \beta_1 Quasi985_{it} + \gamma X_{it} + University_i + \varepsilon_{it}$$

其中，$Y_{i(t+2)}$ 表示因变量，本文分别使用高校 i 在 $(t+2)$ 年份中 THE 世界大学排名和 THE 世界大学排名的对数作为因变量，前者用于衡量世界大学排名的绝对变化，后者用于衡量世界大学排名的变化程度，即排名变化的百分比。$Quasi985_{it}$ 表示高校 i 在 t 年是否进入了"类 985 工程"，是本文关注的核心自变量。如果高校 i 在 t 年进入"类 985 工程"，则 $Quasi985_{it}$ 取值为 1；如果高校 i 未参与"类 985 工程"或参与了"类 985 工程"但在 t 年未开始实施，则 $Quasi985_{it}$ 取值为 0。因此，该变量的系数 β_1 表示实施"类 985 工程"对高校世界大学排名的影响，如果该系数显著为负，则实施"类 985 工程"会显著减少大学的世界排名数值，即提高了大学的世界排名；如果该系数显著为正，则实施"类 985 工程"会显著增加大学的世界排名数值，即降低了大学的世界排名。

---

1 鲍威，哈巍，闵维方，等. "985 工程"对中国高校国际学术影响力的驱动效应评估 [J]. 教育研究，2017（9）：61-69.

此外，由于不同国家"类 985 工程"的实施年份不同，不同高校进入工程的时间也有所不同，所以本文以经费实际到位的年份作为"类 985 工程"的实际实施年份。例如"5—100 计划"在 2012 年提出，而开展经费资助的实际时间是 2013 年，所以 2013 年为该计划实施的年份。

X_{it} 为学校层面和国家层面控制经济与教育水平的变量，包括建校历史、高等教育科研经费、人均 GDP、公共教育经费占 GDP 比重、高等教育入学率等。$University_i$ 为大学的固定效应，控制高校之间无法观测且不随时间变化的差异。

三、实证研究结果

（一）"类 985 工程"实施前后大学世界排名的变化

从上述国家进入 THE 和 QS 世界大学排名不同段位的平均学校数量和平均排名来看（见表 5.3），德国在实施工程后位列排名前 100 名的平均学校数量明显增加，在 THE 排名前 100 名内的平均学校数量从 3.3 所提升到 5.7 所，增加了 2.4 所；在 QS 排名前 100 名内的平均学校数量从 3.3 所提升到 3.6 所，且平均排名从 67.6 名上升至 66.1 名，提高了 1.5 名。在 101～200 排名段位中，德国大学平均排名分别提升了 3.2 名（THE 排名，从 152.1 名升至 148.9 名）和 0.8 名（QS 排名，从 152.1 名升至 151.3 名）。该段位内平均学校数量稍有减少，主要原因是这一段位排名靠前的柏林自由大学等高校提升了排名，向上流动进入前 100 名行列。与排名前 200 名的学校相比，德国 QS 排名 200 名后的学校大多未参与"类 985 工程"，平均学校数量和平均排名均有所下降；而从 THE 排名来看，这一段位学校数量的减少并未带来质量的下降，平均排名整体仍提升了约 22 名（从 245 名提升到 223.2 名）。

表 5.3 2004—2019 年实施"类 985 工程"前后世界大学排名不同段位

平均学校数量和平均排名变化表[1]

国家	指标	THE		QS	
		实施前	实施后	实施前	实施后
德国	前 100 名平均学校数量	3.3	5.7	3.3	3.6
	平均排名	67.6	70.5	67.6	66.1
	101～200 名平均学校数量	8.5	8.2	8.5	8
	平均排名	152.1	148.9	152.1	151.3
	201～300 名平均学校数量	11.5	10.5	11.5	9.3
	平均排名	245.0	223.2	245.0	253.2
日本	前 100 名平均学校数量	3.5	2.7	3.5	5.2
	平均排名	43.2	49.0	43.2	52.1
	101～200 名平均学校数量	6	3.9	6	4.3
	平均排名	149.8	143.0	149.8	150.1
	201～300 名平均学校数量	5.5	3.1	5.5	3.2
	平均排名	247.7	251.2	247.7	234.4
俄罗斯	前 100 名平均学校数量	1	0	1	1
	平均排名	89.3	—	89.3	92.5
	101～200 名平均学校数量	1.3	1	1.2	1
	平均排名	162.6	187.6	146.4	112.5
	201～300 名平均学校数量	1.2	1.6	1.2	2
	平均排名	250.8	254.9	244.8	254.6
	301～500 名平均学校数量	1	3.8	3	8
	平均排名	375	384.3	363.3	402.6

与德国变化趋势不同，日本进入 THE 排名各段位的学校数量明显减少，且排名整体上也有所降低。从 QS 排名来看，日本排名前 200 名

---

1 资料来源：2004—2019 年 QS 世界大学排名官网. https://www.topuniversities.com/ university-rankings；THE 世界大学排名官网. https://www.timeshighereducation.com.

的平均学校总数在实施工程前后变化不大。其中排名前 100 名平均学校数量从实施前的 3.5 所增加至 5.2 所；而排名 201～300 名的平均学校数量呈减少趋势。

相比二者，俄罗斯排名位于前段的学校数量和排名明显缺乏竞争力，位列世界前 300 名的大学数量非常有限。因此，本文进一步统计了俄罗斯排名 301～500 名的平均学校数量和平均排名。结果发现，相比工程实施前，俄罗斯进入 THE 排名 301～500 名的平均学校数量从 1 所增加至 3.8 所，进入 QS 排名 301～500 名的平均学校数量从 3 所增加至 8 所，数量提升明显。这说明，对俄罗斯来说，实施"类 985 工程"对国内第二梯队高校的作用明显。综上，从描述性统计分析来看，实施"类 985 工程"对德国和俄罗斯的大学世界排名变化产生了明显的积极影响，而对日本大学世界排名的影响相对较弱。

（二）"类 985 工程"对世界大学排名的影响

从固定效应模型的回归结果来看（见表 5.4），实施"类 985 工程"能够显著降低参与大学的世界排名数值，即提高大学的世界排名。在未加入控制变量时，实施"类 985 工程"平均能够提升 THE 世界大学排名约 33.5 名；在控制其他变量后，这一影响系数降低，从平均提升约 33.5 名降至平均提升约 21.0 名。一方面，这说明相比未参与"类 985 工程"的大学，参与"类 985 工程"的大学平均能够提高 THE 排名约 21.0 名；另一方面，在方差膨胀因子检验不存在严重多重共线性的同时，[1]模型中影响系数的降低表明"类 985 工程"的实施效果通过模型中的其他

---

[1] 方差膨胀系数最大为 8.18。

变量产生作用。进一步由模型（2）可知，在控制其他变量的情况下，高等教育科研经费、高等教育入学率对大学排名均有显著影响。其中，高等教育科研经费每增加 100 万元，THE 世界大学排名平均提高约 23.9 名；高等教育入学率每提升 1 个百分点，THE 世界大学排名平均提高约 13.1 名。

表 5.4　实施"类 985 工程"影响的固定效应回归结果

模型 变量	（1） THE 排名	（2） THE 排名	（3） THE 排名提升比例	（4） QS 排名	（5） QS 排名提升比例
实施"类 985 工程"	−33.54***	−21.03***	−0.138**	−22.27**	−0.124*
	(10.53)	(7.180)	(0.0566)	(10.02)	(0.0625)
教育经费投入比例	.	−25.72	−0.0368	−30.01**	−0.166**
		(26.27)	(0.175)	(13.73)	(0.0719)
高等教育科研经费		−23.86***	−0.171***	−1.432	−0.0213
		(4.069)	(0.0225)	(2.958)	(0.0193)
高等教育入学率		−13.12***	−0.0774***	0.296	0.00343
		(3.877)	(0.0172)	(1.463)	(0.00840)
人均 GDP		0.333	0.00629	1.215	0.00296
		(1.343)	(0.00675)	(0.824)	(0.00322)
建校历史		27.57***	0.158***	0.948	0.0110
		(7.223)	(0.0265)	(2.852)	(0.0172)
常数项	182.9***	−4,174***	−20.02***	63.75	3.436
	(3.906)	(1,106)	(4.067)	(467.2)	(2.865)
个体固定效应	是	是	是	是	是
观测值	407	319	319	341	341
判定系数	0.048	0.357	0.395	0.098	0.097

注：（）中为稳健标准误；*** $p<0.01$，** $p<0.05$，* $p<0.1$。

由于不同排名段位的大学提升一个名次的内涵不同，对于排名靠前的大学来说，提升空间更小，提升一个世界名次的难度更大。比如同样是提升 1 个名次，对于世界排名第 300 名的大学来说，较为容易；而对于世界排名第 30 名的大学来说，却较为困难。因此，为了提高研究的科学性和严谨性，本文以大学世界排名的对数为因变量，用世界排名提升变化的百分比衡量实施"类 985 工程"的影响,以增强不同排名层次学校之间的可比性。模型(3)结果显示,在控制其他变量后,参与"类 985 工程"能够显著提升大学的世界排名约 13.8%,即参与"类 985 工程"的大学比未参与的大学平均提升了已有世界排名的约 13.8%。与模型(2)结果相似,高等教育科研经费对大学世界排名的提升作用最为明显,平均每提高 100 万元的高等教育科研经费能够提升大学已有世界排名的约 17.1%;而高等教育入学率对大学世界排名也有显著的提升作用,高等教育入学率每提升 1 个百分点,能够提升大学现有排名的约 7.7%。

模型(4)和模型(5)用 QS 世界大学排名作为因变量检验了这一固定效应模型的稳健性,回归结果与模型(2)和模型(3)基本相似,这说明参与"类 985 工程"的确对提升大学世界排名具有积极作用,且教育经费的增加也显著地提升了大学世界排名。

第三节 "类 985 工程"对大学排名变化的影响机制

如前文所述，"类 985 工程"的实施有助于提升本国高校的大学排名，但不同国家"类 985 工程"的实施效果也存在差异。那么，不同国家的实施效果为何存在差异？"类 985 工程"通过哪些因素影响本国高校的大学排名？其作用机制如何？本节将尝试从经费结构、科研产出、组织与评价机制等方面进行解释。

一、经费结构

首先，通过分析 2004 年到 2017 年俄罗斯、德国和日本三国高等教育科研经费占 GDP 比重的变化趋势（见图 5-1）可以看出，俄罗斯在 2012 年实施"5—100 计划"后，高等教育科研投入迅速提升并保持稳定增长。2013 年"5—100 计划"资金到位后，俄罗斯高等教育科研经费占 GDP 比重开始上升，2014 年这一指标比 2013 年增加了 13.4%，并在此后保持相对稳定。德国在启动"卓越计划"第一阶段后，高等教育科研投入水平明显提升，比"卓越计划"启动前增加了 10%。从增长率来看，"卓越计划"实施前，高等教育科研经费占 GDP 比重的年均增长率不足 1%，但在 2006 年工程实施后跃升至 2.6%。与德国、俄罗斯情况相反，日本在2007年实施"全球COE计划"后，高等教育科研投入并未出现稳定的增长态势，反而出现明显的下降和波动。2014年实施"顶级全球性大学计划"后，这一指标的下降速度较2007年更为明显。

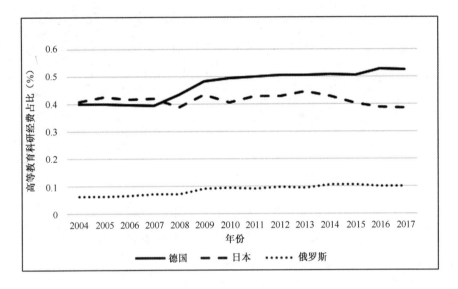

图5-1　高等教育科研经费占GDP比重变化趋势（数据来源：UIS data）

其次，通过比较俄罗斯、德国和日本三个国家高等教育科研投入的年均增长率发现，俄罗斯在2005—2016年这一指标的年增长率最高，为4.27%；德国位列第二，为2.43%；然而，日本高等教育科研投入的年均增长率最低，甚至出现了负增长（-0.26%）。

与德国和俄罗斯相比，日本"类985工程"的实施效果相对较差，在一定程度上可能是其高等教育经费结构中科研经费投入占比相对减少所致。除了2008年金融危机对日本高校经费支出产生冲击，日本高等教育科研投入波动降低的另一个原因可能是国际化导向造成的经费挤占。从国际化水平来看，日本位于 THE 排名前 100 名的高校在 2015 年到 2019 年国际化水平指标的平均分数为 30.4 分，远远低于德国（平均 65.2 分）等国家。为了提高国际化水平，日本近年来推出的"三十万留学生计划""顶级全球性大学计划"等建设项目都更侧重于通过增加这方面的投入以提高大学的国际化水平。[1]虽然日本的国际化水平得到了缓慢提升，比 2011—2014 年（四年平均为 23.9 分）提高了 6.5 分，但却在经费上挤占了科研投入，导致科研经费水平相对下降，从而影响了"全球 COE 计划"的实施效果。

二、科研产出

由于科研水平是世界大学排名指标体系中最重要的构成部分，在 QS、THE 和 ARWU 排名指标体系中占比分别高达 60%、56.5% 和 40%，对大学世界排名的高低具有至关重要的影响，因此各个国家的"类 985 工程"都非常重视对本国大学科研产出的数量和质量的评价和激励。

通过检索、整理和分析 2003 年到 2018 年德国、日本和俄罗斯被美国《科学引文索引》（下文简称 SCI）收录期刊所刊登论文情况发现，三个国家的科研产出水平整体上都在不断提高（见图 5-2）。其中，德国科研产出的折线最为陡峭，变化最为明显，而日本、俄罗斯的折线相对平缓。但是，考虑到三个国家的高等教育存量不同，高校数量和高等教育科研人员数量存在差异，本文进一步计算了高等教育科研人员平均发表 SCI 数量和发表 SCI 论文增长率。结果表明，俄罗斯高校科研人员

---

1 秦东兴. 日本高等教育国际化的新路径——以"加强大学世界拓展力事业"为例［J］. 中国高教研究，2017（3）：72-77.

人均发表 SCI 数量最多，为 0.55 篇；德国排第二，为 0.37 篇；日本最少，为 0.25 篇。再从论文增长率来看，三个国家在实施"类 985 工程"后，俄罗斯发表 SCI 论文增长率最高，约为 6.1%；德国和日本次之，分别为 2.37% 和 2.29%。

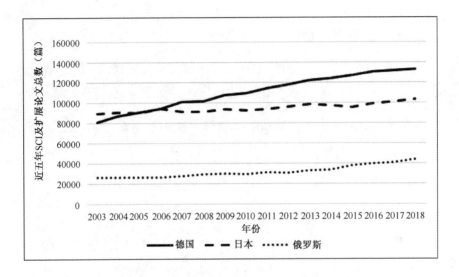

图 5-2 德国、日本和俄罗斯 SCI 及扩展论文发表数量变化趋势1

由于科研产出数量并不能替代科研产出质量，因此本文还探讨了三个国家在科研发表质量上的差异。从 QS 世界大学排名来看，日本的科研声誉与师均论文引用率得分最高，2017 年到 2020 年日本排名前 100 名的高校在这两个指标上的平均分数分别为 87.2 分和 57.4 分，其师均论文引用率比德国（37.6 分）高出 19.8 分，是俄罗斯（7.0 分）的 8.2

---

1 数据由作者检索 Web of Science 核心合集获得：引文索引（含：SCI-EXPANDED；文献类型为 ARTICLE；国家/地区为 "Germany/Russia/Japan"）.［2019-08-02］. http://apps.webofknowledge.com/.

倍。从 THE 世界大学排名指标来看，日本科研水平也位列三个国家之首。这说明，与德国和俄罗斯相比，虽然日本大学的科研产出数量相对较少，但其"少而精"，保持着较高的科研水平，因而能够在世界大学排名前列保持相对稳定的位置。

三、组织与评价机制

在组织机制上，俄罗斯"5—100 计划"实施效果较好，得益于政府的高度组织力和整合力。俄罗斯除了稳定持续地进行科研投入、加强国际合作，最突出的实施特征是组织主体的控制性更强，它将"5—100 计划"提升至国家战略高度，通过制定政策、修订法律及发布文件等措施，明确高等教育发展目标，构建高等教育智库，积极借鉴国际经验。[1]

与俄罗斯以政府主导为组织机制相比，德国和日本更倾向于利用第三方机构进行组织、监督，通过设计与运用相应的评价机制来增强"类 985 工程"的实施效果。德国"卓越计划"在第一阶段重视退出机制的效力，明确提出对考核中排在末位的高校予以淘汰，并在第一阶段结束时切实淘汰了卡尔斯鲁厄理工学院、哥廷根大学和弗莱堡大学 3 所高校。这种退出机制加强了大学的危机意识，有效提升了高校内部运行效率，激励高校保持发展动力，防止高校出现一劳永逸、运行效率低下的情况。与之相比，虽然日本的"类 985 工程"在实施过程中也重视第三方评估，但在执行中缺乏强有力的淘汰机制，因而在评价机制的实施效果上不及德国。

---

1 肖甦. 俄罗斯的一流大学建设[J]. 华东师范大学学报(教育科学版),2016,34(3):12-15.

第四节　研究结论及启示

在世界各国纷纷开展"类985工程"的同时，重视并分析该类工程的实施效果，反思不同国家实施效果存在差异的原因，对我国持续推进"双一流"高校建设具有重要意义。本章使用面板数据和固定效应模型，分析了德国、日本和俄罗斯实施"类985工程"对大学世界排名的影响及其作用机制。研究发现，德国在强调科研投入、激励学术产出、引入退出机制等措施下，实施效果明显；俄罗斯在政府主导、政策引导下，着力提高科研创新和国际化水平，实施效果也较为明显；然而，由于科研产出"质优"却"量少"，大量的资金被用于提升国际化水平，而挤占了其他科研投入，日本"类985工程"在提高大学排名方面的作用并不明显。与此同时，我们也应该看到，世界大学排名并不能衡量大学发展的各个方面，日本近几年涌现了一批诺贝尔奖获得者，以诺贝尔奖成果为代表的量少质优科研成果在量化指标中往往不占优势。

总体上看，"类985工程"对提高大学排名、提升大学国际竞争力、推动高等教育发展具有重要意义。当前，我国的"985工程"和"211工程"都已统一整合到"双一流"高校建设项目当中。"双一流"高校建设是我国目前最主要的高等教育建设工程，我们应该重视建设过程中的各个环节，进一步发挥其在建设中国高水平大学方面的重要作用。

第一，继续加大教育经费投入，提高高等教育科研经费使用效率。本文发现，不仅"类 985 工程"对大学发展具有积极影响，而且教育经费投入、高等教育科研经费投入和高等教育入学率等因素也会发挥重要作用。这意味着国家整体教育经费投入是建设高水平大学的重要支撑，高等教育的发展需要国家对教育的整体投入。基础教育阶段的健康有序发展，将为我国高等教育的发展源源不断地输送优秀创新型人才；而高等教育水平的整体提升，也会为顶尖大学的发展提供更好的平台，有助于国内一流大学跻身世界一流大学行列。与此同时，我国"双一流"高校建设应更加注重科学合理地设置和安排高等教育经费结构，在进一步提高高等教育科研经费比例的基础上，不断提高高等教育科研经费的使用效率，促进高等教育蓬勃发展。

第二，不断提升科研产出数量与质量，平衡教学、科研、社会服务与国际交流等大学功能的关系。由于不同国家在经费结构、科研产出、组织与评价机制上存在差异，"类 985 工程"的实施效果不尽相同。但是，从整体上看，树立高等教育内涵化发展战略意识，优化经费资源配置，加强人才培养与科研创新支持力度，兼顾科研产出的数量与质量，推动优势学科发展，鼓励院校提升国际化水平，对高等教育可持续发展具有重要意义。因此，在"双一流"高校建设过程中，我们要理性对待排名指标，重视量化指标，但不能唯量化指标，要科学应用量化评估结果，平衡教学、科研、社会服务与国际交流等大学功能的关系，避免出现功利化导向或舍本逐末而造成的高等教育多样性缺失或路径依赖的问题。

　　第三，进一步完善高等教育制度建设，加强质量监督和阶段性评估。 在"双一流"高校建设中，我们要扎根中国高等教育土壤，借鉴其他国家"类 985 工程"的监督和评价机制，完善"双一流"制度建设。教育行政部门应引入第三方机构，科学监测与评估"双一流"项目的实施效果，切实执行有力的筛选机制和淘汰机制，激励大学切实提升办学质量。我国应优化分类评价、支持系统，适度引入分类评价、分类支持模式，以一流的制度建设推进我国世界一流大学的建设和发展。

第六章

世界大学综合排名与
中国高水平大学建设

如第五章所述，国家控制型大学在短期内通过执行"类 985 工程"等高等教育卓越工程项目，迅速提升其世界大学排名。近些年来，中国高校在"985""211"和"双一流"等项目的支持下，也取得了长足的进步。以北京大学、清华大学为首的中国高校办学质量不断提高，在亚洲地区和世界范围的影响力也进一步增强，但仍然与世界一流大学存在一定差距。那么，近些年来，中国高水平大学究竟取得了哪些进步？与亚洲区域一流大学和世界一流大学相比，中国高校的差距到底有多大？

对于何为一流大学，国内外至今对此仍没有清晰而明确的定义，但近年来逐渐兴起的大学排名为如何界定一流大学提供了相对客观、合理的评价标准。如前文所述，尽管大学排名的合理性和科学性受到不少质疑，仍然存在很多不尽如人意的地方，但它所采用的指标相对较为客观，能够在一定程度上反映各个大学的整体办学实力与水平。因此，本章依据各大学在 THE 和 QS 世界大学综合排名的排名情况筛选出世界一流大学和亚洲区域一流大学。其中，世界一流大学指 2014—2019 年分别在 THE 和 QS 综合排名一直位居前 20 名的大学，亚洲区域一流大学则指该阶段一直位居前 50 名的亚洲高校。此外，近些年来，以北京大学、清华大学，以及齐聚华东地区的浙江大学、复旦大学、上海交通大学、南京大学和中国科学技术大学等华东五校，在国家政

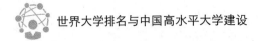

策和资金的重点支持下，较之国内其他高校优势较为明显，近两年都已全部进入世界四大综合排名前 200 名。这些高校作为中国高等教育的排头兵，无疑可以作为中国高水平大学的代表。在上述概念界定的基础上，本章通过对比中国高水平大学与亚洲区域一流大学及世界一流大学在 THE 和 QS 世界综合大学排名各项指标的得分情况，探究中国高水平大学与世界一流大学相比的优势与不足，以期为中国高水平大学早日建成世界一流大学提供相应对策。

第一节 一流大学与中国高水平大学的界定

一、世界一流大学的界定与筛选

世界一流大学主要是指文化教育实力雄厚、拥有很高的世界声誉、排名世界前列的大学。但截至目前，国际教育界和学术界对哪些大学是世界一流大学还没有准确的区分和界定。一般认为，大学主要有三大功能，即人才培养、科学研究、服务社会；世界一流大学则应当在全世界范围内具有科研成果卓著、学术声誉和学科水平很高、学术大师汇聚、科研经费充裕、研究力量雄厚、学生素质一流、国际化程度高等特点。[1]

从 THE 和 QS 世界大学综合排名来看，它们的各项指标着重测量大学的教学教育环境、学术声誉、科研实力、国际化水平等，能够较好地反映和比较各个大学的整体办学实力，体现世界一流大学的一般标准。因此，本文主要依据 THE 和 QS 排名来界定和筛选世界一流大学。

具体来说，本文使用近六年即 2014 年至 2019 年，两大排名位居前 20 名的大学数据进行分析。六年间，在 THE 世界大学综合排名中，全球有 17 所大学六年来一直位于前 20 名，分别为：加州理工学院、牛津

---

1 百度百科. "世界一流大学" 词条［EB/OL］.［2020-02-20］. http://baike.baidu.com/.

大学、哈佛大学、斯坦福大学、麻省理工学院、普林斯顿大学、剑桥大学、加州大学伯克利分校、芝加哥大学、耶鲁大学、加州大学洛杉矶分校、哥伦比亚大学、瑞士联邦理工学院、约翰斯·霍普金斯大学、宾夕法尼亚大学、康奈尔大学、帝国理工学院（见表 6.1）。在 QS 世界大学综合排名中，则有 14 所大学一直位于前 20 名，分别为：麻省理工学院、哈佛大学、剑桥大学、帝国理工学院、牛津大学、斯坦福大学、耶鲁大学、芝加哥大学、加州理工学院、普林斯顿大学、伦敦大学学院、瑞士联邦理工学院、宾夕法尼亚大学、康奈尔大学（见表 6.2）。

表 6.1 　2014—2019 年 THE 世界大学排名位于前 20 名的大学

2014 年 THE 世界大学排名位于前 20 名的大学	加州理工学院（1）、牛津大学（2）、哈佛大学（2）、斯坦福大学（4）、麻省理工学院（5）、普林斯顿大学（6）、剑桥大学（7）、加州大学伯克利分校（8）、芝加哥大学（9）、帝国理工学院（10）、耶鲁大学（11）、加州大学洛杉矶分校（12）、哥伦比亚大学（13）、瑞士联邦理工学院（14）、约翰斯·霍普金斯大学（15）、宾夕法尼亚大学（16）、杜克大学（17）、密歇根大学（18）、康奈尔大学（19）、多伦多大学（20）
2015 年 THE 世界大学排名位于前 20 名的大学	加州理工学院（1）、哈佛大学（2）、牛津大学（3）、斯坦福大学（4）、剑桥大学（5）、麻省理工学院（6）、普林斯顿大学（7）、加州大学伯克利分校（8）、帝国理工学院（9）、耶鲁大学（9）、芝加哥大学（11）、加州大学洛杉矶分校（12）、瑞士联邦理工学院（13）、哥伦比亚大学（14）、约翰斯·霍普金斯大学（15）、宾夕法尼亚大学（16）、密歇根大学（17）、杜克大学（18）、康奈尔大学（19）、多伦多大学（20）
2016 年 THE 世界大学排名位于前 20 名的大学	加州理工学院（1）、牛津大学（2）、斯坦福大学（3）、剑桥大学（4）、麻省理工学院（5）、哈佛大学（6）、普林斯顿大学（7）、帝国理工学院（8）、瑞士联邦理工学院（9）、芝加哥大学（10）、约翰斯·霍普金斯大学（11）、耶鲁大学（12）、加州大学伯克利分校（13）、伦敦大学学院（14）、哥伦比亚大学（15）、加州大学洛杉矶分校（16）、宾夕法尼亚大学（17）、康奈尔大学（18）、多伦多大学（19）、杜克大学（20）
2017 年 THE 世界大学排名位于前 20 名的大学	牛津大学（1）、加州理工学院（2）、斯坦福大学（3）、剑桥大学（4）、麻省理工学院（5）、哈佛大学（6）、普林斯顿大学（7）、帝国理工学院（8）、瑞士联邦理工学院（9）、加州大学伯克利分校（10）、芝加哥大学（10）、耶鲁大学（12）、宾夕法尼亚大学（13）、加州大学洛杉矶分校（14）、伦敦大学学院（15）、哥伦比亚大学（16）、约翰斯·霍普金斯大学（17）、杜克大学（18）、康奈尔大学（19）、西北大学（20）

续表

2018 年 THE 世界大学排名位于前 20 名的大学	牛津大学（1）、剑桥大学（2）、加州理工学院（3）、斯坦福大学（3）、麻省理工学院（5）、哈佛大学（6）、普林斯顿大学（7）、帝国理工学院（8）、芝加哥大学（9）、瑞士联邦理工学院（10）、宾夕法尼亚大学（10）、耶鲁大学（12）、约翰斯·霍普金斯大学（13）、哥伦比亚大学（14）、加州大学洛杉矶分校（15）、伦敦大学学院（16）、杜克大学（17）、加州大学伯克利分校（18）、康奈尔大学（19）、西北大学（20）
2019 年 THE 世界大学排名位于前 20 名的大学	牛津大学（1）、剑桥大学（2）、斯坦福大学（3）、麻省理工学院（4）、加州理工学院（5）、哈佛大学（6）、普林斯顿大学（7）、耶鲁大学（8）、帝国理工学院（9）、芝加哥大学（10）、瑞士联邦理工学院（11）、约翰斯·霍普金斯大学（12）、宾夕法尼亚大学（12）、伦敦大学学院（14）、加州大学伯克利分校（15）、哥伦比亚大学（16）、加州大学洛杉矶分校（17）、杜克大学（18）、康奈尔大学（19）、密歇根大学（20）

表 6.2　2014—2019 年 QS 世界大学排名位于前 20 名的大学

2014 年 QS 世界大学排名位于前 20 名的大学	麻省理工学院（1）、哈佛大学（2）、剑桥大学（3）、伦敦大学学院（4）、帝国理工学院（5）、牛津大学（6）、斯坦福大学（7）、耶鲁大学（8）、芝加哥大学（9）、加州理工学院（10）、普林斯顿大学（10）、瑞士联邦理工学院（12）、宾夕法尼亚大学（13）、哥伦比亚大学（14）、康奈尔大学（15）、约翰斯·霍普金斯大学（16）、爱丁堡大学（17）、多伦多大学（17）、洛桑联邦理工学院（19）、伦敦大学国王学院（19）
2015 年 QS 世界大学排名位于前 20 名的大学	麻省理工学院（1）、剑桥大学（2）、帝国理工学院（2）、哈佛大学（4）、牛津大学（5）、伦敦大学学院（5）、斯坦福大学（7）、加州理工学院（8）、普林斯顿大学（9）、耶鲁大学（10）、芝加哥大学（11）、瑞士联邦理工学院（12）、宾夕法尼亚大学（13）、哥伦比亚大学（14）、约翰斯·霍普金斯大学（14）、伦敦大学国王学院（16）、爱丁堡大学（17）、洛桑联邦理工学院（17）、康奈尔大学（19）、多伦多大学（20）
2016 年 QS 世界大学排名位于前 20 名的大学	麻省理工学院（1）、哈佛大学（2）、剑桥大学（3）、斯坦福大学（3）、加州理工学院（5）、牛津大学（6）、伦敦大学学院（7）、帝国理工学院（8）、瑞士联邦理工学院（9）、芝加哥大学（10）、普林斯顿大学（11）、新加坡国立大学（12）、南洋理工大学（13）、洛桑联邦理工学院（14）、耶鲁大学（15）、约翰斯·霍普金斯大学（16）、康奈尔大学（17）、宾夕法尼亚大学（18）、伦敦国王学院（19）、澳大利亚国立大学（19）
2017 年 QS 世界大学排名位于前 20 名的大学	麻省理工学院（1）、斯坦福大学（2）、哈佛大学（3）、剑桥大学（4）、加州理工学院（5）、牛津大学（6）、伦敦大学学院（7）、瑞士联邦理工学院（8）、帝国理工学院（9）、芝加哥大学（10）、普林斯顿大学（11）、新加坡国立大学（12）、南洋理工大学（13）、洛桑联邦理工学院（14）、耶鲁大学（15）、康奈尔大学（16）、约翰斯·霍普金斯大学（17）、宾夕法尼亚大学（18）、爱丁堡大学（19）、哥伦比亚大学（20）

2018年QS世界大学排名位于前20名的大学	麻省理工学院（1）、斯坦福大学（2）、哈佛大学（3）、加州理工学院（4）、剑桥大学（5）、牛津大学（6）、伦敦大学学院（7）、帝国理工学院（8）、芝加哥大学（9）、瑞士联邦理工学院（10）、南洋理工大学（11）、洛桑联邦理工学院（12）、普林斯顿大学（13）、康奈尔大学（14）、新加坡国立大学（15）、耶鲁大学（16）、约翰斯·霍普金斯大学（17）、哥伦比亚大学（18）、宾夕法尼亚大学（19）、澳大利亚国立大学（20）
2019年QS世界大学排名位于前20名的大学	麻省理工学院（1）、斯坦福大学（2）、哈佛大学（3）、加州理工学院（4）、牛津大学（5）、剑桥大学（6）、瑞士联邦理工学院（7）、帝国理工学院（8）、芝加哥大学（9）、伦敦大学学院（10）、新加坡国立大学（11）、南洋理工大学（12）、普林斯顿大学（13）、康奈尔大学（14）、耶鲁大学（15）、哥伦比亚大学（16）、清华大学（17）、爱丁堡大学（18）、宾夕法尼亚大学（19）、密歇根大学（20）

综合 THE 和 QS 世界大学综合排名情况可以看出，2014—2019 年间有 13 所大学同时在两项排名中一直位于前 20 名（见表 6.3），分别为：麻省理工学院、剑桥大学、哈佛大学、牛津大学、帝国理工学院、耶鲁大学、芝加哥大学、加州理工学院、宾夕法尼亚大学、普林斯顿大学、斯坦福大学、瑞士联邦理工学院、康奈尔大学。毫无疑问，这些都应该是国际上公认的顶尖世界一流大学。从国别来看，在这 13 所大学中，有 9 所来自美国，3 所来自英国，1 所来自瑞士。可以看出，无论 THE 排名还是 QS 排名，美国大学都体现出不可撼动的优势地位，尤其是越靠前的名次，所占比例越高。英国大学则紧随其后。世界大学排名中的顶尖席位基本被少数欧美国家所垄断。

表 6.3 2014—2019 年一直位于前 20 名的大学

THE 排名一直位于前20名的大学	芝加哥大学、约翰斯·霍普金斯大学、耶鲁大学、斯坦福大学、普林斯顿大学、牛津大学、麻省理工学院、康奈尔大学、剑桥大学、加州大学洛杉矶分校、加州大学伯克利分校、哈佛大学、哥伦比亚大学、帝国理工学院、宾夕法尼亚大学、加州理工学院、瑞士联邦理工学院、杜克大学
QS 排名一直位于前20名的大学	芝加哥大学、耶鲁大学、斯坦福大学、普林斯顿大学、牛津大学、伦敦大学学院、康奈尔大学、剑桥大学、加州理工学院、哈佛大学、帝国理工学院、宾夕法尼亚大学、瑞士联邦理工学院、麻省理工学院

两项排名一直 位于前 20 名的 大学	芝加哥大学、耶鲁大学、斯坦福大学、普林斯顿大学、牛津大学、康奈尔大学、剑桥大学、哈佛大学、帝国理工学院、宾夕法尼亚大学、加州理工学院、瑞士联邦理工学院、麻省理工学院

值得注意的是，六年间两项排名前 20 名的大学排位没有出现太大的名次起伏，而两项排名的指标体系虽有所差别，但它们评选出的世界一流大学差别不大，这体现出世界一流大学软硬实力的稳定性。有鉴于此，本书将这六年来分别在 THE 和 QS 综合排名稳居前 20 名的大学界定为世界一流大学。

二、亚洲区域一流大学的界定与筛选

参照世界一流大学的界定与筛选标准，本节将 2014—2019 年六年间在 THE 和 QS 世界大学综合排名中，一直位列前 50 名的亚洲高校界定为亚洲区域一流大学。由表 6.4、表 6.5 可知，清华大学、香港大学、新加坡国立大学和东京大学这 4 所学校六年均排在世界前 50 名，而北京大学只有在 2015 年 QS 世界大学排名中没有进入世界排名前 50 名，其余五年均在前 50 名之列。因此，下文将选取这 5 所高校，通过对比 2014—2019 年 THE 和 QS 的排名及各项排名指标的得分，分析 5 所学校各自的优势和劣势，探析与亚洲区域一流大学相比，中国高水平大学的长处及存在的不足。

表 6.4　2014—2019 年 THE 世界大学排名中位于前 50 名的亚洲区域高校

2014 年 THE 世界大学排名中位于前 50 名的亚洲区域高校	东京大学（23）、新加坡国立大学（26）、香港大学（43）、首尔大学（44）、北京大学（45）、清华大学（50）
2015 年 THE 世界大学排名中位于前 50 名的亚洲区域高校	东京大学（23）、新加坡国立大学（25）、香港大学（43）、北京大学（48）、清华大学（49）、首尔大学（50）
2016 年 THE 世界大学排名中位于前 50 名的亚洲区域高校	新加坡国立大学（26）、北京大学（42）、东京大学（43）、香港大学（44）、清华大学（47）

续表

2017 年 THE 世界大学排名中位于前 50 名的亚洲区域高校	新加坡国立大学（24）、北京大学（29）、清华大学（35）、东京大学（39）、香港大学（43）、香港科技大学（49）
2018 年 THE 世界大学排名中位于前 50 名的亚洲区域高校	新加坡国立大学（22）、北京大学（27）、清华大学（30）、香港大学（40）、香港科技大学（44）、东京大学（46）
2019 年 THE 世界大学排名中位于前 50 名的亚洲区域高校	清华大学（22）、新加坡国立大学（23）、北京大学（31）、香港大学（36）、香港科技大学（41）、东京大学（42）

表 6.5　2014—2019 年 QS 世界大学排名中位于前 50 名的亚洲区域高校

2014 年 QS 世界大学排名中位于前 50 名的亚洲区域高校	新加坡国立大学（24）、香港大学（26）、东京大学（32）、香港科技大学（34）、京都大学（35）、首尔大学（35）、香港中文大学（39）、南洋理工大学（41）、北京大学（46）、清华大学（48）
2015 年 QS 世界大学排名中位于前 50 名的亚洲区域高校	新加坡国立大学（22）、香港大学（28）、东京大学（31）、首尔大学（31）、京都大学（36）、南洋理工大学（39）、香港科技大学（40）、香港中文大学（46）、清华大学（47）
2016 年 QS 世界大学排名中位于前 50 名的亚洲区域高校	新加坡国立大学（12）、南洋理工大学（13）、清华大学（25）、香港科技大学（28）、香港大学（30）、首尔大学（36）、京都大学（38）、东京大学（39）、北京大学（41）、韩国科学技术院（43）
2017 年 QS 世界大学排名中位于前 50 名的亚洲区域高校	新加坡国立大学（12）、南洋理工大学（13）、清华大学（24）、香港大学（27）、东京大学（34）、首尔大学（35）、香港科技大学（36）、京都大学（37）、北京大学（39）、复旦大学（43）、香港中文大学（44）、韩国科学技术院（46）
2018 年 QS 世界大学排名中位于前 50 名的亚洲区域高校	南洋理工大学（11）、新加坡国立大学（15）、清华大学（25）、香港大学（26）、东京大学（28）、香港科技大学（30）、京都大学（36）、首尔大学（36）、北京大学（38）、复旦大学（40）、韩国科学技术院（41）、香港中文大学（46）、香港城市大学（49）
2019 年 QS 世界大学排名中位于前 50 名的亚洲区域高校	新加坡国立大学（11）、南洋理工大学（12）、清华大学（17）、东京大学（23）、香港大学（25）、北京大学（30）、京都大学（35）、首尔大学（36）、香港科技大学（37）、韩国科学技术院（40）、复旦大学（44）、香港中文大学（49）

三、中国高水平大学[1]的界定与筛选

与欧美相比，中国高等教育相对落后，能进入 THE 和 QS 两项排名

---

1 本书所涉及的中国高水平大学主要指中国大陆地区的高水平大学，不涉及中国港、澳、台地区的高水平大学。

前 200 名的高校屈指可数。如表 6.6 所示,在 2014 年和 2016 年 THE 世界大学综合排名中,只有北京大学和清华大学进入世界前 200 名;2017 年,中国科学技术大学和复旦大学也开始步入世界前 200 名行列;2018 年后,又有三所高校进入世界前 200 名,分别是南京大学、浙江大学和上海交通大学。在 2014 年到 2019 年 QS 世界大学综合排名中,北京大学、清华大学、中国科学技术大学、复旦大学、南京大学、浙江大学和上海交通大学均位列世界前 200 名。近几年,复旦大学、上海交通大学、浙江大学和中国科学技术大学的排名不断上升,已逐渐跻身至全球前 100 名。

表 6.6　中国大陆进入 THE 和 QS 世界大学综合排名前 200 名的高校

	年份	北京大学	清华大学	中国科学技术大学	复旦大学	南京大学	浙江大学	上海交通大学
THE 世界大学综合排名	2014 年	45	50	—	—	—	—	—
	2015 年	48	49	—	193	—	—	—
	2016 年	42	47	—	—	—	—	—
	2017 年	29	35	153	155	—	—	—
	2018 年	27	30	132	116	169	177	188
	2019 年	31	22	93	104	134	101	189
QS 世界大学综合排名	2014 年	46	48	174	88	175	165	123
	2015 年	57	47	147	71	162	144	104
	2016 年	41	25	113	52	130	110	73
	2017 年	39	24	104	43	115	110	61
	2018 年	38	25	97	40	114	87	62
	2019 年	30	17	98	44	122	68	59

注:"—"表示未进入前 200 名。

北京大学和清华大学作为中国大陆最好的两所高校,在排名上与其他高校相比,有明显优势,且两校 2019 年的名次相比于 2014 年有较大的进步。无论在 THE 还是 QS 世界大学综合排名中,清华大学名次进步更为明显。近两年来北京大学、清华大学、复旦大学、上海交通大学、

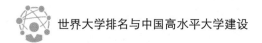

浙江大学、中国科学技术大学、南京大学都已进入世界前 200 名行列。这 7 所高校均属于 C9 高校。与这些高校相比，哈尔滨工业大学和西安交通大学这两所 C9 高校差距较大，在 QS 世界综合大学排名中基本位于 300 名以后，在 THE 世界大学综合排名中基本位于 501～600 名。有鉴于此，本书主要选取北京大学、清华大学、复旦大学、上海交通大学、浙江大学、中国科学技术大学和南京大学作为中国高水平大学的代表，通过对比这 7 所学校和亚洲区域一流大学及世界一流大学在 THE 和 QS 世界综合大学排名的各项指标得分情况，来分析中国高水平大学与世界一流大学相比的优势和劣势。

第二节　北京大学、清华大学与亚洲区域一流大学的比较分析

依照前文的界定和筛选，本节以北京大学、清华大学、香港大学、新加坡国立大学和东京大学共 5 所高校作为亚洲区域一流大学的代表，以香港大学、新加坡国立大学和东京大学作为参考对象，分别通过 THE 和 QS 世界大学综合排名数据，分析北京大学和清华大学在总体表现和各项指标方面的优劣情况。

一、基于 THE 世界大学综合排名的北京大学、清华大学与亚洲区域一流大学的比较分析（见表 6.7 和图 6-1）

表 6.7　THE 排名中北京大学、清华大学与亚洲区域一流大学得分对比

学校	总分	教育教学环境 30%	科学研究能力 30%	学术影响力 30%	国际化 7.5%	产业收入 2.5%	总分	教育教学环境 30%	科学研究能力 30%	学术影响力 30%	国际化 7.5%	产业收入 2.5%
						2014 年						2015 年
北京大学	65	72.3	58.1	62.8	60.6	99.9	65.2	70	61.9	63.7	53.7	100
清华大学	63.5	66.8	65.9	59.9	42.6	99.9	65.1	64.1	68.3	65	44.6	99.7
香港大学	65.3	61.6	69.9	61.5	80.3	56.9	67.5	62.1	72.6	65.1	81.9	56
东京大学	76.4	84.7	88	69.8	29.6	56.7	76.1	81.4	85.1	74.7	32.4	51.2
新加坡国立大学	72.4	68	77.8	66.4	94.3	64.3	73.3	72	78.1	66	94.9	53.4

续表

学校	总分	教育教学环境 30%	科学研究能力 30%	学术影响能力 30%	国际化 7.5%	产业收入 2.5%	总分	教育教学环境 30%	科学研究能力 30%	学术影响能力 30%	国际化 7.5%	产业收入 2.5%
	2016 年						**2017 年**					
北京大学	72	77.8	72.4	69.1	49.2	100	77.2	84.6	80.3	71.6	50.3	100
清华大学	70	73.3	83	58.8	39.5	100	76.2	78.9	89.6	67.4	39.4	99.7
香港大学	71	64.6	72.8	70.1	99.5	53.7	73	66.5	74.5	73.2	99.4	52.9
东京大学	71.1	81.4	83	60.9	30.3	50.8	74.1	83.4	89.2	62.4	30.6	53.4
新加坡国立大学	79.2	71.7	84.5	79.4	96.2	49.8	81.7	76.7	86.9	79.7	96	61.3
	2018 年						**2019 年**					
北京大学	79.2	83	85.1	74.2	53	100	79.3	88.8	80.4	76.7	57.5	48.3
清华大学	79	80.2	93.2	71.4	41	99.8	82.9	87.7	94.1	74.8	45.8	99.8
香港大学	75.1	68.8	77.9	74.2	99.5	54	76.3	72.6	78.4	73.7	99.7	56.5
东京大学	72.2	79.5	85.2	63.7	32.2	52.7	74.1	84	87.2	61.3	35.9	67.2
新加坡国立大学	82.8	77.4	88.2	81.3	95.8	61.9	82.4	77.3	88.8	78.9	95.5	67.6

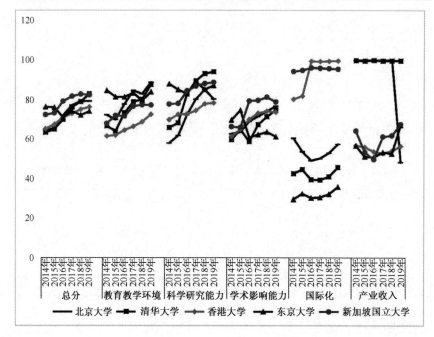

图 6-1 基于 THE 排名的北京大学、清华大学与亚洲区域一流大学的比较分析

如表 6.7、图 6-1 所示，从**总分**来看，从 2014 年到 2019 年，北京大学和清华大学的得分稳步上升，已经逐渐缩小与亚洲区域一流大学的差距，甚至出现了领先的迹象。具体而言，北京大学从 2014 年的 65 分上升到 2019 年的 79.3 分，上升了 14.3 分，排名也从亚洲区域的第四名提高到第三名；清华大学从 2014 年的 63.5 分上升到 2019 年的 82.9 分，提高了 19.4 分，在 5 所高校中增幅最大，排名也从第五名提高到第一名，进步非常明显。

在**教育教学环境**方面，北京大学和清华大学表现尤为突出。近六年来，北京大学和清华大学两所高校的教育教学环境得分大体上逐渐上升，在 2019 年占据了亚洲区域前两名；尤其是北京大学，自 2017 年起在 5 所高校的榜首位置连续保持了三年。而总分一直靠前的新加坡国立大学的教育教学环境得分的排名却一直居于五校靠后位置。也就是说，从 THE 大学排名来看，北京大学和清华大学的教育教学环境在亚洲区域已经处于领先水平。

在**科学研究能力**方面，与教育教学环境相似，北京大学和清华大学得分大体上逐渐上升，增幅较大；尤其是清华大学，从 2014 年的 65.9 分增加到 2019 年的 94.1 分，在亚洲区域的排名也从第四名上升到第一名，并且从 2017 年开始连续三年位居五校第一名。北京大学进步也较为明显，但在 2019 年没能保持住上升态势，相较 2018 年出现了小幅下降。整体而言，北京大学和清华大学在科学研究能力方面已经处于亚洲一流水平。

在**学术影响力**方面，从 2014 年到 2019 年，北京大学、清华大学、香港大学和新加坡国立大学得分呈上升趋势，彼此间得分差距较小，只有东京大学从 2014 年的 69.8 分下降到 2019 年的 61.3 分，排名也从亚洲区域第一名降到第五名。北京大学和清华大学由 2014 年的第三名和第五名分别升至 2019 年的第二名和第三名，并具有继续赶超的态势。

在**国际化**方面，北京大学和清华大学与亚洲领先的香港大学和新加坡国立大学相比有一定的差距。近六年来，北京大学和清华大学一直分别处于第三和第四的位置。2019 年，香港大学在国际化得分上为 99.7 分，新加坡国立大学紧随其后，为 95.5 分；而北京大学和清华大学分别仅为 57.5 分和 45.8 分，与前两位的差距较为明显。在国际化方面，北京大学和清华大学还需要进一步努力。

从**产业收入**方面来看，除了 2019 年，北京大学和清华大学的产业收入得分不相上下，均接近 100 分，且远远超过其他三校[1]。但需要注意的是，北京大学 2019 年的产业收入得分骤降，其在 5 校间的排名也由榜首降至最末位。在其他 3 所高校中，东京大学和新加坡国立大学得分均低于 70 分，香港大学得分更低，从未高于 60 分。由此可知，北京大学和清华大学在产业收入方面的表现在亚洲处于领先地位。

---

1 这可能与该指标对各国（地区）货币采用购买力平价方式计算有关。

二、基于 QS 世界大学综合排名的北京大学、清华大学与亚洲区域一流大学的比较分析（见表 6.8 和图 6-2）

表 6.8　QS 排名的北京大学、清华大学与亚洲区域一流大学得分对比

	总分	学术声誉40%	雇主声誉10%	师生比20%	师均引用20%	国际教师比例5%	国际学生比例5%	总分	学术声誉40%	雇主声誉10%	师生比20%	师均引用20%	国际教师比例5%	国际学生比例5%
学校	**2014年**							**2015年**						
北京大学	80.0	99.8	98.8	79	46.5	64.5	32.1	78.8	99.9	99.6	82	46.4	35.8	24.7
清华大学	79.7	99.3	99.1	88.6	38.3	48.7	38.9	81.3	99.6	99.6	88.5	46.1	50	37.9
香港大学	88.6	99.4	93.1	94.7	51.7	100	98.7	88.8	99.3	96.7	89.1	57.2	100	98.4
东京大学	85.7	100	99.3	91.4	76.3	11.1	27.3	86.7	100	99.8	91.3	81.6	11.9	26.4
新加坡国立大学	89.4	100	99.9	89.1	57.3	100	96.6	91.1	100	100	92.1	63.8	100	94.9
	2016 年							**2017 年**						
北京大学	83.7	99.9	99.8	73	70.8	50.5	45.2	81.3	99.8	99.8	66.4	64.8	53.6	49.6
清华大学	88.5	99.6	99.5	87.5	84.2	47.8	36.1	86	99	99.2	85.6	79.5	43.3	28.1
香港大学	87.8	99.5	97.4	84.5	56.3	100	98.6	85.4	98.9	93.8	84.0	47.3	100	99.3
东京大学	84.8	100	99.9	96.3	64.9	22.4	25.9	82.6	100	99.6	92.2	64.4	9.8	19.8
新加坡国立大学	94.2	100	100	92.9	78.9	100	92.5	91.5	100	100	88.1	70.9	100	90.8
	2018 年							**2019 年**						
北京大学	80.8	99.8	99.9	66.6	61.7	52.8	48.5	82.6	99	99.8	64	69.4	68.2	53.8
清华大学	85.6	99.2	99.6	86.7	75.3	42.1	25.6	87.2	97	99.4	91.5	77.4	60.6	29.2
香港大学	85.5	99.1	93.4	85.3	46.3	100	99.4	84.3	96.7	83.7	88.1	47.1	100	99.4
东京大学	84.8	100	99.8	92.6	73.3	9.7	20.2	85.3	100	99.5	94.2	72.2	12.3	25.5
新加坡国立大学	90.5	100	99.9	88.8	66.2	100	86.1	92	99.8	99.1	91.8	72.8	100	80.7

　　如表 6.8、图 6-2 所示，在**总分**方面，北京大学和清华大学在 QS 世界大学综合排名中一直处于追赶状态，但与其他高校的差距逐渐缩小，并出现赶超态势。2014 年，北京大学和清华大学为 5 所高校的最后两名；而 2016 年，清华大学总分首次超越了香港大学和东京大学，之

后一直名列亚洲区域第二。北京大学尽管大多处于最后一位，但与其他高校的分数差距也在逐渐缩小。总体而言，从 QS 世界大学综合排名来看，以北京大学和清华大学为代表的中国高水平大学与亚洲区域一流大学的差距正在缩小。

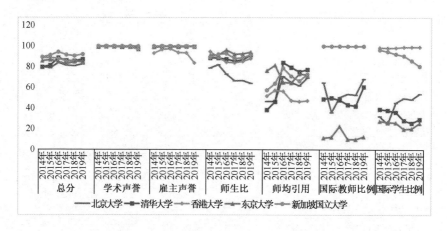

图 6-2　基于 QS 排名的北京大学、清华大学与亚洲区域一流大学的比较分析

在**学术声誉**和**雇主声誉**方面，北京大学和清华大学与亚洲区域一流大学之间并无明显差距。从 2014 年到 2019 年，北京大学和清华大学在学术声誉和雇主声誉方面的得分均在 97 分以上，较为稳定，在亚洲区域处于一流水平。香港大学在学术声誉得分上呈现下降趋势，在雇主声誉得分方面也落后于其他 4 所高校。

在**师生比**方面，北京大学和清华大学呈现出不同的变化趋势。北京大学的师生比得分呈下降趋势，从 2014 年的 79 分下降到 2019 年 64 分，且北京大学的排名一直处于五校中的末位。而清华大学的师生比得分呈波动上升趋势，从 2014 年的 88.6 分增加至 2019 年的 91.5 分。与清华大学相比，北京大学还需要进一步加强师生比方面的工作，以缩小与其他 4 所高校的差距。

在**师均引用**方面，北京大学和清华大学均呈现明显的上升趋势，与亚洲区域一流大学的差距迅速减小，且开始居于领先地位。清华大学从2014年的38.3分增长到2019年的77.4分，增幅为39.1分，排名也从五校中的末位提高到第一位，从2016年开始连续四年位列第一。与此同时，北京大学在师均引用得分上也从2014年的46.5分上升到2019年的69.4分，虽然在得分和排名上的增幅上没有清华大学明显，但也取得了较大的进步，且与其他高校的差距并不大。反观2019年香港大学的师均引用得分仅为47.1分，与其他4所高校差距较大。

在**国际教师比例**方面，香港大学和新加坡国立大学近六年的得分均为100分，遥遥领先于其他3所高校。2019年，北京大学和清华大学的国际教师比例得分分别为68.2分和60.6分，分别排在第三名和第四名，与前两名相差较大。排在末位的是东京大学，2019年的得分仅为12.3分，而且近六年的排名均处于第五名。虽然与2014年的国际教师比例得分相比，北京大学和清华大学2019年的得分有所上升，但上升幅度并不大，与香港大学和新加坡国立大学还存在较大的差距，需进一步加强与提高。

在**国际学生比例**方面，与国际教师比例的情况相似，香港大学和新加坡国立大学在得分上处于亚洲区域前两位。其中，香港大学一直处于领先位置，得分稳定在99分左右；而新加坡国立大学则呈逐年下降趋势，从2014年的96.6分下降到2019年的80.7分。2019年，北京大学和清华大学排在第三名和第四位名，但不同的是北京大学得分呈上升趋势，从2014年的32.1分提高到2019年的53.8分；而清华大学得分呈下降趋势，从2014年的38.9分降至2019年的29.2分。北京大学和清华大学在国际学生方面，与香港大学和新加坡国立大学还有一定的距离。

第三节　中国高水平大学与世界一流大学的比较分析

本节以 2014—2019 年分别在 THE 和 QS 世界大学综合排名中一直名列前 20 名的大学作为稳定的世界一流大学，以北京大学、清华大学、复旦大学、上海交通大学、浙江大学、中国科学技术大学、南京大学这七所大学作为中国大陆高水平大学的代表，基于这两项排名中的总分及各项评价指标得分，将中国高水平大学与世界一流大学进行比较分析。

一、基于 THE 大学综合排名的中国高水平大学与世界一流大学的比较分析（见表 6.9 和图 6-3）

表 6.9　THE 世界大学排名的中国高水平大学与世界一流大学得分对比

学校	总分	教育教学环境 30%	科学研究能力 30%	学术影响力 30%	国际化 7.5%	产业收入 2.5%	总分	教育教学环境 30%	科学研究能力 30%	学术影响力 30%	国际化 7.5%	产业收入 2.5%
	2014 年						**2015 年**					
宾夕法尼亚大学	81	79.8	81.2	95	40.6	45.2	81	79	82	94.4	43.8	43
帝国理工学院	87.5	84.5	88.1	90	91.8	72.3	87.5	84.6	88.3	89.4	92.7	72.7
哥伦比亚大学	85.2	86.6	79.1	95.6	68	—	84.4	83.9	79.4	95.3	68.3	—
哈佛大学	93.9	95.3	98.5	99.1	66.2	40.6	93.3	92.9	98.6	98.9	67.6	44
加州大学伯克利分校	89.8	83.2	97.5	99.3	57.3	59.5	89.5	84.2	96.7	99.1	58.5	44.8

续表

学校	总分	教育教学环境 30%	科学研究能力 30%	学术影响力 30%	国际化 7.5%	产业收入 2.5%	总分	教育教学环境 30%	科学研究能力 30%	学术影响力 30%	国际化 7.5%	产业收入 2.5%
加州大学洛杉矶分校	86.3	84.8	91	95.6	46.4	—	85.5	82.4	90.5	95.3	49.2	—
加州理工学院	94.9	94.4	98.2	99.8	65.8	91.2	94.3	92.2	98.1	99.7	67	89.1
剑桥大学	92.3	90.6	95.3	95.7	86.7	52.8	92	89.7	95.6	95.2	87.8	51.1
康奈尔大学	79.1	72.1	83.8	90.8	55.6	35.8	79.4	71.6	83.8	91.5	59	33.7
麻省理工学院	93	92.9	89	100	82	94.3	91.9	89.1	88.2	100	84.3	95.7
牛津大学	93.9	89	98.5	95.4	90.2	90.3	93.2	88.6	97.7	95.5	90.7	72.9
普林斯顿大学	92.7	89.9	97.6	99.7	59.6	80.5	90.9	86.6	94.7	99.6	61.2	82.7
瑞士联邦理工学院	84.5	77.6	88.2	85	96.7	78.8	84.6	78.2	90.2	83.5	96.6	73.2
斯坦福大学	93.8	94.7	96.8	99.1	68	61.3	92.9	91.5	96.7	99.1	69	63.1
耶鲁大学	87.4	89.5	90.5	93.5	57.6	38.7	87.5	88.5	90.8	94	59.8	42
约翰斯·霍普金斯大学	83.7	75.7	85.1	95	59.3	100	83	75.6	84.2	93.6	59.7	100
芝加哥大学	87.8	85.6	88.2	98	58.6	—	87.1	83.9	89.9	97.3	65.2	36.8
以上大学平均得分	88.6	86.2	91	95.7	67.7	67.2	88.1	84.9	90.9	95.4	69.4	63
北京大学	65	72.3	58.1	62.8	60.6	99.9	65.2	70	61.9	63.7	53.7	100
清华大学	63.5	66.8	65.9	59.9	42.6	99.9	65.1	64.1	68.3	65	44.6	99.7
中国科学技术大学	44	38.7	26.1	69.6	25.8	69.4	45.1	36.9	27.3	73.6	26.3	71.6
复旦大学	42.3	41.6	31.9	54.1	37.9	46.7	46.2	45.6	34	61	37.4	49.4
南京大学	38.9	36.8	23.2	52.6	50.8	51.8	40.3	34.6	23.3	59.6	50.2	51.7
浙江大学	35.3	35.9	32.1	36.5	21	94.5	36.6	36	33.1	40.2	21.5	88.6
上海交通大学	33.6	35.7	31.8	32.3	22.8	79.2	38.4	37.9	37.9	38.9	23.9	88.4
我国高水平大学平均得分	46.1	46.8	38.4	52.5	37.4	77.3	48.1	46.4	40.8	57.4	36.8	78.5
	2016 年						2017 年					
宾夕法尼亚大学	85.2	82	86.9	98.6	49.5	47.9	87.1	85.9	88.9	98.6	50.1	49.9
帝国理工学院	89.1	83.3	88.5	96.7	96	53.7	90	86.4	86.6	97.3	96.5	67.5
哥伦比亚大学	86.1	85.9	82.2	98.1	73.5	—	86.1	86.9	78.9	98.6	75.3	44.9
哈佛大学	91.6	83.6	99	99.8	77.2	45.2	92.7	87.5	98.3	99.7	77.9	47.3
加州大学伯克利分校	87.2	80.4	91.1	99.7	61.9	47.9	88.9	82.4	96.1	99.8	59.6	37.6
加州大学洛杉矶分校	85.8	80.8	88.6	98.5	56.4	47.9	86.6	82.9	89	98.4	58	47.1
加州理工学院	95.2	95.6	97.6	99.8	64	产业	94.3	95.5	95.7	99.8	63.4	90.8
剑桥大学	92.8	88.2	96.7	97	91.5	55	93.6	90.6	97.2	96.8	92.4	50.4
康奈尔大学	84	77.9	86.1	97.2	63.9	33.7	84.6	79.7	86.5	97.2	62.2	36
麻省理工学院	92	89.4	88.6	99.7	84	95.4	93.4	90.3	92.3	99.9	85.6	88.4

续表

学校	总分	教育教学环境 30%	科学研究能力 30%	学术影响力 30%	国际化 7.5%	产业收入 2.5%	总分	教育教学环境 30%	科学研究能力 30%	学术影响力 30%	国际化 7.5%	产业收入 2.5%
牛津大学	94.2	86.5	98.9	98.8	94.4	73.1	95	89.6	99.1	99.2	94.5	62.5
普林斯顿大学	90.1	85.1	91.9	99.3	78.5	52.1	90.2	89.5	88.4	99.2	77.2	49.9
瑞士联邦理工学院	88.3	77	95	91.1	97.9	80	89.3	81.5	93.7	92.5	98.1	63.7
斯坦福大学	93.9	92.5	96.2	99.9	76.3	63.3	93.8	92.6	95.9	99.9	76.5	60.9
耶鲁大学	87.4	86.5	87.8	97.2	64.3	43.3	88.2	88.5	87.8	97.8	64.3	44.5
约翰斯·霍普金斯大学	87.6	77.6	90.4	98.2	70	100	85.9	77.4	84.3	98.4	71.1	100
芝加哥大学	87.9	85.7	88.9	99.2	65	36.6	88.9	88.1	89.1	99.1	67.8	37.7
以上大学平均得分	89.3	84.6	91.4	98.2	74.4	60.8	89.9	86.8	91	98.4	74.7	57.6
北京大学	72	77.8	72.4	69.1	49.2	100	77.2	84.6	80.3	71.6	50.3	100
清华大学	70	73.3	83	58.8	39.5	100	76.2	78.9	89.6	67.4	39.4	99.7
中国科学技术大学	48.8	46.7	36.6	67.2	21.4	80.3	54.7	51.8	43.4	74.7	24.2	77.6
复旦大学	44.5	44.7	30.4	61.1	38.6	28	54.6	55.3	47	65.7	37.5	53.2
南京大学	42.3	37.2	32.2	54.2	50.4	58.6	47.7	41.7	36.9	61.5	51.4	73.9
浙江大学	41.8	44.3	46	36.1	19.6	96.2	49	51.7	54.2	44.5	22	89.2
上海交通大学	39.5	37.8	45.2	34	27.5	92.9	49.4	51.9	56.5	41.5	29.3	90.5
我国高水平大学平均得分	51.3	51.7	49.4	54.4	35.2	79.4	58.4	59.4	58.3	61	36.3	83.4
	2018 年						2019 年					
宾夕法尼亚大学	87.7	83.7	90.1	98.5	61.3	56.9	89	87.4	89.2	98.4	63.6	70.3
帝国理工学院	89.2	81.7	88.7	96.7	96.6	71.6	90.3	85.8	87.7	97.8	97.1	67.3
哥伦比亚大学	86	82.2	83.3	98	76.6	41.3	87.2	85.4	83.1	98.8	79	44.8
哈佛大学	91.8	84.2	98.4	99.7	79.7	46.4	93.6	90.1	98.4	99.6	79.7	48.7
加州大学伯克利分校	84.3	77.4	84.5	99.8	64.5	37.5	87.7	78.7	92.3	99.7	69.8	49.3
加州大学洛杉矶分校	85.7	80.7	88.1	97.9	59.5	48.6	86.4	82.6	87.9	97.8	62.1	49.4
加州理工学院	93	90.8	97.5	99.5	59.7	92.6	94.1	94.5	97.2	99.2	62.3	88.2
剑桥大学	93.2	87.8	97.8	97.5	93	51.5	94.8	92.1	98.8	97.1	94.3	52.9
康奈尔大学	84.2	76.2	86.6	97.6	69.2	34.6	85.1	79.7	85.4	97.4	71.8	36.9
麻省理工学院	92.5	87.3	91.9	100	87.6	88.4	94.2	91.9	92.7	99.9	89	87.6
牛津大学	94.3	86.7	99.5	99.1	95	63.7	96	91.8	99.5	99.1	96.3	67
普林斯顿大学	91.1	85.7	93.9	99.6	78.7	58	92.3	89.9	93.6	99.4	80.1	57.3
瑞士联邦理工学院	87.7	76.4	92	94.3	98.1	60.3	89.3	83.3	91.4	93.8	98.2	56.1
斯坦福大学	93	89.1	96.7	99.9	77.6	60.5	94.7	93.6	96.8	99.9	79.3	64.6
耶鲁大学	87.6	86.7	87	98.4	64.6	45.1	91.3	91.6	93.5	97.8	68.3	51.5

续表

学校	总分	教育教学环境 30%	科学研究能力 30%	学术影响力 30%	国际化 7.5%	产业收入 2.5%	总分	教育教学环境 30%	科学研究能力 30%	学术影响力 30%	国际化 7.5%	产业收入 2.5%
约翰斯·霍普金斯大学	86.5	76.1	88.1	98.4	70.6	95.8	89	81.9	90.5	98.5	71.9	95.5
芝加哥大学	88.6	85.3	90.1	99.4	69.6	39.8	90.2	90.2	90.1	99	70.9	41.4
以上大学平均得分	89.2	83.4	91.4	98.5	76.6	58.4	90.9	87.7	92.2	98.4	78.5	60.5
北京大学	79.2	83	85.1	74.2	53	100	79.3	88.8	80.4	76.7	57.5	48.3
清华大学	79	80.2	93.2	71.4	41	99.8	82.9	87.7	94.1	74.8	45.8	99.8
中国科学技术大学	57.7	52.7	49.1	76.9	27.9	81.7	62.9	62.3	54.7	77.1	32.2	89.2
复旦大学	58.9	59.5	57.5	65.1	38.7	53	61.4	63.7	57.2	68.9	42.2	50.2
南京大学	54.5	49.6	47	64.9	54.4	77.8	58.4	54.4	47.5	71.7	56.1	84
浙江大学	53.9	57	63.7	45.1	25.2	89.4	62.2	69.4	68.4	47.9	53.3	100
上海交通大学	52.8	53.5	62.5	44.1	33.4	88.9	54.1	60.2	54.8	46.2	49.9	78.5
我国高水平大学平均得分	62.3	62.2	65.4	63.1	39.1	84.4	65.9	69.5	65.3	66.2	48.1	78.6

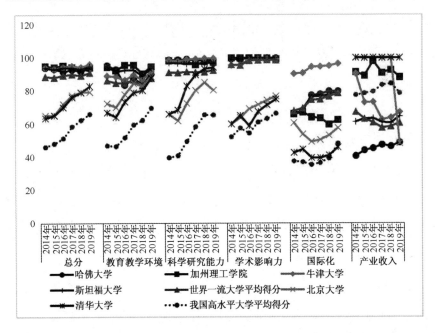

图 6-3　基于 THE 排名的中国高水平大学与世界一流大学的比较

如表 6.9 和图 6-3 所示，在**总分**方面，中国高水平大学与世界一流大学还存在较大的差距。从平均水平上看，2019 年，我国高水平大学平均得分为 65.9 分，与世界一流大学的平均得分（90.9 分）相差 25 分。分学校来看，2019 年，在中国高水平大学中清华大学总分最高（82.9 分），但仍低于所有世界一流大学；其次是北京大学（79.3 分），而其他 5 所高校的得分均低于 70 分，得分最低的上海交通大学只有 54.1 分，与世界一流大学之间的差距仍较为明显。尽管如此，值得肯定的是，从 2014 年到 2019 年，随着国家对高等教育的愈加重视和经费投入的逐步增加，中国高水平大学得分呈现稳步增加趋势，总分平均分从 2014 年的 46.1 分增长至 2019 年的 65.9 分，涨幅约为 43%，与世界一流大学平均水平的差距由 2014 年的 42.5 分减小至 2019 年的 25 分。

在**教育教学环境**方面，中国高水平大学与世界一流大学之间的差距也较为明显。2019 年，中国高水平大学的平均得分为 69.5 分，与世界一流大学的平均水平（87.7 分）相差 18.2 分。但是近六年来，中国高水平大学在教育教学环境方面取得了较大的进步，从 2014 年的 46.8 分提升至 2019 年的 69.5 分，与世界一流大学之间的差距也由 39.4 分缩小至 18.2 分。此外，值得关注的是，作为中国高校的"领头羊"，北京大学和清华大学在教育教学环境方面已经达到了世界一流大学的水平：2019 年，北京大学得分已经达到了 88.8 分；清华大学紧随其后，为 87.7 分，均已达到世界一流大学的平均水平（87.7 分）。

在**科学研究能力**方面，2019 年中国高水平大学平均得分为 65.3 分，与世界一流大学平均得分（92.2 分）相差 26.9 分，中国高校科研能力与世界一流大学相比还存在较大的不足。但值得一提的是，清华大学在科学研究方面表现尤为突出，2019 年为 94.1 分，高于世界一流大学的平均得分（92.2 分），明显领先于国内其他高校。尽管 2019 年中国高水平大学在科学研究能力方面的得分在五项指标中仅列倒数第二，但近六年来，中国高水平大学在科学研究能力得分上的增幅是最大的，从 2014 年的 38.4 分上升到 2019 年的 65.3 分，涨了将近 27 分。这表明近些年来，国家不断增加科研投入，中国高水平大学也非常重视提高科学研究能力，这些措施取得了一定成效，中国高水平大学的科学研究能力也得到了较为明显的提高。

学术影响力是中国高水平大学与世界一流大学差距最大的一项指标。2019 年，中国高水平大学学术影响力平均得分为 66.2 分，而世界一流大学的平均得分为 98.4 分，相差 32.2 分，这一差距为各个指标之最。2019 年在中国高水平大学中，学术影响力得分最高的是中国科学技术大学，为 77.1 分，与世界一流大学平均得分相差 20 多分；得分最低的是上海交通大学，为 46.2 分，与世界一流大学平均得分相差 50 多分。由此可见，中国高水平大学在学术影响力方面与世界一流大学差距甚大，学术影响力是中国高校的一个普遍短板，需要重点加强。

国际化是中国高水平大学平均得分最低的指标，2019 年仅有 48.1 分，与世界一流大学平均得分（78.5 分）相差 30 分左右，差距仅次于学术影响力指标。2019 年，在中国高水平大学中，北京大学的国际化得分最高，为 57.5 分；其次为南京大学，56.1 分；最低的是中国科学技术大学，仅有 32.2 分。从变化趋势上看，近六年来中国高水平大学的国际化平均得分也只是从 2014 年的 37.4 分增加到 2019 年的 48.1 分，只增加了 10 分左右，与其他指标相比增幅相对较小。因此，中国高水平大学需要在国际化方面投入更多，通过增加国际教师和国际学生比例等方式提高国际化水平。

产业收入是中国高水平大学表现最好的一项指标，平均而言，中国高水平大学在这一方面的得分高于世界一流大学。2019 年，中国高水平大学产业收入平均得分为 78.6 分，比世界一流大学平均得分（60.5 分）高出约 18 分，浙江大学更是得到了最高分 100 分，清华大学也接近满分（99.8 分）。而 2014 年到 2018 年产业收入这一指标几乎均为满分的北京大学，在 2019 年仅为 48.3 分，在中国高水平大学中得分最低，下降幅度非常明显。

二、基于 QS 世界大学综合排名的中国高水平大学与世界一流大学的比较分析（见表 6.10 和图 6-4）

表 6.10　QS 世界大学排名的中国高水平大学与世界一流大学得分对比[1]

学校	总分	学术声誉 40%	雇主声誉 10%	师生比 20%	师均引用 20%	国际教师比例 5%	国际学生比例 5%	总分	学术声誉 40%	雇主声誉 10%	师生比 20%	师均引用 20%	国际教师比例 5%	国际学生比例 5%
					2014 年						**2015 年**			
宾夕法尼亚大学	93.8	98.4	93.8	99.9	92.7	55	69.8	94.5	98.5	96.8	99.9	95.9	54.4	67.3
帝国理工学院	98.8	99.9	100	99.8	92.5	99.9	99.9	99.4	99.9	100	99.8	96.2	100	99.7
哈佛大学	99.2	100	100	99.3	100	94.1	85.3	99.3	100	100	99.7	100	98.1	83.8
加州理工学院	96.1	99.6	69.2	100	100	92.2	87.7	97.1	99.6	82.3	100	100	90.9	86
剑桥大学	99	100	100	99.6	95.8	95.5	96	99.4	100	100	99.9	97.9	95.6	96.5
康奈尔大学	92.5	99.8	97.8	75.1	99.2	87.8	64.6	92.6	99.7	96.4	75.2	99.7	92.6	65.6
伦敦大学学院	98.9	99.9	98.7	98.9	95.6	96.5	100	99.2	99.9	99.4	99	97.4	96.8	100
麻省理工学院	100	100	100	100	99.7	97.6	96.3	100	100	100	100	99.8	95.6	
牛津大学	98.7	100	100	100	93.1	97.7	96.7	99.2	100	100	100	96.6	98.4	95
普林斯顿大学	96.1	100	95.1	96.3	98.8	76.3	68.8	96.6	100	97.7	98.4	99.5	74.2	66.6
瑞士联邦理工学院	94.3	99.9	97.9	76.5	94.9	100	98.4	95.3	99.9	98.6	79.7	97.1	100	98.1
斯坦福大学	96.8	100	100	94.4	100	75.6	76	98.3	100	100	98.5	100	92.6	74.1

---

1 "—"表示数据缺失。

续表

学校	总分	学术声誉 40%	雇主声誉 10%	师生比 20%	师均引用 20%	国际教师比例 5%	国际学生比例 5%	总分	学术声誉 40%	雇主声誉 10%	师生比 20%	师均引用 20%	国际教师比例 5%	国际学生比例 5%
耶鲁大学	96.5	100	100	100	88.8	94.4	72.7	96.5	100	100	100	92.2	93.2	62.7
芝加哥大学	96.2	99.9	94.3	96.2	97.8	78.8	74.9	95.5	99.9	96.7	95.3	99.2	67.8	66.9
以上大学平均得分	96.9	99.8	96.2	95.4	96.4	88.7	84.8	97.4	99.8	97.7	96.1	98	89.6	82.7
北京大学	80	99.8	98.8	79	46.5	64.5	32.1	78.8	99.9	99.6	82	46.4	35.8	24.7
清华大学	79.7	99.3	99.1	88.6	38.3	48.7	38.9	81.3	99.6	99.6	88.5	46.1	50	37.9
中国科学技术大学	55.9	60.4	45.5	60.3	70.9	12.7	2.5	61.2	67.5	57.9	61.9	75.9	12.4	2.4
复旦大学	70.8	92.5	92.9	40.4	64.9	18.3	46.5	75.3	94.7	96.5	51.9	62	40.9	55.9
南京大学	55.7	71.4	55.2	41.1	50.5	41.2	20.1	59.3	77.3	67.7	35.7	55.1	51	16
浙江大学	57.2	72.6	72.9	30	64.4	14.7	20.4	61.9	78.3	81.7	29.2	69.1	33.3	19.2
上海交通大学	63.6	83.6	90.7	41.1	54.9	20.4	12.3	69.1	87.6	95	48.5	59.6	42.5	12.6
我国高水平大学平均得分	66.1	82.8	79.3	54.4	55.8	31.5	24.7	69.6	86.4	85.4	56.8	59.2	38	24.1
	2016 年							**2017 年**						
宾夕法尼亚大学	91.5	98.8	97.4	100	80.5	52.9	66.6	89	97.4	96.5	100	72.9	51.1	64.2
帝国理工学院	96.1	99.9	100	99.9	79.6	100	100	94.1	99.6	100	100	69.8	100	100
哈佛大学	98.7	100	100	98.6	100	99.9	76	98.3	100	100	98.5	100	100	70.4
加州理工学院	97.9	99.8	89.6	100	100	90.2	85.2	96.9	99.4	80.7	100	100	91.2	87.7
剑桥大学	98.6	100	100	100	93.7	96.2	96.6	97.2	100	100	100	86.5	97.6	97.8
康奈尔大学	91.8	99.9	96.7	73.9	97.1	90.2	66	90.1	99.6	94	68.9	95.9	91.6	66
伦敦大学学院	97.2	99.9	99.8	98.6	88	95.5	99.9	95.6	99.8	99.3	98.7	79.1	99.1	100
麻省理工学院	100	100	100	100	100	100	95.5	100	100	100	99.9	100	100	96.6
牛津大学	97.7	100	100	100	88.9	97.8	96.6	96.8	100	100	100	83.6	98.7	98.2
普林斯顿大学	94.4	100	98.5	92.9	100	47.2	68.2	92.8	100	97.9	81.8	100	65.3	68.7
瑞士联邦理工学院	95.5	99.9	99	78.6	98.8	100	98	94.2	99.6	98.8	73.3	98.3	100	98.8
斯坦福大学	98.6	100	100	99.5	99.9	97.6	72.8	98.7	100	100	100	99.7	99.7	74
耶鲁大学	92.2	100	100	100	71.3	89.9	65.5	90.9	100	99.9	100	65.2	91.1	65
芝加哥大学	94.6	99.9	96.3	93.8	91.5	73.4	81.6	93	99.9	94.1	95.4	88.7	66.5	70.5
以上大学平均得分	96.1	99.9	98.4	95.4	92.1	87.9	83.5	94.8	99.7	97.2	94	88.5	89.4	82.7
北京大学	83.7	99.9	99.8	73	70.8	50.5	45.2	81.3	99.8	99.8	66.4	64.8	53.6	49.6
清华大学	88.5	99.6	99.5	87.5	84.2	47.8	36.1	86	99	99.2	85.6	79.5	43.3	28.1
中国科学技术大学	66.7	72.1	48.7	62.8	97.9	—	—	62.4	63.4	48.2	60.8	97.4	—	—
复旦大学	81.1	94.1	96.9	61.3	81	52.2	49.4	79.4	90.8	95.3	65.6	73.9	66.7	46.5

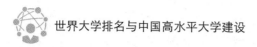

续表

学校	总分	学术声誉 40%	雇主声誉 10%	师生比 20%	师均引用 20%	国际教师比例 5%	国际学生比例 5%	总分	学术声誉 40%	雇主声誉 10%	师生比 20%	师均引用 20%	国际教师比例 5%	国际学生比例 5%
南京大学	64.2	76.7	63.6	—	86.5	38.7	—	59.6	69	57.6	26.6	83.8	59.4	23.1
浙江大学	66.9	80.2	80.1	—	90.3	—	—	61.6	73.2	80.3	27	89	—	—
上海交通大学	75.4	88.8	95.9	47.3	83.8	60.8	—	72.2	87.1	95.7	37.3	80.1	71	—
我国高水平大学平均得分	75.2	87.3	83.5	66.4	84.9	50	43.6	71.8	83.2	82.3	52.8	81.2	58.8	36.8
	2018 年							**2019 年**						
宾夕法尼亚大学	88.7	97.4	94.9	100	67.4	67.1	64.5	86.5	95.4	92.6	100	59.7	72.1	65.2
帝国理工学院	93.7	99.4	100	100	68.7	100	100	93.3	98.7	99.9	99.9	67.8	100	100
哈佛大学	98.4	100	100	98.3	99.9	96.5	75.2	98.5	100	100	99.3	99.8	92.1	75.7
加州理工学院	97.7	99.5	85.4	100	100	93.4	89.2	97.2	98.7	81.2	100	100	96.8	90.3
剑桥大学	95.6	100	100	100	78.3	97.4	97.7	95.6	100	100	100	77.2	99.4	97.9
康奈尔大学	90.7	99.6	93.7	67.4	96.2	92.2	79.2	90.5	98.7	90.5	70.4	95.9	93.3	77
伦敦大学学院	94.6	99.7	99.5	99.1	74.7	96.6	100	92.9	99.3	99.2	99.2	66.2	98.7	100
麻省理工学院	100	100	100	100	99.9	100	96.1	100	100	100	100	99.8	100	95.5
牛津大学	95.3	100	100	100	76.3	98.6	98.5	96.8	100	100	100	83	99.6	98.8
普林斯顿大学	91	100	97.3	70.9	100	67.4	70.8	90.9	99.9	96.7	70.3	100	70.1	69.2
瑞士联邦理工学院	93.3	99.6	99.4	68.2	98.7	100	98.8	95.3	98.2	96.2	82.4	98.7	100	98.6
斯坦福大学	98.7	100	100	100	99.4	99.6	72.7	98.6	100	100	100	99	99.8	70.5
耶鲁大学	90.4	100	99.8	100	63.2	90.7	61.7	89.6	99.9	99.7	100	60.2	86.3	61.2
芝加哥大学	93.5	99.9	92.9	96.5	85.9	71.9	79.8	93.2	99.6	90.7	97.4	83.6	74.2	82.5
以上大学平均得分	94.4	99.7	97.4	92.9	86.3	90.8	84.6	94.2	99.2	96.2	94.2	85.1	91.6	84.5
北京大学	80.8	99.8	99.9	66.6	61.7	52.8	48.5	82.6	99	99.8	64	69.4	68.2	53.8
清华大学	85.6	99.2	99.6	86.7	75.3	42.1	25.6	87.2	97	99.4	91.5	77.4	60.6	29.2
中国科学技术大学	64.9	62.9	57.9	67.6	96.7	—	—	60.8	53.7	35.9	74.2	98.4	15.9	5.9
复旦大学	80.6	91.4	97.1	76.1	63.7	79.5	45.2	77.6	81.8	95.9	84.7	58.6	89.3	39.2
南京大学	60.8	69.5	66.2	—	85.3	69.7	—	55	58.5	41.2	26.2	87.8	75.3	16.3
浙江大学	65.9	74	87.1	37.2	80.2	54.2	25.9	67.5	65.6	85	60.9	69.2	86.9	45.1
上海交通大学	72.5	87	97.4	36.7	81.5	69.2	—	70.4	77.8	96.1	39.4	85	77.4	15.6
我国高水平大学平均得分	73	83.4	86.5	61.8	77.8	61.3	36.3	71.6	76.2	79	63	78	67.7	29.3

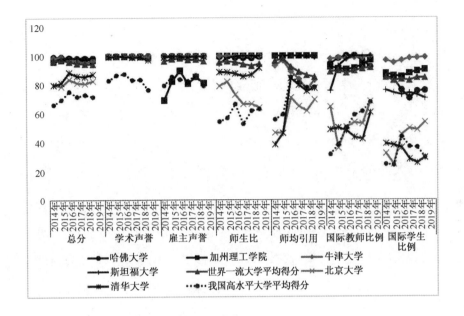

图 6-4　基于 QS 排名的中国高水平大学与世界一流大学的比较

　　如表 6.10 和图 6-4 所示，与 THE 世界大学综合排名反映出来的问题相似，在 QS 世界大学综合排名中，中国高水平大学与世界一流大学的**总分**差距依然非常明显。2019 年，中国高水平大学总分平均得分为71.6 分，与世界一流大学（94.2 分）相差 20 多分。从具体学校来看，清华大学得分最高（87.2 分），其次是北京大学（82.6 分）；而其他 5所学校得分均低于 80 分，南京大学最低只有 55 分，与世界一流大学的平均水平差距较大。从变化趋势来看，世界一流大学的总分平均得分一直比较稳定，而中国高水平大学的总分平均得分呈现出先升后降的趋势，由 2014 年的 66.1 分上升至 2016 年的最高值 75.2 分，之后又下降到2019 年的 71.6 分。为减小差距，中国高水平大学仍需做出更大的努力。

　　学术声誉是中国高水平大学近六年来唯一一个下降幅度较大的指标。2014 年，中国高水平大学的学术声誉平均得分为 82.8 分，而 2019

年为 76.2 分，下降了 6.6 分，与稳定在 99 分左右的世界一流大学平均水平之间的差距拉大。但是，作为中国高水平大学的"领头羊"，北京大学和清华大学在学术声誉方面表现不俗，2019 年得分分别为 99 分和 97 分，达到了世界一流大学的水平。而其他 5 所高校与世界一流大学的平均得分还有较大的差距，尤其是中国科学技术大学，得分仅 53.7 分，差距为 45.5 分。

在**雇主声誉**方面，中国高水平大学近六年的平均得分，远低于世界一流大学平均得分。但分学校来看，中国高水平大学内部之间的得分差异也较为明显。2019 年北京大学得分最高，为 99.8 分；其次是清华大学，为 99.4 分；上海交通大学和复旦大学得分紧随其后，分别为 96.1 分和 95.9 分，上述 4 所大学已经接近或者达到了世界一流大学水平。然而，南京大学和中国科学技术大学在雇主声誉得分方面与上述高校差距较大，仅为 41.2 分和 35.9 分，明显落后于其他高校，也拉低了中国高水平大学的整体水平。

在**师生比**方面，中国高水平大学与世界一流大学的得分相距甚远。2019 年，中国高水平大学的师生比平均得分为 63 分，而世界一流大学的平均得分为 94.2 分，相差 30 分以上。近六年来，中国高水平大学的师生比得分一直存在波动趋势，2016 年达到最高值 66.4 分，随后在 2017 年下降到 52.8 分，之后两年又有所上升。不过，具体到学校而言，2019 年清华大学的师生比得分为 91.5 分，已经接近世界一流大学水平。但其他学校得分相对较低，与世界一流大学还有一定距离。

在**师均引用**方面，中国高水平大学与世界一流大学之间的差距在各指标中最小，且近六年来中国高水平大学的师均引用得分增幅较大。

2014 年，中国高水平大学师均引用的平均得分为 55.8 分，与世界一流大学的平均水平（96.4 分）相差 40.6 分；而 2019 年中国高水平大学这一指标的得分提高至 78 分（与 2014 年相比增加了 22.2 分），与世界一流大学的平均水平（85.1 分）相差 7.1 分。具体到学校来看，2019 年中国科学技术大学、南京大学和上海交通大学 3 所高校的师均引用得分分别为 98.4 分、87.8 分和 85 分，已经达到了世界一流大学的水平。

国际教师比例是近六年来中国高水平大学增幅最大的指标。2014 年中国高水平大学国际教师比例的平均得分仅为 31.5 分，而 2019 年已经达到 67.7 分，增长了 36.2 分。相应地，中国高水平大学与世界一流大学的差距也从 2014 年的 57.2 分缩小到 2019 年的 23.9 分，缩小了 33.3 分。从具体学校来看，2019 年，复旦大学的国际教师比例得分在中国高水平大学中最高，为 89.3 分；其次是浙江大学，为 86.9 分，与世界一流大学较为接近。其他 4 所高校在国际教师比例方面与世界一流大学还存在较大的差距，尤其是中国科学技术大学，仅为 15.9 分。虽然整体而言，中国高水平大学在国际教师比例得分上增幅显著，差距迅速缩小，部分学校也已经达到世界一流大学水平，但多数学校与世界一流大学的差距仍较为明显。

国际学生比例是中国高水平大学与世界一流大学之间差距最大的一个方面。2019 年，中国高水平大学的国际学生比例平均得分仅为 29.3 分，而世界一流大学的平均得分为 84.5 分，二者相差 55 分左右，差距相当悬殊。从变化趋势来看，从 2014 年到 2016 年，中国高水平大学在国际学生比例得分上呈现增长趋势，与世界一流大学之间的差距由 2014 年的 60.1 分缩小到 2016 年的 39.9 分；但之后中国高水平大学的该项平均分却逐年下降，从 2016 年的 43.6 分下降到 2019 年的 29.3 分，

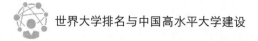

下降了约 14 分，与世界一流大学的差距又拉大到 55.2 分，这样的连续下降趋势值得引起注意。从具体学校来看，2019 年，在中国高水平大学中北京大学和浙江大学的国际学生比例得分相对较高，分别为 53.8 分和 45.1 分；而其他 5 所学校得分均低于 40 分，其中中国科学技术大学只有 5.9 分，这是 2019 年中国高水平大学总体平均得分较低的主要原因。

第四节 中国高水平大学的不足与对策

基于以上比较分析，本节将重点探讨与世界一流大学和亚洲区域一流大学相比，中国高水平大学在国际顶尖研究成果、国际化比例和层次等方面存在的不足，并据此为中国高水平大学提出相应对策。

一、中国高水平大学存在的不足

整体而言，中国高水平大学近年来进步较快，已经基本达到亚洲一流大学水平。在与亚洲区域一流大学的比较中，无论在 THE 还是 QS 世界大学综合排名，北京大学和清华大学均与其他亚洲一流大学不相上下。具体从各项指标得分来看，在 THE 排名中，北京大学和清华大学的教育教学环境、科学研究能力、学术影响力、产业收入等指标均达到了亚洲一流大学水平，但在国际化指标上与香港大学和新加坡国立大学相差甚远。在 QS 排名中，北京大学和清华大学在学术声誉、雇主声誉、师生比、师均引用等指标上达到了亚洲一流大学水平，但在国际教师比例和国际学生比例方面与香港大学和新加坡国立大学存在差距。

虽然中国已有学校跻身亚洲高水平大学之列，但与世界一流大学相比，中国高水平大学仍存在很大差距。差距最大的主要是科学研究能力和国际化指标，尤其是科学研究能力方面差距明显。在 THE 排名中，中国高水平大学除了产业收入指标得分较高，教育教学环境、国际化、科学研究能力、学术影响力等其他指标得分均相对较低。在 QS 排名中，中国高水平大学在师均引用方面与世界一流大学相对接近，但其余各个指标均落后于世界一流大学，尤其是在国际学生比例方面落后幅度较大。

（一）国际化比例和层次较低

纵观世界一流大学，它们的师资和生源来自世界各地，实行全方位、开放式的办学模式。在全球化的背景下，科学、知识、技术、人才的跨国界流动为高校实现跨越式发展提供了有利机会。对中国大学来说，国际化是迈向世界一流大学的必由之路。在 THE 指标体系中，国际化指标占比为 7.5%；而在 QS 指标体系中，国际教师比例和国际学生比例指标各占 5%，均体现了国际化水平不可忽视的重要性。然而从总体上看，中国高水平大学在国际化、国际学生比例和国际教师比例方面水平均较低，即便是北京大学、清华大学最好的两所大学，与世界一流大学相比仍有很大的差距。

从 THE 排名的指标得分来看，无论与亚洲区域一流大学相比，还是与世界一流大学相比，我国高水平大学在国际化方面得分一直不高，即便是中国高水平的代表——北京大学和清华大学也与其他世界一流大学存在较大的差距。2019 年，北京大学和清华大学的国际化得分分别为 57.5 分和 45.8 分，而世界一流大学平均得分为 78.5 分，亚洲区域的香港大学和新加坡国立大学得分均在 95 分以上，差距较为悬殊。QS 排名也体现出相同的情况，在国际学生比例和国际教师比例方面，中国高水平大学与世界一流大学存在较大差距。

此外，中国高水平大学的留学生生源结构也相对单一，大多来自日本、韩国等东亚国家，且集中于人文社科院系，这在一定程度上限制了中国高水平大学的国际化层次。北京大学作为中国大陆国际化程度最高的大学之一，在 2019 年长期在北京大学学习（学习时间在 6 个月以上）的 3448 名留学生中，亚洲留学生为 1823 人，约占北京大学留学生总人数的 53%。其中，日本留学生 266 人，约占北京大学留学生总数的 7.7%；韩国留学生 792 人，约占北京大学留学生总数的 23%。

（二）国际认可的优秀科研成果欠缺

世界一流大学大多是研究型大学，它们拥有大批国际一流的学者、实验室和原创性科研成果，在世界范围内享有很高的学术声望。到目前为止，全球共有 400 余名大学教师获得过诺贝尔奖，他们基本上都来自世界一流大学[1]。在 THE 和 QS 的指标体系中，学术科研能力都占据极大比重。在 THE 指标体系中，代表科研能力和学术成果水平的科学研究能力指标和学术影响力指标各占 30% 的比重；而在 QS 指标体系中，学术声誉占 40%，师均引用占 20%。虽然目前中国高水平大学科研成果的产出较多，但缺少国际认可的优秀科研成果，尤其是顶尖研究成果。

第一，中国高水平大学的科研水平排名指标在亚洲区域已处于一流大学水平，但与世界一流大学仍存在较大差距。

可喜的是，与亚洲区域的一流大学相比，在科研水平方面以北京大学和清华大学为代表的中国高水平大学进步迅速，差距已经缩小，甚至有领先的趋势。在 2019 年 THE 亚洲区域排名中，清华大学在科学研究

---

1 百度百科．"世界一流大学"词条［EB/OL］．［2020-2-20］．http://baike.baidu.com/.

能力方面名列榜首；在学术影响力指标上，清华大学与北京大学分别排在第三位和第二位。在 2019 年 QS 综合排名师均引用指标中，清华大学也已升至第一。从这些指标可以看出，以清华大学和北京大学为代表的中国高水平大学的科研能力在亚洲区域已经处于一流水平。

但与世界一流大学相比，中国高水平大学仍存在着不小的差距。在 THE 排名的科学研究能力和学术影响力两个指标上，中国高水平大学与世界一流大学的差距非常大。以 2019 年为例，中国高水平大学在科学研究能力与学术影响力方面的得分均与世界一流大学相差悬殊。同样，从 QS 指标来看，中国高水平大学在师均引用方面与世界一流大学也存在一定的差距。这些差距充分体现了中国高校的科研环境与氛围仍需改善，论文的数量、质量及影响力还需进一步提升。

但从变化趋势来看，无论在 THE 排名还是在 QS 排名中，中国高水平大学与世界一流大学在科研方面的差距一直在缩小，尤其是北京大学和清华大学这两所高校，它们在科研方面的面貌焕然一新。以 THE 的数据为例，在科学研究能力指标上，中国高水平大学 2019 年的平均得分相较 2014 年增长近 27 分，且清华大学科学研究能力得分为 94.1 分，已经超过了世界一流大学的平均得分（92.2 分）。在学术影响力指标上，中国高水平大学与世界一流大学之间的差距也由 2014 年的 43.2 分缩小到 2019 年的 32.2 分。同样，在 QS 的师均引用指标上，中国高水平大学虽然落后于世界一流大学，但差距由 2014 年的 40.6 分缩小至 2019 年的 7.1 分，进步相当明显。

第二，中国高水平大学的发文量和被引频次与亚洲区域一流大学不相上下，但仍落后于世界一流大学。

学术论文的被引频次能够在一定程度上反映该论文在国际上的影响力和认可程度。同样，一所大学的学术论文发文总量和被引频次总量也能在一定程度上从数量和质量两个方面体现出该大学的科研水平。为了更好地呈现中国高水平大学与亚洲区域一流大学和世界一流大学在科研成果影响力上的差异，本文利用汤森路透 InCites 预置数据模块（Global Comparisons），对中国高水平大学、亚洲区域一流大学及世界一流大学自 1987 年以来被国际公认的反映科学研究水准的数据库——Web of Science 数据库收录的论文数量和收录论文的篇均被引频次进行比较[1]。

北京大学和清华大学被 Web of Science 数据库收录的论文数量近年来增加迅速，已经与亚洲区域其他三所一流大学并驾齐驱，并表现出一定的优势（见图 6-5）。具体而言，自 1987—1991 年至 2012—2016 年的每个五年期间，东京大学被收录的论文数量一直远超其他 4 所大学；2013—2017 年东京大学（55926 篇）仍以微弱优势领先清华大学（55293 篇），继续领跑亚洲五校；2014—2018 年，清华大学被收录论文数量为 59923 篇，首次超过东京大学（56932 篇），跻身五校之首；2015—2019 年，清华大学（62444 篇）以领先第二名 5903 篇的绝对优势继续高居五校榜首，北京大学、东京大学、新加坡国立大学和香港大学则位列第 2～5 名。其中，香港大学被收录的论文数量在进入 21 世纪以后增长缓慢，其论文数量与其他四校的差距逐渐扩大。2015—2019 年香港大学论文数为 26840 篇，远低于排名第四的新加坡国立大学（45819 篇）。

---

1 Web of Science 论文收录数量和篇均被引频次数据收集时间均为 2020 年 2 月 21 日。

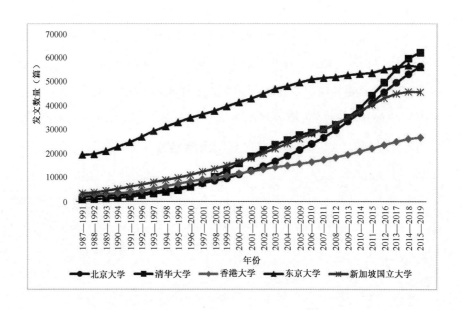

图 6-5 亚洲五校 Web of Science 发文数量

北京大学和清华大学的篇均被引频次在 21 世纪也展现出快速的增长势头，迎头赶上其余三校，并达到亚洲一流水平（见图 6-6）。在 2013—2017 年之前，东京大学的被引频次在五校间最高，这说明在亚洲五所高校中，东京大学不仅论文数量多，而且论文影响力也相对较大。但随着北京大学、清华大学、香港大学和新加坡国立大学篇均被引频次上升速度加快，四校与东京大学之间的差距逐渐缩小。自 2010—2014 年后，新加坡国立大学的论文篇均被引频次（6.95 次）首次超过东京大学（6.94 次），其排名开始领先其他四校并保持至今。北京大学和清华大学虽然落后于新加坡国立大学，但与其他高校差距很小。2015—2019 年，新加坡国立大学以篇均 9.09 次位居榜首，香港大学和清华大学分别以篇均 8.83 次和 8.73 次排名亚洲地区的第二位和第三位，北京大学和东京大学则以篇均 8.17 次和 7.58 次居后两位。

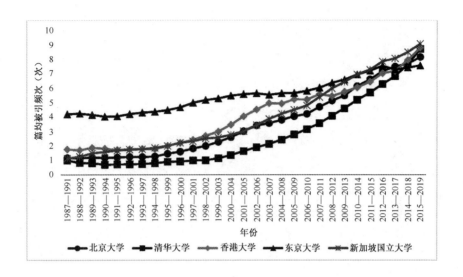

图 6-6　亚洲五校 Web of Science 篇均被引频次

中国高水平大学的论文数量与质量虽然已经可以比肩亚洲区域一流高校，但与世界一流大学相比，仍然存在一定的差距。从被 Web of Science 收录的论文数量来看，2015—2019 年中国高水平大学平均值为51278 篇，远低于世界一流大学的平均值 62856 篇，差距高达 11578 篇（见图 6-7）。这与 1995—1999 年二者 23688 篇的差距相比，已经大大缩小。在中国 7 所高水平大学中，上海交通大学表现最好，发文数量为67344 篇；清华大学位居第二，发文数量为 62444 篇。这两所学校都已超过或接近世界一流大学的平均水平，虽然与哈佛大学的 180077 篇相差较远，与牛津大学的 76705 篇和斯坦福大学的 74394 篇还有一小段距离，但已超过加州理工学院的 20041 篇。

被 Web of Science 收录论文篇均被引频次与收录论文总数表现出类似的变化趋势（见图 6-8）。1995—1999 年，世界一流大学的篇均被引频次（5.97 次）是中国高水平大学篇均被引频次（1.39 次）的 4 倍多；

2005—2009 年，二者的差距有所缩小，世界一流大学（7.88 次）是中国高水平大学（3.48 次）的 2 倍多；2015—2019 年，差距进一步缩小，中国高水平大学篇均被引频次（8.14 次）与世界一流大学的篇均被引频次（10.75 次）相差了 2.61 次。在 7 所高水平大学中，南京大学和中国科学技术大学表现突出，分别为 9.24 次和 9.11 次，与排名最高的加州理工学院（14.37 次）相比少了约 5 次；与牛津大学的 10.1 次相比，少了不到 1 次。

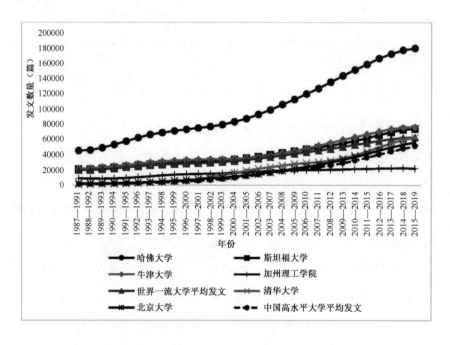

图 6-7　中国高水平大学与世界一流大学 Web of Science 发文数量

　　总体上看，尽管中国高水平大学与世界一流大学的发表论文数量和篇均论文引用次数都存在较大差距，尤其是在代表论文质量的篇均被引频次方面差距更大；但实施"985 工程"后，中国高水平大学的发文数量和篇均被引频次都增长迅猛，与世界一流大学的差距正逐步缩小，且一直保持着稳定的增长速度进行追赶。

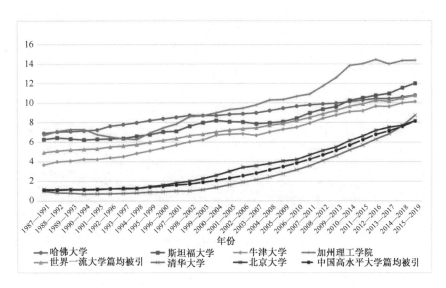

图 6-8　中国高水平大学与世界一流大学 Web of Science 篇均被引频次

第三，中国高水平大学缺乏国际认可的人文社科优秀科研成果，与亚洲区域一流大学和世界一流大学差距较为悬殊。

A&HCI 和 SSCI 是 Web of Science 里分别反映艺术与人文领域、社会科学领域科研水平的引文索引数据库。在亚洲五校中，新加坡国立大学和香港大学的 A&HCI 期刊论文一直雄踞亚洲高校前两位，东京大学多年来也一直位列亚洲第三名，直至 2015—2019 年被北京大学超越（见图 6-9）。北京大学、清华大学在 1987—1991 年，分别只有 44 篇和 4 篇 A&HCI 期刊论文；到 1995—1999 年略有下降，分别有 38 篇和 3 篇，依然排在亚洲五校的最后两名；进入 21 世纪后，两校增长速度飞快，到 2015—2019 年，已分别增至 283 篇和 144 篇，但仍与前两位的新加坡国立大学（511 篇）和香港大学（486 篇）有一定差距。同样，如

图 6-10 所示，新加坡国立大学和香港大学在 SSCI 发文数量上长期位居亚洲前两名，北京大学、清华大学落后于其他三校，经常处于追赶状态。直到 2011—2015 年，北京大学（2570 篇）首次以极其微弱的优势超越东京大学（2566 篇），跃居第三并保持至今；清华大学近些年进步飞快，

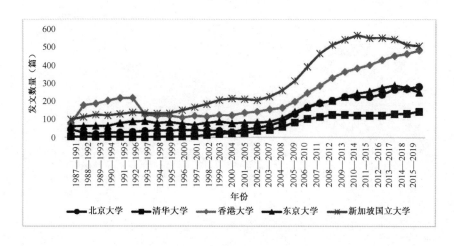

图 6-9 亚洲五校 A&HCI 发文数量

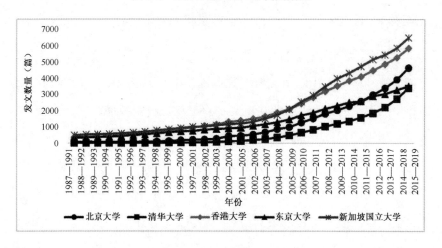

图 6-10 亚洲五校 SSCI 发文数量

2015—2019 年达到 3400 篇，虽然仍处于亚洲第五的位置，但与第一名的新加坡国立大学（6502 篇）和第四名的东京大学（3504 篇）相比，差距得以进一步缩小。

与之相似，如图 6-11 所示，中国高水平大学 A&HCI 期刊论文发表数量也远低于世界一流大学。1987—1991 年，世界一流大学的平均水平为 1525 篇，中国高水平大学平均不到 11 篇；1995—1999 年，二者差距进一步拉大，世界一流大学平均 1537 篇，中国高水平大学仅有 8 篇。"985 工程"实施后，中国高水平大学的平均论文发表数量迅速增加，2015—2019 年达到 202 篇，同期世界一流大学平均发文 1871 篇，二者差距依然悬殊。在中国 7 所高水平大学中，浙江大学和上海交通大学进步最为明显，两校分别从 1995—1999 年的 3 篇和 0 篇，高速增长至 2015—2019 年的 341 篇和 231 篇，分别居中国高校第一名和第三名。在 SSCI 期

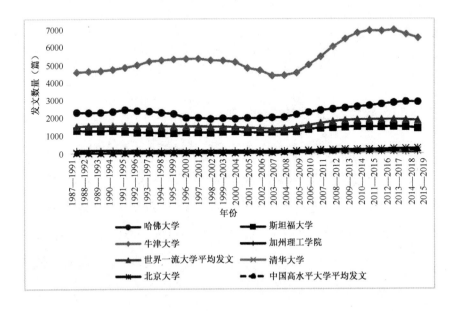

图 6-11　中国高水平大学与世界一流大学 A&HCI 发文数量

刊论文中也表现出同样的特点和趋势。如图 6-12 所示，1987—1991 年，世界一流大学的平均水平为 3011 篇，中国高水平大学仅有 25 篇；1995—1999 年和 2015—2019 年，世界一流大学的平均水平为 3819 篇和 10848 篇，相形之下，中国高水平大学分别只有 38 篇和 2814 篇，差距较大。

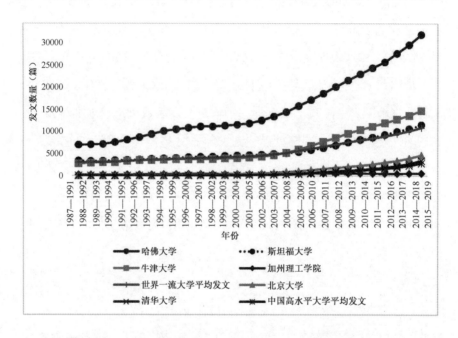

图 6-12　中国高水平大学与世界一流大学 SSCI 发文数量

Web of Science 等国际主流数据库收录的绝大多数文章来自英文期刊，人文社科领域也是如此。中国高校的科研成果大多以中文形式呈现，难以为国外学者所了解，中国高水平大学因为语言差异而在这方面明显处于劣势地位。此外，由于人文社科类论文在国际期刊发表需要较长审核时间，目前相应的政策保障和激励措施也相对薄弱，一些教师不愿为此耗费大量的时间和精力，导致中国高水平大学人文社科类成果被国外主流数据库收录的数量较少。当然，不能由此直接表明中国高校人文社科领域研究水平不高；但不可否认，由于语言差异或激励措施的缺失，中国高水平大学的一些优秀人文社科研究成果并不为国外同行所知，中国高水平大学被国际认可的优秀人文社科研究成果与亚洲其他一流大学及世界一流大学相比，还存在很大的差距。

二、中国高水平大学建设世界一流大学的对策

QS 和 THE 两项比较权威的世界大学排名均显示，制约中国高水平大学名次提升的瓶颈主要是高校科研水平和国际化水平偏低，这与中国高校的发展实际也基本吻合。

当前，中国大陆高校科研经费存在"总量欠缺"和"使用不便"两方面问题，"重物不重人"，严重制约了高校的人才引进、人才交流和国际合作[1]。与此同时，一些高校的科研工作缺乏持续有效的激励机制，特别是在激励高校教师在顶尖学术刊物和国际合作发表论文方面缺少明确、行之有效的手段和措施，这在一定程度上也制约了中国高校科研水平的进一步提高。

此外，中国高校国际学术交流的深度也有待提高，存在"送出去多，请进来少"的情况，出访教师数远高于国（境）外来访教师数。另外，中国高校留学生数量、结构和毕业生留学去向分布过于单一。相比世界一流大学，中国高校留学生比例低，且都集中在周边国家和非洲国家，在一定程度上影响了中国高校在世界范围内的知名度。有鉴于此，中国高水平大学可以采取以下相应对策。

---

1 涂传诒. 建议科研经费支持高校科研岗位，促进高校释放科技创新潜力［J］. 科技导报，2013（Z1）：15–20.

第一，改革科研经费管理模式。教育行政管理部门应当改革科研经费管理模式，去除各种对经费使用不合理的限制。高校要在科学论证的基础上设立科研成果和论文奖励基金，根据不同学科的具体情况划定科研成果和学术刊物等级范围，制订"质、量并重"的奖励方案。对于基础学科，不能过分追求"短平快"的科研成果，应当给予教师长期学术探索的良好物质保障；对于人文社会学科，要激励教师提高发表国际论文的主动性、积极性，多出具有国际影响力的高质量科研成果，有针对性地创办若干国际一流刊物。

第二，提升国际化的水平和质量。学术交流是无国界的，国际化是知识创新的重要推动力。中国大陆高校应当改革人才聘用制度，提高教师待遇，走出国门到世界一流大学招揽优秀师资，尤其是要注意引进国（境）外有潜质的青年学者。要循序渐进地扩大留学生比例，同时留学生结构要多元化。欧美发达国家高校留学生结构来源则比较均衡，以牛津大学 2013 年的数据为例，来自亚洲、欧洲、非洲、北美洲和大洋洲的留学生比例分别为 29.2%、33.9%、2.4%、29.2%和 5.3%。中国大陆高校要借鉴世界一流大学的成熟做法，结合校情，重点在北美洲和欧洲加强留学生招生宣传与中国高校形象推介工作；不断增加留学生来源与学科背景的多样性，全方位扩大中国高校的国际影响力。要促进实质性的国际学术交流与合作，出台更加有效的措施，加深与国（境）外高校和研究机构的合作深度，鼓励教师开阔自身眼界、加强对外合作，进一步提高师生科研工作、科研成果在国际同行中的认可度和美誉度；高度重视高端国际论坛和会议的承办、协办和参与，充分发挥知名学者在国际学术活动中的影响力，积极融入国际科研协同创新潮流，提升中国大陆高校的国际知名度和影响力。

第三，制定符合高校实际的学科发展规划。中国大陆高校既要择优扶重，又要支持有创新潜力的弱势学科实现赶超，从而形成科学合理、具有世界水准的学科体系。以北京大学为例，该校在 2014 年 QS 学科排名中进入世界前 50 名和前 100 名的学科数分别为 22 个和 27 个，分别占学科总数的 73.3%和 90%；但没有学科进入前 10 名，只有 1 个学科进入前 20 名。因此，有条件的高校应当建立校内学科自评系统，重点关注国际化和科研指标，安排专人统计各学科教师论文发表和被引用情况。在此基础上筛选并重点扶持一些学科，使之率先成为世界一流学科，从而改变中国大陆高校现有学科"有高原，没有高峰"的现状。

第四，建立高校数据信息决策支持系统。当前各项世界大学排名依赖的数据基础可以分为三部分：社会公众调查数据、第三方数据及高校报送的数据。现在大部分中国高校由于没有特别明确有效的数据信息收集渠道，导致报送给世界大学排名组织方的数据不一定准确，因而其在世界大学排行榜中所在的位置与其实际的位置可能会有一些出入。因此，应建立一个对学校二级部门的各种数据信息进行统计和分析的决策支持系统，一方面，通过这一系统建立全校统一的数据报送、收集、统计和分析平台，增强高校各项数据信息收集的方便性、准确性和有效性，从而保证中国大陆高校的数据在各项世界排名中的准确性；另一方面，数据信息决策支持系统将使学校的决策能够在更大信息量和更准确信息的基础上进行，使学校的管理更加科学化、规范化、民主化和现代化。

第七章

世界大学学科排名与
中国高水平大学学科发展

第六章研究发现，以北京大学、清华大学为代表的中国高水平大学世界大学排名迅速上升，与亚洲一流大学的差距在逐渐缩小，甚至赶超亚洲一流大学；但与世界一流大学相比，依然有较大差距。中国高水平大学与世界一流大学的差距主要体现在教育教学环境、国际化、科学研究能力和学术影响力等多方面，其中最大的差距在于科学研究能力和国际化程度，这些差距最终都将集中体现在大学的学科建设水平上。这意味着要想进一步提升中国高水平大学在国际上的排名和影响力，中国政府和高校下一步努力的方向及重点应该集中在学科建设上。

2015 年 10 月，《国务院关于印发统筹推进世界一流大学和一流学科建设总体方案的通知》（国发〔2015〕64 号）提出，中国大学要有一批学科进入世界一流行列和前列，并强调通过学科建设带动大学达到世界一流水平，这标志着中国建成世界一流大学和一流学科的目标成为国家发展的重大战略。[1]2017 年 1 月，教育部、财政部和国家发展改革委联合印发的《统筹推进世界一流大学和一流学科建设实施办法（暂行）》（教研〔2017〕2 号）进一步强调，坚持以学科为基础，着力打造学科领

---

1 《教育研究》编辑部.2015 中国教育研究前沿与热点问题年度报告[J].教育研究,2016(2): 4–17.

域高峰,强化学科建设绩效考核,引领高校提高办学水平和综合实力。[1]2018年8月,上述三部门印发《关于高等学校加快"双一流"建设的指导意见》(教研〔2018〕5号),再次明确"以一流学科为引领,辐射带动学科整体水平提升,形成重点明确、层次清晰、结构协调、互为支撑的学科体系,支持大学建设水平整体提升"。[2]由此可见,学科建设是我国高水平大学加快"双一流"建设的重要内容,对我国高水平大学创建世界一流大学具有非常重要的战略意义。

有鉴于此,本章将从世界大学学科排名的角度,重点关注中国高水平大学的学科发展现状,着重探讨如下三个问题:中国高水平大学的学科发展在世界高校中的相对位置如何?与世界一流大学相比,中国大学在学科建设方面的差距在哪儿?要想真正缩小学科差距,下一步的努力方向是什么?具体来说,本章将引入国际公认的 ESI、QS 和 US News 三大学科评价体系,对比中国高水平大学与世界一流大学在学科建设发展上的差距,并在此基础上提出适合我国高水平大学的学科发展策略。

---

1 教育部、财政部、国家发展改革委关于印发《统筹推进世界一流大学和一流学科建设实施办法(暂行)》的通知[EB/OL].[2017-01-27]. http://www.gov.cn/xinwen/ 2017-01/27/content_5163903.htm#1.

2 教育部、财政部、国家发展改革委印发《关于高等学校加快"双一流"建设的指导意见》的通知[EB/OL].[2018-08-20]. http://www.moe.gov.cn/srcsite/A22/moe_843/ 201808/ t20180823_345987.html.

第一节　学科建设是世界一流大学建设的核心

当前国家之间的各种竞争本质上是高层次人才的竞争，而高层次人才竞争的核心基础就是各国高校的教学科研实力。对此，闵维方教授曾指出，美国在政治、经济、军事上的优势是以其学术上的优势为基础的，其真正的实力并不在于造了多少汽车、多少飞机、多少超级计算机，而在于美国是一个大学林立的国家，具有 3000 多所高等院校和上百所世界知名的研究型大学[1]。随着世界经济的发展和国际合作的深入，各国政府也开始意识到这一点，并都高度趋同地开始设计和执行以建设世界一流大学为目标的国家发展战略，即第五章提到的德国的"卓越计划"、俄罗斯的"5—100 计划"等"类 985 工程"或高等教育卓越工程。

世界一流大学应具备科研成果卓著、学术声誉高、学术大师汇聚、学生素质一流等特点，这些特点最终都集中体现在大学的学科建设水平上。学科作为大学进行教学科研工作的基本单位，是一所大学的核心竞争力和发展着力点，是评判大学综合排名最核心的评判标准和落脚点。正如香港大学第 14 任校长徐立之所说，"有 10 个到 12 个一流学科，

---

1 闵维方. 关于一流大学建设的几个问题 [J]. 北京大学教育评论，2003（3）：26-31.

我们就达到世界一流大学的标准了"。[1]因此，上述各国的高等教育发展战略，重点都落脚到建设本国顶尖大学的世界一流学科上。其中，日本的"21世纪COE计划"以学科领域为单位，支持大学建设具有世界最高水平的教育与研究基地。[2]德国"卓越计划"的大学未来战略，主要帮助德国顶尖大学拓展各自的优势学科，提升国际竞争力，从而奠定其在未来国际竞争中的领先地位。[3]

"985工程"实施以来，以北京大学、清华大学、复旦大学等为代表的中国高水平大学进步显著，教师论文总产量急速增长，中国大学的世界排名迅速上升。如第四章所述，北京大学、清华大学等中国高水平大学在QS和THE的整体排名呈上升趋势，但与世界一流大学的差距依然非常明显。其中，最大的差距主要表现在各学科科研水平和国际化程度上，尤其是学科科研水平。这意味着要想进一步提升中国大学在国际上的排名和影响力，政府应将支持高校建设的重点确定为学科建设。为此，2015年10月，《国务院关于印发统筹推进世界一流大学和一流学科建设总体方案的通知》提出，中国大学要有一批学科进入世界一流行列和前列，并强调通过学科建设带动大学达到世界一流水平，这标志着中国建成世界一流大学和一流学科的目标成为国家发展的重大战略。[4]

---

1 周光礼. 世界一流学科的中国标准是什么［N］. 光明日报，2016–2–16（013）.

2 胡建华. 日本世界一流大学建设新动向［J］. 华东师范大学学报（教育科学版），2016（3）：7–9.

3 胡凯. 德国世界一流大学"卓越计划"探析［J］. 吉林工程技术师范学院学报，2013（3）：1–3.

4 《教育研究》编辑部. 2015中国教育研究前沿与热点问题年度报告［J］. 教育研究，2016（2）：4–17.

那么，中国高水平大学的学科发展在世界高校中的相对位置如何？与世界一流大学相比，中国大学在学科建设方面的差距在哪儿？要想真正小学科差距，下一步的努力方向是什么？为解答上述问题，本文将引入国际公认的 ESI、QS、US News 三大学科评价体系，对比中国高水平大学与世界一流大学在学科建设发展上的差距，并在此基础上提出适合中国高水平大学的学科发展策略。

目前，在全球范围内具有较大影响力的学科评价体系主要有 3 个：基本科学指标（Essential Science Indicators，ESI）数据库，QS 世界大学学科排名和 US News 全球最佳大学排名，这三个评价体系覆盖的学科数都在 20 个以上。本书第一章已经对 QS 和 US News 学科排名进行过详细介绍，因此本节重点介绍 ESI 数据库，对 QS 和 US News 学科评价体系不再赘述。

ESI 数据库基于汤姆逊科学索引收录的期刊，对其文献被引用的次数进行统计，并分学科进行排序。排序的方式有两种——总引用数和篇均引用数，前者揭示总影响力；后者则显示了加权影响力，更能反映研究的质量。

ESI 涵盖的学科有 22 个[1]，数据来自 SCI 和 SSCI，涵盖范围较广。但从学科分类上来看，ESI 主要集中于理工科领域，偏向于数学、物理、生物、医学、工程科学等，这些学科占据了全部 22 类中的 20 类。其他

---

[1] 包括农业科学、生物学和生物化学、化学、临床医学、计算机科学、经济学与商学、工程学、环境科学、地理学、免疫学、材料科学、数学、微生物学、分子生物学和遗传科学、多学科、神经科学与行为学、药理学和毒理学、物理学、动植物学、精神病学/心理学、社会科学、空间科学。

两类学科为经济学与商学、社会科学。

ESI 每两个月进行一次数据更新,每次数据的统计时段为上溯 10 年。因此，我们可以对科研对象进行相对快捷的动态观察。ESI "前 1%"和 "前 0.1%" 是衡量大学学科水平的重要标准，它们是根据总引用数进行排序的，一个大学的某个学科如果总引用数进入全球机构的前 1%或前 0.1%，就会出现在榜单中。

第二节 中国高水平大学的学科发展现状

一、有"高原"，缺"高峰"

近年来，以北京大学、清华大学为代表的中国高水平大学在学科建设方面取得了一定的成绩。2007 年，北京大学、清华大学进入 ESI 前 1%的学科数分别只有 10 个和 7 个；到 2019 年，两校入榜学科分别快速增加到 21 个和 20 个，增长幅度明显（见表 7.1）。但与顶尖的世界一流大学相比，中国高校在学科建设，尤其是世界一流学科建设方面还有很大差距。

表 7.1　北京大学和清华大学进入 ESI 前 1%学科数[1]

时间	北京大学	清华大学
2007 年	10	7
2010 年	15	9
2011 年	17	9
2013 年	19	14
2016 年	21	16
2019 年	21	20

---

1 北京大学学科建设办公室，2019 年数据截至当年 7 月。

（一）中国高水平大学与世界一流大学的学科比较

在 ESI 学科评价体系中，较好的学科层次分为前 1% 和前 0.1%，前者属于世界高水平学科，后者则属于世界一流学科。表 7.2 呈现的是 2019 年中国 7 所高水平大学与哈佛大学、麻省理工学院、斯坦福大学和剑桥大学在 ESI 学科评价体系中的表现。[1]

表 7.2　2019 年 ESI 学科评价体系中的中国高水平大学学科现状

大学名称	前 1%学科数	前 0.1%学科数	前 0.1%学科
北京大学	21	14	生物学和生物化学、化学、临床医学、经济学与商学、工程学、环境科学、地理学、材料科学、分子生物学和遗传科学、多学科、神经科学与行为学、药理学与毒理学、物理学、精神病学/心理学
清华大学	20	15	生物学与生物化学、化学、临床医学、计算机科学、工程学、环境科学、地理学、免疫学、材料科学、多学科、神经科学与行为学、药理学与毒理学、物理学、动植物学、社会科学
浙江大学	20	7	农业科学、化学、临床医学、工程学、环境科学、材料科学、物理学
复旦大学	19	14	生物学与生物化学、化学、临床医学、计算机科学、工程学、环境科学、地理学、免疫学、材料科学、微生物学、神经科学与行为学、药理学与毒理学、物理学、社会科学
上海交通大学	19	14	农业科学、生物学与生物化学、化学、临床医学、计算机科学、工程学、环境科学、免疫学、材料科学、微生物学、分子生物学和遗传科学、神经科学与行为学、物理学、精神病学/心理学
南京大学	17	9	化学、临床医学、工程学、环境科学、地理学、材料科学、神经科学与行为学、动植物学、物理学
中国科学技术大学	15	7	化学、工程学、环境科学、免疫学、地理学、材料科学、物理学
哈佛大学	22	20	除了农业科学和多学科
麻省理工学院	21	18	除了农业科学、计算机科学、环境科学、药理学与毒理学
斯坦福大学	22	18	除了农业科学、计算机科学、多学科、药理学与毒理学
剑桥大学	22	16	除了农业科学、计算机科学、经济学与商学、数学、微生物学、多学科

---

1 ESI 数据库［EB/OL］. https://esi.clarivate.com.

"985 工程"实施 20 多年以来，以上述 7 所学校为代表的中国高水平大学表现较为出色。2019 年，7 所高校进入全球前 1%的学科平均数达到了约 19 个。其中，北京大学有 21 个学科，位居第一，其次为清华大学（20 个）、浙江大学（20 个）、复旦大学（19 个）、上海交通大学（19 个）。从进入全球前 0.1%的学科来看，这 7 所高校的数量合计由 2016 年的 27 个增长为 2019 年的 80 个，但与哈佛大学仅一所学校的 20 个相比，仍存在较大差距。此外，中国高校进入全球 0.1%的学科，主要集中在材料科学、化学和工程学方面，学科分布范围较窄。而且在这些学科当中，仅有清华大学的工程学、化学、材料科学、计算机科学，北京大学的材料科学，浙江大学的化学、工程学，上海交通大学的工程学排在各自学科的前 20 名。这意味着，近年来，中国高校以高水平学科为代表的"高原"学科和"高峰"学科数量均有明显增加，但以世界一流学科为代表的"高峰"学科数量仍然较少，且集中在少数学科上，学科发展不够均衡。

（二）北京大学、清华大学与世界顶尖一流大学的学科比较

北京大学、清华大学作为两所中国顶尖高校，与排名靠前的世界顶尖一流大学相比仍存在较大差距。在 ESI 体系中，2019 年北京大学进入前 1%的学科有 21 个，清华大学有 20 个，与哈佛大学、斯坦福大学和剑桥大学的 22 个学科相差不大。[1] 但 2019 年北京大学、清华大学进入全球前 0.1%的分别仅有 14 个和 15 个学科，与哈佛大学（20 个）、斯坦福大学（18 个）等世界一流大学差距明显。[2]

---

1 ESI 数据库［EB/OL］. https://esi.clarivate.com.

2 ESI 数据库［EB/OL］. https://esi.clarivate.com.

从 2019 年 US News 学科排名来看，在全部 22 个学科中，北京大学有 15 个学科进入了全球前 100 名，清华大学有 11 个。北京大学排名最高的学科是材料科学，名列全球第十，化学和地球科学两个学科进入了全球前 20 名。清华大学的工程学和计算机科学均高居全球第一，材料科学、化学跻身全球前 10 名。相形之下，几所世界顶尖一流大学的大多数学科都进入了全球前 20 名，不少学科位居全球前 10 名（见表 7.3）。[1]

表 7.3　北京大学、清华大学与世界顶尖一流大学学科情况对比

排名体系		哈佛大学	麻省理工学院	斯坦福大学	剑桥大学	北京大学	清华大学
ESI（共 22 个学科）	前 0.1%学科数	20	18	18	16	14	15
	前 1%学科数	22	21	22	22	21	20
US News 学科排名（共 22 个学科）	前 3 名学科数	13	8	9	1	0	2
	前 10 名学科数	17	14	14	7	1	4
	前 20 名学科数	19	17	19	16	3	5

（三）北京大学、清华大学与世界排名相近大学的学科比较

为了更好地分析中国高水平大学在学科建设方面与世界一流大学的差距，本研究专门选取了 2019 年与北京大学、清华大学在世界大学总体排名相近的耶鲁大学、哥伦比亚大学、东京大学和曼彻斯特大学作为北京大学、清华大学的标的大学进行比较。[2] 如表 7.4 所示，本研究将学科排名分为前 3 名、前 10 名、前 20 名和前 30 名四个层次。进入

---

1 2019 年 US News 世界大学排名［EB/OL］. https://www.usnews.com/education/best-global-universities/rankings.

2 2014—2019 年 QS 学科排名［EB/OL］. https://www.topuniversities.com/subject-rankings.

前30名的为世界高水平学科，进入前10名的为世界一流学科。

表7.4　北京大学、清华大学与世界排名相近的标的大学QS学科排名学科情况比较

	年份	北京大学（30）	清华大学（17）	耶鲁大学（15）	哥伦比亚大学（16）	东京大学（23）	曼彻斯特大学（29）
前3名学科数	2014年	0	0	0	0	0	0
	2015年	0	0	0	0	0	1
	2016年	0	0	0	0	0	0
	2017年	0	0	0	0	0	0
	2018年	0	0	0	1	0	1
	2019年	0	0	0	0	0	1
前10名学科数	2014年	0	1	10	3	4	2
	2015年	1	2	9	5	6	2
	2016年	2	3	10	5	5	2
	2017年	2	4	12	8	8	2
	2018年	2	3	11	8	5	1
	2019年	1	2	13	11	2	2
前20名学科数	2014年	1	7	16	17	15	5
	2015年	5	7	15	18	21	5
	2016年	6	9	22	21	19	7
	2017年	10	8	23	24	23	5
	2018年	10	10	23	24	19	8
	2019年	7	12	23	26	17	5
前30名学科数	2014年	8	8	19	18	21	8
	2015年	9	10	21	23	24	12
	2016年	14	13	27	23	29	12
	2017年	19	13	29	25	30	14
	2018年	22	13	28	28	30	14
	2019年	21	17	27	30	28	10

注：( )里为该校在QS世界大学的综合排名。

从QS学科排名来看，北京大学、清华大学学科发展整体势头较好，但顶尖学科相对较少。2014年，北京大学仅有1个学科位列全球前20名，2017年和2018年均增加至10个，2019年则下降到7个；排名前30名的学科数在2014年有8个，2018年上升至22个，2019年略降至

21个。从 2014 年至 2019 年，清华大学排名前 20 名的学科数由 7 个增加至 12 个，排名前 30 名的学科数由 8 个增加至 17 个。与之相比，北京大学、清华大学排名前 10 名的学科数相对较少，且两校始终没有学科进入前 3 名。具体来说，北京大学排名前 10 名的学科数量相对稳定，基本维持在 1~2 个；清华大学排名前 10 名的学科数量从 2014 年的 1 个增加至 2017 年的 4 个，但从 2018 年开始有所下降，2019 年降至 2 个。这说明，中国高水平大学的"高峰"学科发展依然较为缓慢。比较两校的情况可以看出，北京大学排名前 30 名的学科数量与清华大学基本持平，但前 20 名和前 10 名的学科数整体少于清华大学，且清华大学的土木与结构工程、建筑学排名全球前十。这在一定程度上说明，北京大学作为综合性大学，其高水平学科数量多，但顶尖学科数量少；而清华大学作为中国顶尖工科大学的代表，在工科建设方面具有明显优势。

耶鲁大学等 4 所标的大学的世界排名与北京大学、清华大学相近，除了曼彻斯特大学，东京大学等 3 所世界顶尖一流大学各阶段学科数量均远远领先于北京大学、清华大学。虽然曼彻斯特大学排名前 20 名和前 30 名的学科数量整体少于北京大学、清华大学，但它有学科进入全球前 3 名，而北京大学、清华大学则无学科进入前 3 名。2014 年，4 所标的大学排名前 10 名的学科总计有 19 个，而北京大学、清华大学总计仅有 1 个。2016 年，4 所标的大学排名前 10 名的学科总计有 22 个，平均 1 所标的学校 5.5 个；而北京大学、清华大学总计仅有 5 个，平均每所学校 2.5 个。2019 年，耶鲁大学、哥伦比亚大学、东京大学、曼彻斯特大学排名前 10 名的学科分别有 13 个、11 个、2 个、2 个，北京大学和清华大学则分别有 1 个和 2 个。从时间维度上来看，从 2014—2019 年北京大学和清华大学排名前 10 名的学科分别为 4 所标的大学的 5.3%、

13.6%、22.7%、20.0%、20.0%和10.7%，占比呈先增加后下降的趋势。从排名前20名和前30名的学科来看，北京大学和清华大学排名前20名的学科分别为4所标的大学的15.1%、20.3%、21.7%、24.0%、27.0%和26.8%；排名前30名的学科分别为4所标的大学的24.2%、23.8%、29.7%、32.7%、35.0%和40.0%。从中可以看出，北京大学、清华大学排名前20名和前30名的学科数量整体呈增长趋势，但排名前10名的学科数量较少，且最近几年有所下降。虽然北京大学、清华大学各阶段学科数量的变化与QS学科排名自身学科数量的增加有关，但通过与标的大学的比较可以发现，北京大学、清华大学在学科建设和发展中取得了一定进步，但在世界一流学科方面仍较为落后。

总体而言，以北京大学和清华大学为代表的中国高水平大学的世界高水平学科数量呈增长趋势，而世界一流学科数量相对较少，且有所下降，呈现出有"高原"、缺"高峰"的特点，世界一流学科建设急需进一步加强。当然，这也意味着随着中国高水平大学学科建设的不断加强，中国大学的世界排名还有很大的提升空间。

二、总量领先，质量落后

近年来，以北京大学、清华大学为代表的中国高水平大学拥有越来越多的"高原"学科。但如果深入研究各评价体系的技术细节，可以发现，中国高水平大学排名靠前的学科主要依赖于总量指标的领先，人均和篇均指标仍然相当落后，中国高校的研究质量还有待提高。

（一）中国高水平大学与世界一流大学论文质量的比较

在ESI学科排名体系中，"前1%或前0.1%"是以论文总引用次数来排序的，一所高校教师人数越多，该校发表的论文数量可能也会越多，其被引用的次数也会越多。因此，论文总引用次数能衡量高校研究成果的数量优势，但无法真实反映该校研究成果的质量水平。为此，ESI 数据库还提供篇均引用次数，以反映高校研究成果的质量。

表 7.5 列举了中国 7 所高校、哈佛大学、麻省理工学院、斯坦福大学、剑桥大学和 4 所标的大学所有前 1%学科的论文引用数据。[1] 中国 7 所高校总体论文数量的平均值约为 64245 篇，平均总引用数约为 925182 次，平均篇均引用约为 14.60 次，远低于哈佛大学、麻省理工学院、斯坦福大学和剑桥大学等 4 所国外著名大学。其中，论文总量差距相对较小，中国 7 所高校的论文总量均值甚至比麻省理工学院约多 1288 篇；而总引用次数和篇均引用次数的差距则相对较大，总引用次数均值比斯坦福大学约少 1697062 次，低于耶鲁大学、哥伦比亚大学等 4 所标的大学；篇均引用次数均值是剑桥大学的约 53.85%、哈佛大学的约 45.81%，也低于 4 所标的大学。也就是说，中国高水平大学的论文总量与世界一流大学差距不大，但论文的总引用量和篇均引用次数仍远低于世界一流大学，论文的研究质量处于明显劣势。

表 7.5　2019 年 ESI 数据库中中国高水平大学与国外著名高校的总指标对比

大学名称	论文数量（篇）	总引用（次）	篇均引用（次）
哈佛大学	208989	6660630	31.87
麻省理工学院	62957	2407682	38.24
斯坦福大学	86282	2622244	30.39
剑桥大学	78819	2136556	27.11
中国科学技术大学	43239	686306	15.87
复旦大学	55094	829074	15.05
北京大学	71122	1126559	15.84

1 ESI 数据库［EB/OL］. https://esi.clarivate.com.

大学名称	论文数量（篇）	总引用（次）	篇均引用（次）
南京大学	46259	696726	15.06
清华大学	72902	1104019	15.14
浙江大学	80317	1020803	12.71
上海交通大学	80780	1012784	12.54
耶鲁大学	61898	1696158	27.40
哥伦比亚大学	72627	1930187	26.58
东京大学	84006	1524477	18.15
曼彻斯特大学	54466	1172699	21.53

（二）北京大学、清华大学与世界顶尖一流大学论文质量的比较

在 ESI 学科评价体系中，北京大学、清华大学的一些学科在论文数量上已经接近甚至超过哈佛大学等世界一流大学，但在篇均引用上的差距仍然十分明显。截至 2019 年 7 月，北京大学、清华大学两校物理学领域的论文总数分别为 10392 篇和 11562 篇，远超哈佛大学的 7164 篇；但两校的篇均引用次数均为 15.44，远低于哈佛大学的 32.07。在工程学领域，清华大学论文数量为 17347 篇，篇均引用次数为 9.87，哈佛大学只有 1706 篇，但篇均引用次数为 15.13，约是清华大学的 1.5 倍。此外，化学、材料科学、环境生态学、计算机科学等领域都呈现同样的特征。然而，北京大学、清华大学在其他一些学科领域中，不仅在论文数量上未超过哈佛大学等世界一流大学，在篇均引用上也与之有较大差距。如在经济学与商学领域，哈佛大学论文数量为 3449 篇，而北京大学和清华大学分别为 1152 篇和 878 篇；在篇均引用上，北京大学和清华大学更是低于哈佛大学的 23.04，分别为 9.42 和 8.89。由此反映出，中国高水平大学的研究质量仍然与世界一流大学差距较大。

在 2019 年 US News 学科排名中，北京大学进入全球前 20 名的学

科有 3 个，分别为材料科学、地球科学和化学；清华大学进入全球前 20 名的学科有 5 个，分别为工程学、计算机科学、材料科学、化学和物理学。表 7.6 列出了 2019 年北京大学、清华大学进入全球前 20 名的几个学科的具体指标排名，并将其与该领域第一名学科的各分项指标排名进行对比，计算出排名差额的均值。[1] 结果发现，两校在区域研究声誉和国际合作论文方面有一定的优势，尤其在国际合作论文方面优势明显。但两校排名靠前的这些学科在标准化引用影响力和高被引论文百分比等代表学科论文质量的指标上，与世界顶尖一流大学存在着较大差距。[2] 其中，清华大学的工程学、计算机科学和材料科学在学术文章数量、总论文引用次数、高被引论文数量（前 10%）和高被引论文数量（前 1%）这 4 个体现数量的分项指标中均位居全球前 5 名，化学在前述除了高被引论文数量（前 1%）的 3 个分项指标中位居全球前 5 名；但从标准化引用影响力、高被引论文百分比（前 10%）和高被引论文百分比（前 1%）这 3 个反映研究质量的指标来看，除了材料科学在高被引论文百分比（前 1%）这一分项指标中位居全球前 50 名，其他各分项指标基本上排名靠后。2019 年清华大学的物理学进入全球前 20 名，在学术文章数量这一体现数量的分项指标中位居全球前 5 名，但在标准化引用影响力、高被引论文百分比（前 10%）和高被引论文百分比（前 1%）这 3 个反映研究质量的指标分项中排名比较靠后，分别为 428 名、462 名和 382 名。

---

1 清华大学的工程学和计算机科学排名第一，所以选择排名第二的大学进行比较。表格中的数字是该学科在具体指标上的排名，而不是得分。

2 2019 年 US News 世界大学排名［EB/OL］. https://www.usnews.com/education/best-global-universities/rankings.

表 7.6　2019 年 US News 学科排名中北京大学、清华大学领先学科与

该领域第一名学科的具体指标比较

指标	北京大学				清华大学					
	材料科学（10）	地球科学（15）	化学（16）	名次差额均值	工程学（1）	计算机科学（1）	材料科学（4）	化学（10）	物理学（18）	名次差额均值
全球研究声誉	33	34	47	-22.67	19	23	23	23	39	-8.80
区域研究声誉	9	2	8	4.00	2	1	2	4	3	9.00
学术文章数量	25	9	10	-4.67	1	1	2	4	4	8.20
标准化引用影响力	36	120	100	-74.67	163	96	91	111	428	-125.00
总论文引用次数	10	13	8	-8.67	1	1	1	4	12	-0.40
高被引论文数量（前 10%）	11	14	11	-10.67	1	2	1	3	12	-1.40
高被引论文百分比（前 10%）	36	119	165	-96.33	177	110	106	123	462	-163.60
高被引论文数量（前 1%）	7	16	11	-10.00	2	5	2	10	13	-3.40
高被引论文百分比（前 1%）	37	92	82	-63.33	188	95	48	128	382	-131.60
国际合作论文	53	9	61	128.33	94	28	46	131	86	132.40
国际合作论文比例	382	266	769	-241.67	495	177	379	805	642	-314.40

注：( )里为该学科在 US News 的学科排名。

（三）北京大学、清华大学顶尖学科与对应世界顶尖学科研究质量的比较

如表 7.4 和表 7.5 所示，虽然北京大学、清华大学的综合排名与耶鲁大学等 4 所标的大学相近，但在学科建设方面，尤其是各学科总引用和篇均引用方面存在明显差距。这 4 所标的高校的平均总引用约为 1580880 次，平均篇均引用约为 23.42 次；而北京大学、清华大学两校的平均总引用仅为 1115289 次，平均篇均引用仅为 15.49 次。

2019 年，北京大学和清华大学分别有 7 个和 12 个学科进入 QS 学

科排名前 20 名。北京大学表现最好的 3 个学科是现代语言学（10 名）、地理学（16 名）和语言学（17 名），清华大学表现最好的 3 个学科为土木与结构工程（9 名）、建筑学（10 名）和化学工程（11 名）。表 7.7 列出了北京大学、清华大学这 6 个学科在各项分项指标上的得分，并与对应学科世界排名前 10 名的高校或排名前 10 名的其他 9 所高校[1] 相应的指标得分进行比较，计算出得分差额的均值。[2] 总体上看，北京大学、清华大学进入 QS 学科排名前 20 名的学科数量有所增加，但两校表现最好的 3 个学科在各项指标得分上与排名前 10 名的高校或排名前 10 名的其他 9 所高校相比，仍然存在一定差距：两校表现最好的 3 个学科在雇主评价指标上与其他高校相差不大（-2.67）；在 H 指数和篇均引用两个指标上与其他高校有一定差距，得分分别落后 3.92 和 4.91；在学术声誉指标上落后于其他高校（-7.33），差距明显。

表 7.7　2019 年 QS 学科排名中北京大学、清华大学领先学科与

排名相近大学世界一流学科的对比

指标	北京大学			清华大学			得分差额均值
	现代语言学	地理学	语言学	土木与结构工程	建筑学	化学工程	
总评	88.8	83.6	77.4	90.7	85.4	87.4	-5.83
学术声誉	89.2	85.7	76.7	89.2	83.1	83.6	-7.33
雇主评价	88	90.1	86.3	88.9	86.7	86.0	-2.67
篇均引用	—	79	78.7	89.3	91.4	89.3	-4.91
H 指数	—	75.6	69.9	100.0	93.8	94.5	-3.92

---

1 北京大学现代语言学排名第 10 名，清华大学土木和结构工程排名第 9 名，二者对应的则是排名前 10 名的其他 9 所高校。

2 2019 年 QS 学科排名［EB/OL］. https://www.topuniversities.com/subject-rankings/2019.

（四）北京大学、清华大学高水平学科与世界一流学科研究质量的总体差距

为了更全面地反映中国高水平学科与世界一流学科研究质量的差距，本研究综合 ESI、QS 和 US News 这 3 个学科评价体系的评价指标，根据各个指标的特点，将它们分为论文数量类指标、论文引用类指标和声誉类指标，其中论文引用类指标可分为数量型引用指标和比率型引用指标，声誉类指标可分为区域型声誉指标和国际型声誉指标。[1]

根据中国高水平大学在学科排名各指标得分上的表现及其与世界顶尖学科和 4 所标的大学学科表现的对比，将各项指标归类为中国大学学科领先指标、持平指标和落后指标（见表 7.8）。[2] 研究结果表明，以北京大学、清华大学为代表的中国高水平大学在论文数量类指标方面的表现整体处于领先水平，但在其中的国际合作论文比例这一相对数量指标方面处于落后位置；在区域型声誉指标方面整体处于领先水平；在数量型引用指标方面相对落后；而在比率型引用指标和国际型声誉指标方面整体处于落后位置。具体来说，北京大学、清华大学在国际合作论文和区域研究声誉方面，领先于世界一流学科；在论文总数、总论文被引次数、高被引论文数量（前 10%）、高被引论文数量（前 1%）、雇主评价和全球研究声誉方面，与世界一流学科基本持平；但在国际合作论文比例、H 指数、总引用、篇均论文引用率、高被引论文百分比（前 10%）、

---

1 本研究将 QS 的雇主评价归为区域型声誉指标，因为绝大部分大学毕业生会选择在本国工作。

2 在表 7.8 的 US News 体系中，差额为正的为领先指标，差额为负但大于–20 的为持平指标，其余为落后指标；在表 7.9 的 QS 体系中，差额大于 3 的为领先指标，差额介于 –3 ~ 3 的为持平指标，其余为落后指标。

高被引论文百分比（前 1%）和学术声誉方面与世界一流学科存在较大差距。所以，中国高水平大学在未来的学科发展道路上，提高篇均论文引用率等比率型引用指标和国际型声誉指标方面的名次是关键。

表 7.8　ESI、QS 和 US News 学科排名指标归类

指标名称			指标类别	指标说明
论文数量类指标	绝对值指标	学术文章（US News）	领先指标	US News 中，相较于排名第一的学科，北京大学、清华大学在该指标上平均领先 1.77 个名次
		论文总数（ESI）	持平指标	ESI 中，7 所高校的论文总数均值为 4 所标的院校的 87.39%
	相对值指标	国际合作论文（US News）	领先指标	US News 中，相较于排名第一的学科，北京大学、清华大学在该指标上平均领先 130.37 个名次
	相对值指标	国际合作论文比例（US News）	落后指标	US News 中，相较于排名第一的学科，北京大学、清华大学在该指标上落后 278.03 个名次
论文引用类指标	数量型引用指标	总论文被引次数（US News）	持平指标	US News 中，相较于排名第一的学科，北京大学、清华大学在该指标上平均落后 4.53 个名次
		高被引论文数量（前 10%）（US News）	持平指标	US News 中，相较于排名第一的学科，北京大学、清华大学在该指标上平均落后 6.03 个名次
		高被引论文数量（前 1%）（US News）	持平指标	US News 中，相较于排名第一的学科，北京大学、清华大学在该指标上平均落后 6.70 个名次
		H 指数（QS）	落后指标	QS 中，相较于标的学科，北京大学、清华大学在该指标上平均落后 3.92 分
		总引用（ESI）	落后指标	ESI 中，7 所高校的总引用数均值仅为 4 所标的院校的 51.81%
	比率型引用指标	篇均论文引用率（ESI）	落后指标	ESI 中，7 所高校的篇均论文引用率均值仅为 4 所标的院校的 58.26%
		标准化引用影响力（US News）	落后指标	US News 中，相较于排名第一的学科，北京大学、清华大学在该指标上平均落后 99.83 个名次
		篇均引用（QS）	落后指标	QS 中，相较于标的学科，北京大学、清华大学在该指标上平均落后 4.91 分
		高被引论文百分比（前 10%）（US News）	落后指标	US News 中，相较于排名第一的学科，北京大学、清华大学在该指标上平均落后 129.97 个名次
		高被引论文百分比（前 1%）（US News）	落后指标	US News 中，相较于排名第一的学科，北京大学、清华大学在该指标上平均落后 97.47 个名次

指标名称			指标类别	指标说明
声誉类指标	区域型声誉指标	雇主评价（QS）	持平指标	QS 中，相较于标的学科，北京大学、清华大学在该指标上平均落后 2.67 分
		区域研究声誉（US News）	领先指标	US News 中，相较于排名第一的学科，北京大学、清华大学在该指标上平均领先 6.50 个名次
	国际型声誉指标	全球研究声誉（US News）	持平指标	US News 中，相较于排名第一的学科，北京大学、清华大学在该指标上平均落后 15.73 个名次
		学术声誉（QS）	落后指标	QS 中，相较于标的学科，北京大学、清华大学在该指标上平均落后 7.33 分

三、人文社会科学国际影响力不足

如前文所述，随着学科排名体系的不断调整，越来越多的人文和社会科学学科被纳入学科评价体系当中，并扮演着越来越重要的角色。在 ESI 和 US News 这两个侧重科研的评价体系中，中国高校的人文社科类学科排名比较落后。从 ESI 学科评价体系来看，中国 7 所高水平大学人文社科领域的论文数量和总引用量与世界一流大学存在显著差距——无 1 所学校的人文社科类学科进入全球前 0.1%，而哈佛大学、斯坦福大学和剑桥大学等世界一流大学均有进入全球前 0.1%的人文社科类学科。从进入全球前 1%的人文社科类学科数量来看，国内 7 所高水平大学中有 4 所高校的经济学与商学学科进入全球前 1%；7 所高水平大学的社会科学学科均进入全球前 1%。虽然进入人文社科领域全球前 1%的高校数量有所增加，但与世界一流大学的人文社科类学科相比，仍有较大差距。以经济学与商学这个全球可比性较高的人文社科类学科为例，哈佛大学发表论文 3449 篇，被引 79477 次，篇均引用 23.04 次；而国内排名最靠前的北京大学只发表了 1152 篇论文，被引 10847 次，篇均引用

9.42 次，各项数据差距十分明显。

在 2019 年 US News 学科排名中，北京大学经济学与商学、社会科学与公共卫生两个学科分别排在全球第 58 名和第 67 名，清华大学的这两个学科分别排在全球第 73 名和第 136 名；此外，两校艺术与人文学科都未进入前 200 名。与理工科相似，中国高校人文社科领域在研究声誉等主观性指标上表现出色，具备一定国际影响力，但在客观的科研指标上硬实力不足，仍有很大的提升空间。究其原因，可能是因为中国高校人文社科的研究结果，尤其是人文学科的研究成果大多通过国内刊物和著作发表，发表在国际期刊上的科研成果相对较少。此外，中国人文社科领域的专家学者参与国际学术讨论不够，国际影响力稍显不足。

在 3 个学科评价体系中，QS 学科排名覆盖的人文社科学科数量最多，共计有 26 个。[1] 哈佛大学、斯坦福大学和剑桥大学等世界一流大学表现抢眼，分别有 21 个、23 个和 21 个人文社科类学科进入全球前 50 名。与之相比，中国 7 所高水平大学差距明显，仅北京大学的 14 个学科、清华大学的 10 个学科、复旦大学的 6 个学科、上海交通大学的 4 个学科、南京大学的 1 个学科进入前 50 名，浙江大学和中国科学技术大学这两所高校均无学科入榜。

如表 7.9 所示，北京大学、清华大学与 4 所标的大学在人文社科领

---

1 包括艺术与人文、社会科学与管理两个领域，具体包含如下学科：考古学、建筑学、艺术与设计、古典文学与古代史、英语语言文学、历史学、语言学、现代语言学、表演艺术、哲学、神学与宗教研究、会计学与金融学、人类学、商业与管理学、传媒学、发展研究学、经济学与计量经济学、教育学、旅游管理、法学、图书馆与信息管理、政治学与国际关系学、社会政策与管理、社会学、运动学、统计学。

域中排名前 150 名的学科数量相差不大，北京大学甚至超过了曼彻斯特大学，并与耶鲁大学学科数量相同。但在排名前 30 名的人文社科学科数量方面，北京大学和清华大学数量较少，分别只有 9 个和 7 个学科进入前 30 名。而耶鲁大学、哥伦比亚大学和东京大学均有 12 个及以上学科进入前 30 名，其中哥伦比亚大学更是有 20 个学科进入前 30 名。当然，北京大学、清华大学在 QS 学科评价体系中的表现要远好于在 ESI 评价体系和 US News 评价体系中的表现，这主要得益于在 QS 学科排名体系中，学术声誉、雇主评价这两个主观性指标占据了较高权重，一些学科甚至完全没有考虑论文平均引用率、H 指数这两个客观性科研指标。

表 7.9　2019 年 QS 学科评价体系中北京大学、清华大学在人文社科领域的表现

排名范围 （总体排名）	北京大学 （30）	清华大学 （17）	耶鲁大学 （15）	哥伦比亚大 学（16）	东京大学 （34）	曼彻斯特大 学（37）
10 名及以内	1	1	9	9	1	1
11～30 名	8	6	7	11	11	4
31～50 名	5	3	3	1	6	7
51～100 名	6	5	1	0	2	6
101～150 名	0	1	0	1	0	1
总计	20	16	20	22	20	19

注：上表为 2019 年北京大学、清华大学与其总体排名相近的标的学校的人文社科类学科对比情况；( )里为该校在 QS 世界大学综合排名。

第三节　世界一流学科建设路径探析

　　世界一流学科是世界一流大学的基础，任何一所大学如果没有若干个世界一流学科的支撑，其世界一流大学建设根本无从谈起。以北京大学、清华大学和华东五校为代表的中国高水平大学的学科建设，近几年取得了一定进步，但与世界一流大学相比，仍有较大差距。中国高水平大学可以从以下几方面努力，以缩小差距，提高研究质量，早日实现中国大学学科建设由"高原"向"高峰"的跨越。

一、以队伍建设为核心，培育促进一流的学术体制机制环境

　　一流的学科意味着一流的学者队伍和一流的学术成果。过去二十年，以北京大学、清华大学为代表的中国高水平大学在政府一系列人才引进计划的支持下，组建了一大批高水平学术队伍，涌现出许多国际知名的学科带头人。但这种增量式发展也导致了许多问题，高校资源分配日趋紧张。因此，高校必须改变原有的单纯引进人才的思路，要通过体制机制改革，梳理现有人才结构，建立科学的学术评价体系、资源配置体系和管理服务体系。要制定统一严格的学术规范，最大限度地激发全体教师的学术创造力。在重视论文数量的同时，更加重视论文的质量。在教师晋升时应调低论文数量的权重，更加重视科研成果的质量，实行"代

表作"制度，激励教师坐"冷板凳"，潜心研究真正重要的问题。在管理服务方面要加快推进高等教育领域"放、管、服"改革，高校内部也应简除烦苛，减轻教师除了学术工作的负担，激发教师的创新、创造活力。

二、重视排名但不唯排名论，跟踪学科国际发展动态，以评促建

尽管大学排名存在许多弊端，但不可否认，作为教育评价的重要工具，社会对大学排名亦有广泛需求。如果说一家排名的指标体系和方法可能有所偏颇，那么综合考察多项排名，则可以相对客观综合地反映大学的总体情况。全球公认的世界顶尖大学和学科，往往在不同的评价体系中都有很好的表现。"双一流"方案明确了"三步走"计划，一批大学和学科要逐步进入世界一流行列或前列。这里的"行列"和"前列"尚无明确界定，但大学排名肯定是重要参照。因此，中国高水平大学要重视排名，但也不能唯排名论，要明确自身定位，跟踪学科国际发展动态。要定期邀请国际同行专家对学校的学科建设发展进行"诊断式"评估，为学校的学科发展确定发展目标和战略，以评促建，合理分配资源并提高使用效率。[1]

三、优化学科布局，争创学科高峰

近些年来，中国大学发展的趋势之一就是追求大而全。传统的工科类大学开始加大力量发展文科和理科，原先以文理见长的综合型大学也下大力气发展工科。但任何一所大学倾尽全力发展所有学科，难度相当

---

1 何峰，姜国华. 以学科国际评估推进一流大学建设的实践和思考——基于北京大学国际同行评议的考察和分析 [J]. 学位与研究生教育，2015（11）：6–10.

大，也没有必要，而且中国 9 所高水平院校在国际上为数不多的优势学科主要集中在化学、材料科学、工程学等，各校"高原"学科和"高峰"学科分布的相似性较强。鉴于此，中国高水平大学在学科建设上要敢于"做减法"，根据自身特点，重点发展若干优先发展的学科，淘汰和调整发展前景不佳的薄弱学科，在学科高原的基础上争创学科高峰。与此同时，高水平大学的学科建设还须具有前瞻性。当前，学科交叉已成为知识创新的时代特征，很多原创性成果大多产生于交叉学科或跨学科领域。[1] 与中国其他大学相比，中国高水平大学的基础学科实力雄厚，具备发展交叉学科的条件，应当瞄准未来，抢占学科发展的下一个"制高点"，努力锻造学科高峰。

四、人文社科学科建设要注重中国特色与国际标准的结合

人文社科学科具有较强的国别性，因而很难找到合理且国际可比的指标，目前国际上也缺乏对人文社科学科相对成熟的评价体系。虽然一些排名机构在人文社科领域引入定量指标进行评价受到了很大的诟病，但不可否认，通过一些定量指标确实能反映出人文研究成果的国际影响力。当前中国的人文社科研究，在一定程度上存在发展方向不明确、原创能力不强、传播能力不足等问题。因此，中国高水平大学的人文社科学科建设一定要注重中国特色与国际标准的结合。一方面，要以中国的实际情况为研究起点，立足中国实际和有关中国的问题，提出具有原创性的理论观点，构建具有自身特质的学术体系；另一方面，要对接国际学术研究水准，重视与国际学术界的对话，积极传播中国学者的声音。

---

1 马廷奇. 交叉学科建设与拔尖创新人才培养［J］. 高等教育研究，2011（6）：73—77.

第八章

世界大学声誉排名与
中国高水平大学声誉提升

　　第一章曾提到，在世界大学排名中最具影响力的为综合排名、学科排名和声誉排名。THE 自 2011 年开始每年单独发布"世界大学声誉排名"，在全球具有非常大的影响力。声誉是一所大学经过多年历史沉淀和积累后形成的一种无形资产。良好的声誉能够让大学获得更为充足的办学经费，招揽更为优秀的教师队伍，吸引更为优质的生源。因此，世界大学声誉排名同综合排名和学科排名一样，能够为全球高校评估办学水平、提高办学质量提供重要的参考价值。

　　国内学界已有研究关注到如何提升大学声誉的问题，但鲜有对中国高水平大学与世界一流大学的声誉状况进行系统比较的研究。前文从综合实力、学科发展的角度分析了中国高水平大学与世界一流大学的差距，本章将在此基础上，从声誉排名的角度进一步探讨这一问题。本章首先对声誉的重要性与影响因素进行了详细介绍，然后分析了中国高水平大学声誉排名与得分的变化趋势，以及与世界一流大学的差距，最后探讨了制约中国高水平大学声誉提升的因素，并据此提出相应的声誉提升策略。

第一节　声誉对大学发展的重要性

　　一个组织的声誉是它拥有的质量、影响力、可信度等在人们眼中的印象，是社会公众的认知结果和情感的反映。组织声誉研究最初源于企业，该领域的领军人物 Charles J. Fombrun 认为，公司声誉是与其他领先的竞争对手相比，一个公司凭借过去的行为和未来的前景对所有的关键利益相关者产生的吸引力在认知层面的表达。他让消费者回答 6 个方面、20 个标准的题目来衡量公司的声誉，并设计了标准化工具来计算公司的整体声誉得分。[1]

　　与公司声誉相似，大学声誉（University Reputation）是指大学作为一类特殊的社会组织形式，依靠其过去的行为和可以预见的前景所获得的大众信任和赞美的程度，是大学综合实力和社会形象的外在表现，其核心是知名度与美誉度。影响公司声誉的关键因素是公司的产品和服务，而影响大学在公众心目中美誉度的关键因素则是大学的人才培养质量和科研成果水平。具体而言，有学者认为大学的声誉包括大学声誉、学术声誉、学科声誉、教授声誉 4 个层次：学术声誉是大学声誉的集中体

---

　　1 查尔斯·J.福诺布龙. 声誉与财富[M]. 郑亚卉，刘春霞，译. 北京：中国人民大学出版社，2004.

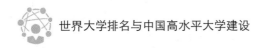

现，学科声誉和教授声誉分别从"组织"和"个人"两个角度构成了学术声誉的核心。[1]

关于大学声誉形成的理论机制，学界主要有三种观点。

一是借鉴产品地位信号理论。阎凤桥指出，由于信息成本和认知理性局限的存在，产品真正的质量与人们感知到的质量之间存在一定的差别，声誉是人们判断产品质量好坏的相对廉价的信号；由于包括高深学问在内的高等教育产品专业属性更强，其质量比普通产品更难测量，信息不对称的情况更严重，因此声誉机制对于一所大学的发展起着更为重要的作用。声誉一方面作为外显符号，体现了内隐的大学办学质量；另一方面又与办学质量相分离，在口耳相传中呈现对一所大学的极端评价（如神化或妖魔化）。办学的自主性、师资力量（尤其是为数不多但学术成果卓著的知名学者）、学科范式、教学水平和社会服务功能的发挥都是一所大学学术声誉形成的重要内在因素。[2]

二是从高等教育的"连带产品"属性出发进行解释。所谓"连带产品"属性，是指当学生选择一所就读的大学时，除了考虑大学的教授、课程和设备条件，还会考虑学校里其他同学的学习能力、兴趣爱好和家庭状况等。因此，具有相同特质的学生越来越倾向于集中在同一类学校学习，学校分层的现象也愈演愈烈。随着大学排行榜的出现和大众媒体对其曝光度的不断加强，大学"被迫"卷入了一场单一标准的竞争之中：大学排名一方面部分地解决了学生与大学之间信息不对称的问题，另一

---

1 陈卓. 大学声誉制度研究——基于制度主义的视角［J］. 中国高教研究，2016（3）：73–79，95.

2 阎凤桥. 大学的办学质量与声誉机制［J］. 国家教育行政学院学报，2012（12）：16–20.

方面也削弱了大学多元化办学的重要性，学生争相申请排名靠前并可能录取自己的学校，最终导致学校间的学生分层不断加剧，最初形成的等级序列不断强化并稳定下来，从而坐实了一所大学的声誉。[1]

三是由资源依赖理论衍生出的观点。该理论认为，组织必须依赖所处的环境得以繁衍生息，由于其受到外部环境的"汲养"，外部群体因此也获得了一定控制组织的权利。大学依赖的资源包括生源、教师、校外资助、政府政策支持等，外部环境为大学提供这些资源有赖于一定的信号，即大学的声誉。随着高等教育大众化趋势的加深，排名靠前的名牌大学更有可能获得政府巨额的教育补助及优秀学者和学生的青睐，大学之间的资源竞争也日益激烈；为了在竞争中取得相对优势，培育良好的声誉越来越受到大学的重视。国际学生服务机构的研究显示，大学学术声誉排名是学生选择留学目的地、学者寻找工作地点最重要的参考标准之一；"常春藤"院校的学生及家长在选择学院时更是将"大学声誉"放在首位，其重要性超过"学术专业"本身。[2]

基于上述背景，大学声誉评价的作用在近年来得到了越来越多的重视，并在评价方法上有了相当程度的发展。THE 自 2011 年开始在原有的世界大学综合排名之外，新增发布"世界大学声誉排名"（以下简称"THE 大学声誉排名"）。

---

1 亨利·汉斯曼. 具有连带产品属性的高等教育［J］. 王菊，译. 北京大学教育评论，2004（3）：67-73.

2 GREENE H. The select: realities of life and learning in America's elite colleges: based on a ground breaking survey of more than 4, 000 undergraduates［M］. Cliff Street Books, 1998.

　　鉴于中国大学的声誉排名总体靠后，国内已有一些研究关注到如何提升大学声誉的问题，并从声誉形成机制的不同参与主体出发进行了探讨。马陆亭认为规模和投入是影响大学声誉的重中之重，积累大学声誉需要加大资金投入，同时提倡大学管理自主化、经费筹措市场化。[1] 王连森、栾开政基于利益相关者的视角，指出大学应该从核心的、外围的、潜在的利益相关者三个层面，有区别地实施大学声誉的管理，具体措施包括广泛动员、加强沟通、增进感情、广泛宣传等。[2] 舒颖岗提出大学、社会、政府对大学声誉的提升具有共同责任，三者需要共同合作，但中国大学在社会满意与政府满意之间面临抉择。[3] 石军伟、付海艳认为跨校科研合作行为对大学声誉有积极影响，然而现行激励政策阻碍科研合作的发展，需要通过制度设计淡化对第一作者的政策要求，并促进个体社会资本向团队与组织层次转化，方可提升大学声誉。[4] 邵尚基于东京大学的案例，提出了提升大学声誉的策略，如巩固加强高端人才培养模式、拥有基于质量优先的科研管理方式、注重科研成果的应用转化、推进国际化持续发展等。[5] 陈卓从制度主义的角度出发，指出权力对大学

---

1 马陆亭. 大学声誉的生产战略［J］. 高等工程教育研究，1994（4）：21–26.

2 王连森，栾开政. 大学声誉形成机理与管理策略——基于利益相关者的分析［J］. 现代大学教育，2007（5）：66–70，110.

3 舒颖岗. 大学声誉培育与高水平大学建设[J]. 国家教育行政学院学报，2011（12）：23–25.

4 石军伟，付海艳. 激励机制、科研合作网络与大学声誉之间的关系研究［J］. 教育研究，2012（1）：81–88.

5 邵尚. 大学声誉的形成机理研究——以东京大学为例[D]. 长沙：中南大学，2013.

声誉会产生负面影响，中国大学需要以独立姿态追求高深学问。[1]彭学文从高等教育中心制度的角度分析了院校声誉动态变化的原因，提出政府有责任对不良的院校声誉机制进行有效干预与矫正，但要慎用行政权力对院校的层次地位进行人为划分。[2]

当然，也有一些学者对于大学声誉排名持保留态度。例如，孙颖提出当前大学声誉排名具有长期性、关联性、主观性和稳定性等特征，政府、社会和大学只有客观地看待和使用声誉、营造良好的声誉机制，才能充分发挥声誉对大学发展的促进作用。[3]蒋凯认为当前声誉排名的过度竞争，驱使一些大学偏重科研、开展生源争夺、盲目追求数据；为走出这种迷思，需要在文化认知层面深入理解大学声誉的实质、人才培养的核心地位及教学与科研的内在联系。[4]

可以看到，学界现有研究多以理论分析为主，从资源投入、行为主体和制度设计等方面揭示中国大学声誉提升面临的挑战，但普遍缺少与世界一流大学声誉的比较研究。为了明确我国大学在世界大学声誉体系中的位置，有的放矢地提高办学质量和影响力，有必要对大学声誉排名的具体指标及其影响因素进行系统研究，并与世界一流大学的声誉状况进行对标。

---

1 陈卓. 大学声誉制度研究——基于制度主义的视角［J］. 中国高教研究，2016（3）：73-79，95.

2 彭学文，蒋凯. 制度理论视角的院校声誉［J］. 大学教育科学，2019（3）：49-53.

3 孙颖. 大学声誉因素：构成、特点、问题及建议［J］. 黑龙江高教研究，2017（10）：21-25.

4 蒋凯. 声誉追寻下的大学迷思［J］. 大学教育科学，2018（6）：4-12，119.

第二节 THE 大学声誉排名的影响因素

声誉会对一所大学的发展产生深远影响，甚至成为其立身之本。因此，哪些因素会影响大学声誉、如何提升大学声誉的问题就显得尤为重要。THE 大学声誉排名涉及的影响因素指标相对比较综合，包括各大学科研成果和教学成果的数量和质量、大学的国际化程度及国际影响力等。本文整合了 2012 年至 2019 年 THE 大学声誉排名的数据及相应年份前一期的 QS 世界大学排名数据，在此基础上对影响大学声誉的内部和外部因素进行实证分析。

一、数据说明

世界大学排名数据来源于 THE 和 QS 两家排名机构的官方网站。由于每年不同大学知名教师退休、重大成果获奖等情况变化很大，大学排名可能存在浮动甚至大幅度的波动，仅用某一年的排名数据来衡量大学真实的办学实力，可能存在一定的偏差。因此，本章采用最近 8 年的大学排名指标得分形成面板数据，在增加样本量的同时，也能够控制样本潜在的内生性问题。

一所大学的声誉采用 THE 大学声誉调查的总得分、研究得分和教学得分来衡量；其科研成果、教学水平和国际化程度采用滞后一期（上一年度）的 QS 世界大学排名分项指标得分来衡量。这里并不是在简单比较两个大学排名，而是利用 QS 排名呈现的办学特征来解释不同大学在声誉方面存在的差异。将上一年度 QS 世界大学排名的得分作为当年 THE 大学声誉排名的预测变量，不仅满足时间上的先后顺序，而且在全球信息高速传播、高度共享的背景之下，前者对后者可能有很好的舆论宣传作用，因而应该有相当强的预测效力。本文将 2012 年至 2019 年 THE 大学声誉排名的数据及相应年份前一期的 QS 世界大学排名数据整合，并补充了每所大学的建校历史、学校类型、所在地区等特征变量，构造了 58 所大学（N=58）×8 年（T=8）的平衡面板数据。

需要说明的是，2012—2019 年进入 THE 大学声誉排名前 50 名的大学共有 62 所，由于加利福尼亚大学旧金山分校的 QS 世界大学排名得分不可得，卡罗林斯卡学院和马萨诸塞大学进入前 50 名的次数很少，巴黎文理研究大学则更近似于一所"高校联盟"，且未参与其他大学排名，因此在面板数据分析时舍去了这 4 所大学的样本。部分大学的声誉排名在 50 名上下徘徊，某些年份未进入前 50 名造成数据缺失，需要对面板数据进行平衡性处理，具体做法是将这些缺失的声誉得分替换为 1（以便在取对数时变为 0）。鉴于声誉排名 50 名左右的大学，其声誉得分基本为 5~6 分，已经非常接近 1，因此这一缺失值处理方法也具备一定的合理性，对于实证分析的结果不会造成太大偏差。

2012—2019 年，在上述 58 所进入排名前 50 名的大学中，有 82.8% 是综合型大学，17.2% 是理工类大学或人文社科类大学（即专业型大学）；美国大学的比例为 50%，欧洲大学的比例为 25.9%，亚洲大学的比例为 13.8%。截至 2019 年，这些大学的平均"年龄"已超过 206 岁。

8 年间，哈佛大学、麻省理工学院、斯坦福大学、剑桥大学、牛津大学、加利福尼亚大学伯克利分校 6 所大学稳居声誉排名的前 6 名。

二、模型设计

为探究大学声誉受到哪些因素的影响，本文使用面板数据回归的方法，得出各类影响因素对大学声誉得分的"净效应"，回归分析选取的变量如下。

模型的因变量为 2012—2019 年 THE 大学声誉排名得分（包括总得分、研究声誉得分和教学声誉得分）的对数，共三个因变量。自变量是大学声誉的可能影响因素，根据前文讨论的大学声誉形成机制，本章主要从环境因素和自身条件两方面来考察：环境因素即大学所在地区变量（美国、欧洲、亚洲三个地区虚拟变量，均以"本地区以外的其他地区"为基底），衡量了某一地区的大学宏观上对公众的吸引力；自身条件包括建校历史（截至 2019 年，连续型变量）、学校类型（综合型或专业型大学虚拟变量，以专业型大学为基底）和办学特征（QS 世界大学排名指标得分的滞后一期变量，连续型变量）三个维度。其中，QS 世界大学排名的总得分包括如下指标——基于全球调查的学术声誉（在 QS 排名总分中占 40%）、基于全球调查的雇主评价（10%）、师生比（20%）、教师人均引用数（20%）、国际学生比例（5%）和国际教师比例（5%），比较全面地衡量了一所大学的学术科研实力、毕业生质量、教学水平和国际化程度。

使用 QS 世界大学排名总分的回归模型设定如下：

$$\text{THE}_{it} = his_i + type_i + region_i + QS_{it} + u_{it} \qquad (1)$$

$$u_{it} = a_i + \varepsilon_{it} \qquad (2)$$

仅使用 QS 总分作为 THE 大学声誉排名得分的自变量，无法明确区分大学自身实力对其声誉的影响，以及舆论宣传对声誉调查的导向作用。为此，本章进一步分析了 QS 世界大学排名的分项得分对其声誉的影响，这些得分变量包含了相对客观的指标，而且舆论的关注度较小（关于大学排名的新闻很少报道分项指标得分），因此其回归系数更接近于大学自身实力在声誉上的反映。使用 QS 世界大学排名分项得分的回归模型设定如下：

$$\text{THE}_{it} = his_i + type_i + region_i + \sum_{m=1}^{6} QS_{mit} + u_{it} \qquad (3)$$

$$u_{it} = a_i + \varepsilon_{it} \qquad (4)$$

面板数据模型的分析方法众多，需对模型潜在的非平稳、自相关和异方差等威胁进行检验，根据检验结果加以选择。

1. 单位根检验

为避免出现"伪回归"的情况，确保估计结果的有效性，首先对各面板序列的平稳性进行 Levin-Lin-Chu 检验（相同根单位根检验）和 Fisher-ADF 检验（不同根单位根检验），结果显示各序列均能在 5%的显著性水平下拒绝"存在单位根"的零假设，可以认为序列是平稳的（检验结果篇幅较长，此处从略）。

2. 自相关检验

面板数据序列相关的伍德里奇检验结果显示，$F(1, 57)=6.870$，$Prob>F= 0.0112$，在 5%的显著性水平下拒绝"不存在一阶自相关"的零假设，认为模型存在一定的自相关的问题（其他模型检验结果类似，限于篇幅未予列出）。

3. 异方差检验

对于前述模型（1），采用 THE 大学声誉排名总得分的对数作为因变量进行固定效应模型估计，修正后的 Wald 检验 chi2 (58) $=5.6 \times 10^8$，Prob>chi2 = 0.0000，拒绝组间同方差的零假设，认为模型存在异方差的问题。

4. 固定效应和随机效应模型的选择

鉴于模型的随机误差项之间存在异方差和自相关问题，且部分自变量为非时变变量，因此采用随机效应模型，参数估计方法为可行的广义最小二乘法（FGLS）。

三、实证研究结果

从回归结果（见表 8.1）来看，在控制其他变量的情况下，大学的声誉排名得分显著地受到建校历史、学校类型、所在国家和地区、自身教学科研水平和国际化程度的影响（5%甚至 1%的显著性水平之下，除了特殊说明，下同）。就学校固定特征而言，若保持其他因素相同，则：（1）建校历史越长，大学声誉排名的总分、研究得分和教学得分平均而言显著越高，建校历史每增加一年，三项声誉排名得分可提高 0.2%以上，其中教学声誉得分的提升幅度相比于科研声誉得分更大一些；（2）专业型大学三项声誉排名得分均显著高于综合型大学；（3）美国大学在声誉方面领衔世界顶尖高等学府，平均而言，各地区顶尖大学声誉从高到低大致排序为——美国、亚洲、其他地区（主要是澳大利亚和加拿大）和欧洲，其中欧洲顶尖大学的劣势主要体现在教学声誉方面。

表 8.1　THE 大学声誉排名得分的回归系数表

自变量　　因变量	模型 I	模型 II	模型III	模型IV	模型 V	模型VI
	THE 大学声誉排名 总分的对数		THE 大学科研声誉 得分的对数		THE 大学教学声誉 得分的对数	
建校历史	0.00244***	0.00256***	0.00234***	0.00244***	0.00273***	0.00288***
	(0.000229)	(0.000225)	(0.000232)	(0.000227)	(0.000222)	(0.000226)
综合型大学	−0.382***	−0.640***	−0.369***	−0.642***	−0.439***	−0.626***
	(0.0902)	(0.0926)	(0.0890)	(0.0923)	(0.0970)	(0.0963)
美国大学	0.656***	0.998***	0.707***	1.041***	0.531**	0.882***
	(0.124)	(0.126)	(0.123)	(0.125)	(0.132)	(0.135)
欧洲大学	−0.288*	−0.158	−0.253	−0.113	−0.417**	−0.308**
	(0.160)	(0.145)	(0.159)	(0.145)	(0.164)	(0.153)
亚洲大学	0.517***	0.661***	0.489***	0.627***	0.568***	0.736***
	(0.159)	(0.157)	(0.156)	(0.153)	(0.169)	(0.172)
QS 世界大学 排名总分	0.0469***		0.0474***		0.0458***	
	(0.00321)		(0.00319)		(0.00334)	
QS 学术声誉		0.0507***		0.0515***		0.0475***
		(0.00572)		(0.00576)		(0.00579)
QS 雇主评价		0.00377**		0.00380**		0.00350**
		(0.00173)		(0.00173)		(0.00179)
QS 师生比		0.00276**		0.00267**		0.00318**
		(0.00122)		(0.00121)		(0.00127)
QS 国际教师 比例		0.00171*		0.00148		0.00245**
		(0.000980)		(0.000977)		(0.00101)
QS 国际学生 比例		0.00545***		0.00554***		0.00525***
		(0.00140)		(0.00139)		(0.00146)
QS 教师人均 引用数		0.00446***		0.00467***		0.00405***
		(0.00129)		(0.00129)		(0.00134)
常数项	−1.888***	−4.194***	−1.920***	−4.250***	−1.804***	−3.976***
	(0.303)	(0.537)	(0.298)	(0.538)	(0.327)	(0.551)
样本量	464	464	464	464	464	464

注：（）内为标准误；*** $p<0.01$，** $p<0.05$，* $p<0.1$。

专业型大学的声誉高于综合型大学是一个比较有意思的现象。在接受声誉调查时，学者需要在自己的学科领域内，提名不超过 15 所顶尖的大学。专业型大学的优势往往集中于某些重点学科领域，在这种提名方式之下更有可能被提名（这并不意味着提名方式有问题，只是恰好强化了集中力量发展重点学科的优势）；相反，综合型大学尽管学科齐全、规模庞大，但由于资源相对分散，在特定学科领域中未必比专业型大学更具知名度，受限于提名大学总数，劣势可能被放大。

从模型 Ⅰ、Ⅲ、Ⅴ 的结果来看，QS 世界大学排名的总分对于 THE 大学声誉排名得分具有显著的正向预测效力，这可能包含了两方面的效应：一是 QS 世界大学排名结果对次年 THE 大学声誉排名的"宣传效应"，二是学校办学和科研水平对声誉影响的"净效应"，后者从侧面表明使用不同指标、由不同机构测评的大学排名具有横向比较的可靠性。

从模型 Ⅱ、Ⅳ、Ⅵ 的结果来看，在 QS 世界大学排名的分项指标中，学术声誉、雇主评价、师生比、国际学生比例和教师人均引用数对于 THE 大学声誉得分具有显著的正向影响；国际教师比例对于教学声誉得分具有显著的正向影响，对于科研声誉得分的影响则不显著。

QS 学术声誉对于 THE 大学研究和教学声誉得分的正向预测效力显著，QS 学术声誉得分每提高 1 分，THE 大学声誉得分平均而言将提高 5% 左右。此前已有研究表明，在 THE 学术声誉排名的调查对象中，学术人员、科研人员及高校领导合计约占 90%；在 QS 学术声誉排名的调查对象中有 52.7% 为副教授或教授。[1]两个大学排名学术声誉评分的参与者都是学术科研人员及大学的行政领导，部分受访群体甚至有所重合，因而某所大学某个学科在两个排名中的评价也会相互关联，相对比较稳定。

---

1 顾雨竹. THE 排名指标体系研究——兼与 QS 排名指标体系的比较［J］. 大学（学术版），2013（12）：66-74.

QS 雇主评价对于 THE 大学声誉得分有显著的正向影响，雇主评价得分每提高 1 分，大学总体声誉、科研声誉和教学声誉得分均有望提高 0.3%以上。这是因为雇主评价和大学声誉之间的关系受同一个潜在变量——毕业生能力素养的影响。就科研声誉而言，参与 THE 大学声誉评价的学者及其学术共同体的成员，很大一部分都毕业于榜单上的这些顶尖研究型大学，这些毕业生的研究能力往往直接影响着投票者对一所大学科研水平的认知。同时，QS 雇主评价也能在一定程度上反映毕业生的研究水平。以 2019 年 QS 雇主评价的实施过程[1]为例，拥有投票权且排在前 5 名的行业（咨询、工程、教育、金融、信息技术）都带有一定的研究性质，我们有理由相信，这些行业在雇用顶尖研究型大学的毕业生时也非常看重他们的研究能力。因此，可以认为 QS 雇主评价也对 THE 大学科研声誉得分有一定的预测效力。就教学声誉而言，毕业生的专业素养和综合能力反映了一所大学的教学水平，这一点雇主们有目共睹，逻辑上也应该和学者的评价一致。这里需要说明的是，由于雇主评价的主体和评价重点都不是单纯的学术领域，因此雇主评价对于大学科研和教学声誉的预测性应是间接的，不能作为评价一所大学学术声誉的主要参考指标。

师生比是 QS 世界大学排名中衡量大学教学效果的主要指标，一般认为，世界一流大学奉行的是精英教育，师生比过小反映出师资力量不足，教师教学压力大，因而办学质量低。研究发现，师生比得分每提高 1 分，大学声誉排名得分有望提高 0.27%以上，这一结果也符合研究假

---

1 QS 全球雇主调查应答［EB/OL］.［2019-12-20］. http://www.iu.qs.com/employer-survey-responses/.

设和公众的普遍认知。

国际教师比例、国际学生比例反映的是大学的国际化程度，对于大学声誉排名得分也有一定的提升作用。国际教师比例得分每提高 1 分，大学声誉排名得分可提高 0.17%左右（在 10%的显著性水平下），但主要体现在教学方面，对于科研声誉得分的影响不显著。其主要原因可能是，一方面，国际教师能够有效促进大学的学术交流与合作，从而提升大学科研成果在国际同行中的认可度；另一方面，大学对于国际教师科研成果的考核要求可能会略宽松一些，国际教师比例过高反而可能不利于科研成果数量的增加。这两种因素的作用方向相反，因而国际教师比例对大学科研声誉的影响不够显著。国际学生比例得分每提高 1 分，大学声誉排名得分可提高 0.5%以上，这一结果印证了"国际生源越多，在留学生中影响力越大，因而在他国享有更高声誉"的逻辑。

教师人均引用数得分每提高 1 分，大学声誉排名得分可提高 0.4%以上。科研声誉排名得分的提升幅度大于教学声誉，也凸显了科研成果对大学声誉，尤其是对科研声誉的重要作用。

四、主要结论

基于回归结果的分析，可以得出如下结论。

第一，一流大学的良好声誉的形成是一个长时间积淀的过程。面板数据回归结果显示，建校历史越长，大学声誉排名的各项得分越高；建校历史是衡量一所大学声誉的重要参考指标。由于心理惯性的作用，公众对一所大学的认知不可能在短时间内改变，因此良好的大学声誉具有积累性，需要通过长时间的建设才能形成。建校历史较长的大学，具有更加深厚的历史底蕴、品牌效应和长期传承的学科优势，有利于吸引更多青年人才，完善人才梯队，从而持续提升学校的知名度和影响力。因此，对于建校历史悠久的大学而言，保持和宣传历史传统、办学特色就显得尤为必要。

第二，学术成果是影响大学声誉的首要因素。基于主观评价的 QS 学术声誉排名和基于客观数据的教师人均引用数都对大学声誉排名具有显著的正向影响，这表明学术质量和科研水准是一所大学获誉的生命线。虽然学界对于大学片面强调论文发表及引用的做法多有争论，但高水平论文的影响力可以有效地提升大学的整体声誉。

第三，提升大学声誉需要凝聚一支数量充足的高质量师资队伍，并积极投入学生培养的事业中。师生比对于大学声誉排名具有显著的正向影响，一方面提示我们高水平大学应该控制精英学生的规模，不能一味扩招；另一方面也表明师资人才队伍建设的重要性，要动员更多的高水平教师参与教学工作，确保教学质量。

第四，大学声誉与校园的国际化程度密不可分。国际学生比例对于大学的声誉具有显著的提升作用，国际生源越多，在留学生中影响力越大，因而大学的国际声誉就越高。国际教师比例同样有助于提升大学声誉，尤其是教学声誉——从科研合作和学术交流的角度来讲，引进高水平的国外学者、为本国教师提供更多的出国访学机会，无疑是提升大学影响力的重要方式。

第五，美国大学在全球学术声誉方面仍然具有不可撼动的地位，亚洲大学的学术声誉在近年来不断提升。2012—2019 年，在 THE 大学声誉排名中，美国大学占据半壁江山，表明美国仍然是世界顶尖高等教育质量的代表和优质智力资源的聚集地；亚洲大学尽管占比较低，但在控制其他因素的情况下，它们比欧洲、大洋洲等地的顶尖大学声誉更高。

第六，不同主体对于同一所大学的评价可能有一致性。受毕业生能力素质的影响，QS 雇主评价和 THE 大学声誉得分具有显著的正相关关系。这启示我们，学术界和其他劳动力市场对于一所大学的评价可能有相通之处，大学的人才培养、科学研究、社会服务等各项事业也不是彼此割裂的。一流大学不应追求千篇一律的发展目标，而应基于自身特色和条件开展学科建设，指导学生成长就业，努力实现大学各项职能的相互促进、共同发展。

第三节　中国高水平大学的声誉排名现状及提升策略分析

本节将以北京大学、清华大学和华东五校（复旦大学、中国科学技术大学、上海交通大学、浙江大学、南京大学）作为我国高水平大学的代表，总结其声誉排名及得分的变化趋势，分析我国高水平大学与世界顶尖大学的差距与不足；结合前一节的实证分析结论，探讨中国高水平大学的声誉提升策略。

一、中国高水平大学的声誉排名现状

（一）北京大学、清华大学声誉排名现状

北京大学和清华大学作为我国高校建设世界一流大学的"排头兵"，是中国大陆地区在 THE 大学声誉排行榜上名次最高的两所高校，稳居全球前 50 名。2012—2019 年，两所大学在 THE 大学声誉排名中的位置如表 8.2 所示。

表 8.2　2012—2019 年北京大学、清华大学在 THE 大学声誉排名中的得分 [1]

年份	学校	排名	总体声誉	教学声誉（1/3）	科研声誉（2/3）
2012 年	北京大学	38	8.9	9.9	8.4
	清华大学	30	10.9	11.7	10.5
2013 年	北京大学	45	7.8	8.5	7.4
	清华大学	35	9.6	10.2	9.3
2014 年	北京大学	41	7.0	7.2	6.9
	清华大学	36	8.4	9.0	8.1
2015 年	北京大学	32	7.7	8.9	7.2
	清华大学	26	9.5	10.2	9.2
2016 年	北京大学	21	15.9	18.8	14.8
	清华大学	18	17.5	15.9	18.1
2017 年	北京大学	17	17.2	18.9	16.6
	清华大学	14	20.1	19.7	20.2
2018 年	北京大学	17	17.5	20.6	16.2
	清华大学	14	20.3	21.2	19.9
2019 年	北京大学	17	17.3	19.9	16.2
	清华大学	14	20.1	22.1	19.3

从排名来看，除了个别年份略有下降，两校排名均实现了大幅提升。北京大学从 2012 年的第 38 位攀升至 2019 年的第 17 位，清华大学则从第 30 位跃居第 14 位；北京大学与清华大学分别于 2017 年、2016 年首次跻身世界 20 强，并一直保持至 2019 年，体现了中国高水平大学全球影响力的提升。THE 副主编菲尔·贝蒂认为："中国自 20 世纪 90 年代以来在高等教育方面投入更多，同时还在进行改革，这使得中国大学在世界舞台上更具竞争力。"[2]

---

1 夏晓. 全球大学声誉榜：清华列 18 中国 9 所高校入百强［EB/OL］.［2016–05–05］. http://news.xinhuanet.com/world/2016–05/05/c_128960179.htm.

2 THE 大学声誉排名检索［EB/OL］.［2019–12–31］. https://www.timeshighereducation. com/world–university–rankings/2019/reputation–ranking#!/page/0/length/25/sort_by/rank/sort_ order/asc/cols/scores.

就声誉得分而言，两所高校的得分均呈现上升趋势。对比两校的分数可知，声誉排名自发布以来，北京大学总体声誉和科研声誉两项得分始终低于清华大学；除了 2016 年，北京大学的教学声誉得分在绝大多数年份里也都落后于清华大学。从横向比较来看，两所学校的教学声誉得分大多比科研声誉得分高，清华大学仅在 2016 年和 2017 年科研声誉得分高于教学声誉得分。

表 8.3 展示了 2019 年 THE 大学声誉排名前五名的大学与中国高水平大学的得分差异。可以看出，北京大学、清华大学的声誉得分与世界顶尖大学相比有不小的差距：与排名首位的哈佛大学相差较多，清华大学总体声誉得分仅为牛津大学的 28%，北京大学总体声誉得分仅为牛津大学的 24%。由此可见，中国顶尖大学在提高教学科研实力、增强国际学术影响力、提升学术声誉方面任重道远。

表 8.3　2019 年 THE 大学声誉排名前五名的大学与北京大学、清华大学得分对比[1]

排名	学校	地区	总体声誉	教学声誉	科研声誉
1	哈佛大学	美国	100	100	100
2	麻省理工学院	美国	85.4	77.8	88.4
3	斯坦福大学	美国	77.3	73.7	78.8
4	剑桥大学	英国	72.3	76.6	70.5
5	牛津大学	英国	71.3	75.1	69.8
14	清华大学	中国	20.1	22.1	19.3
17	北京大学	中国	17.3	19.9	16.2

前一节的回归结果显示，QS 世界大学排名指标得分对于 THE 大学

---

1 THE 大学声誉排名检索［EB/OL］. [2019–12–31]. https://www.timeshighereducation.com/world–university–rankings/2019/reputation–ranking#!/page/0/length/25/sort_by/rank/sort_order/asc/cols/scores.

声誉具有一定的预测效力，一所大学的教学科研水平和国际化程度都是其声誉的重要影响因素。因此，本节使用雷达图的形式（见图 8-1 和图 8-2），直观展示北京大学、清华大学两校近年来在 QS 世界大学排名 6 项指标上的得分情况。

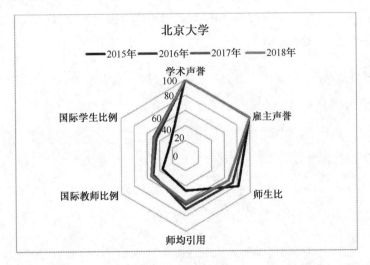

图 8-1　北京大学 QS 指标得分（2015—2018 年）

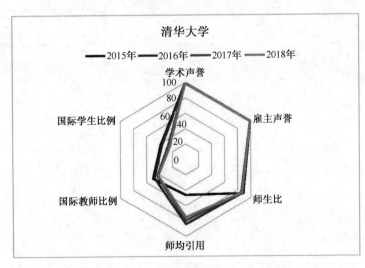

图 8-2　清华大学 QS 指标得分（2015—2018 年）

可以看出，2015—2018 年，北京大学、清华大学两校的学术声誉、雇主声誉表现突出，在世界一流大学的横向比较中不落下风。清华大学在师生比和师均引用两个指标上具有一定优势，北京大学近年来在这两个指标上有所退步。两校在国际化方面都有不少上升空间，国际教师比例相当，国际学生比例方面北京大学略占优势。

（二）华东五校声誉排名现状

华东五校，即复旦大学、中国科学技术大学、上海交通大学、浙江大学、南京大学这五所学校，也是 THE 大学声誉排名前 100 名的常客。根据该榜单的发布规则，由于 50 名以后高校的声誉得分非常接近，参考价值有限，故不列出具体得分，而是以区间形式展示（每 10 名一个区间）。表 8.4 给出了华东五校 2016—2019 年的 THE 声誉排名情况：复旦大学、上海交通大学基本稳居前 80 位；浙江大学曾于 2017 年接近前 50 位，近两年来有所下滑；中国科学技术大学进步迅速，目前位居前 80 位；南京大学曾于 2017 年进入前 100 位。

表 8.4　2016—2019 年华东五校的 THE 大学声誉排名区间

学校	2016 年	2017 年	2018 年	2019 年
复旦大学	71～80	71～80	81～90	71～80
上海交通大学	71～80	71～80	81～90	71～80
浙江大学	81～90	51～60	71～80	81～90
中国科学技术大学	>100	>100	81～90	71～80
南京大学	>100	91～100	>100	>100

尽管无法获得华东五校的详细声誉得分，我们还是可以基于前一节的回归分析结果，通过 2015—2018 年 QS 排名指标得分的雷达图（见图 8-3 至图 8-7），大致判断五校在声誉竞争中的优势和劣势。

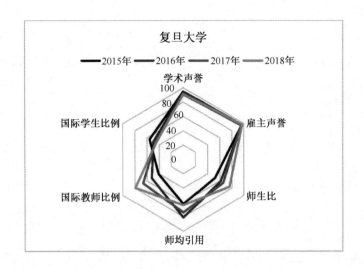

图 8-3　复旦大学 QS 指标得分（2015—2018 年）

可以看出，复旦大学的雇主声誉和学术声誉是其明显优势，而国际学生比例是其相对劣势；2018 年师生比和国际教师比例两个指标得分有明显增加，这也和 2019 年 THE 大学声誉排名提升的趋势一致。

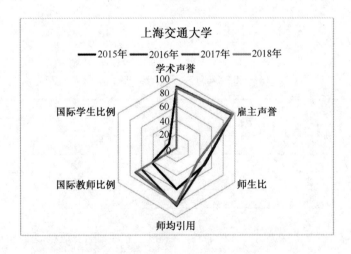

图 8-4　上海交通大学 QS 指标得分（2015—2018 年）

上海交通大学的雇主声誉、学术声誉、师均引用和国际教师比例指标占优，但在师生比和国际学生比例方面，存在一定劣势。

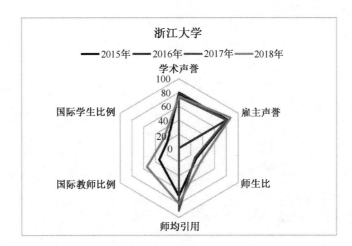

图 8-5　浙江大学 QS 指标得分（2015—2018 年）

浙江大学的雇主声誉、学术声誉、师均引用指标有一定优势，国际
教师比例近年来也有所提升；但在师生比和国际学生比例方面仍存在一
定劣势。

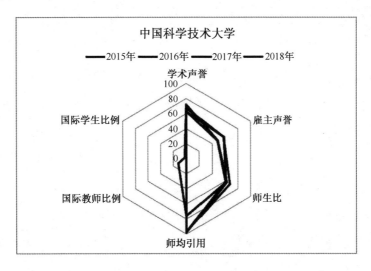

图 8-6　中国科学技术大学 QS 指标得分（2015—2018 年）

近年来，中国科学技术大学的各项 QS 指标得分相对稳定，师均引用指标得分优势突出，其明显短板在于国际化相关指标。

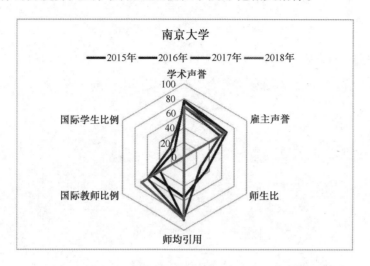

图 8-7　南京大学 QS 指标得分（2015—2018 年）

南京大学在学术声誉和雇主声誉方面具有一定优势，师均引用和国际教师比例近年来也有一定提升；和其他四校类似，国际学生比例和师生比是南京大学相对的短板。

综上，华东五校目前在学界和劳动力市场上的评价均比较高，按照师均引用来衡量的科研实力也有所增强。在国际化方面，近年来各校都比较重视国际教师的引进，但国际学生比例过低，这无疑是制约华东五校声誉进一步提升的关键性因素。在师生比方面，除了复旦大学和中国科学技术大学，其他学校的师生比处于明显劣势，应合理扩大师资队伍规模，逐步控制学生规模，不断提高教学育人质量。

二、制约中国高水平大学声誉提升的因素

THE 副主编费尔·巴蒂强调："美国、英国等国的顶尖高校由于历史悠久、校友贡献多、国家投入大、科学研究地位突出、国际交流广泛、世界影响力大，所以排名稳定领先。"[1] 相比之下，中国大学知名度的提升存在着一些明显的制约因素，综合起来表现为以下几个方面。

一是科研工作欠缺持续有效的激励机制，导致优秀科研成果产出少，论文影响力不足。北京大学、清华大学科研声誉得分长期低于教学声誉得分，表明两校被国际学术界认可的优秀科研成果相对较少，尤其是在人文社会科学领域缺乏有影响力的国际性科研成果。THE 大学声誉调查的绝大多数学者都使用英文，而中国大学的人文社科科研成果大多是中文作品，所以较少被国外学者了解。其深层次的原因在于，中国大学在激励教师发表高水平论文、特别是国际合作发表论文方面缺少有效措施，对人员经费的规定比例过低或管理太严，使用起来不够灵活，这长久以来制约着教师申请项目和产出成果的积极性。

二是师生比普遍偏低，教师负担过重导致教学科研工作的质量受到影响。师生比一方面是反映大学人力资源利用效率的指标，另一方面也是影响大学教学科研成果的重要因素。当师生比偏低时，一名教师需要负担的学生相对偏多，同时他们在研究型大学中还承担着繁重的科研任务，往往顾此失彼。此外，国内外已有很多研究印证了小班教学对学生成绩的提高具有明显作用，在师生比偏低的情况下，实施小班教学也变得更加困难。当前，师生比偏低是华东五校及其他"双一流"高校普遍面临的问题，这也制约了其声誉的进一步提升。

---

1 王俊峰.2013 年世界大学声誉排名分析［J］.世界教育信息，2013（5）：25-26.

三是国际化程度不高，表现为教师国际学术交流的广度和深度不足，留学生数量有限、结构不合理，生源质量有待提高。此前的分析表明，国际化指标是我国高校在声誉竞争中的普遍短板。目前，国内大学的出访教师数量普遍多于外籍来访教师数量，国外学者，尤其是处于"学术旺盛期"的年轻学者来我国进行的深度学术访问和教学科研合作偏少，这在某种程度上影响了我国高校的国际知名度。另外，与世界顶尖大学相比，我国高校的国际学生比例普遍较低，且生源结构和学科分布不够多元化：留学生大多来自日本、韩国等东亚国家，集中于人文社科院系等，这些都限制了其教学科研水平在世界范围内的声誉。

四是我国大学校友及师生对声誉积累的重视程度不够。在受邀参与THE 大学声誉调查的中国教师当中，有一半以上未予回复，其参与大学声誉评价和建设的意愿不强。这一现状不利于其他国家充分了解我国大学的发展情况，不利于提高我国大学的知名度。

三、中国高水平大学声誉提升策略

基于面板数据回归分析结果，结合我国顶尖大学在声誉建设方面存在的问题，下文就提升国内大学的学术声誉提出如下建议。

第一，完善科学研究激励机制。对于正在加快推进"双一流"建设的中国高水平大学而言，制定合理有效的科学研究激励机制，鼓励论文发表等科研产出势在必行。在THE 大学声誉排名中科研占比2/3，面板数据分析结果表明，学术声誉排名和教师人均文章引用数都对大学声誉排名具有显著的正向影响，可见优秀科研成果对于大学声誉积累的重要性。同时，北京大学、清华大学近年来的科研声誉得分大多低于教学声誉得分，与欧美顶尖大学相比存在较大差距。当前我国许多大学对教师科研产出缺乏持续有效的激励机制，大学应该在科学论证的基础上设立科研成果和论文奖励基金，有针对性地激励教师主动承担大项目、产出大成果。科研成果不仅要投稿到国外 SCI 期刊，更应该首选在国内期刊上刊登。此外，还应改进科研经费的管理模式，提高人员经费比例，放宽经费使用限制，提升经费使用效益；在择优、扶重的同时，支持有创新潜力的弱势学科实现赶超，从而形成科学合理的学科体系。

第二，充实师资队伍，优化人才结构。面板数据分析结果表明，师生比是影响一所大学国际声誉的重要因素，而师生比偏低是我国很多高校普遍面临的问题。一方面，尽管我国教育法规对师生比有明确规定，并按照师生比来下达各高校的教师编制，但很多高校都远未达到教师编制上限，反而一味追求学生扩招，教师面临的教学科研压力可想而知。另一方面，在全国性乃至全球性学术人才竞争加剧的大背景下，招不到合适人才的问题也困扰着一些高水平大学。为此，大学必须拓宽海内外引才视野，通过长期联络、深入宣传、实施优惠等方式，提升对高素质师资人才的吸引力，落实人才待遇，为他们从事教学科研工作免除后顾之忧。在适度扩大规模的同时，大学也要密切关注各学科的人才结构变化趋势，及时补充中青年教师力量，形成富有活力和创造力的教学科研梯队。

第三，深化国际学术交流合作，扎实做好留学生工作。在全球化背景下，大学要跟上世界科技创新的步伐，占领高新技术的制高点，不能闭门造车，必须开展全球范围内的交流与合作。一方面，要坚持"请进来与走出去并重"的策略，更大规模地引进国外优秀学者和青年人才。要做好学科的国际对标，出台有效措施加深与国外高校、研究机构的合作深度，开展实质性的国际合作项目，进一步提高师生科研成果在国际同行中的认可度；积极融入合作联盟、搭建交流网络，通过举办和参与高端国际论坛等形式，不断提升大学和学者的国际影响力。另一方面，提高国际学生比例对于提升大学声誉至关重要，而目前我国高校的留学生比例仍较低，来源也相对集中于周边国家。为此，高校应借鉴世界一流大学的成熟做法，结合校情，重点在欧美地区加强招生宣传，尤其是对于理工医科学生的宣传，逐步提高留学生比例，丰富生源与学科背景，打造更加开放、富有活力、学术氛围浓厚的国际化校园。

第四，加强大学声誉宣传力度，提升师生、校友爱校、荣校意识。哈佛大学、耶鲁大学等国际名校积极通过影响力较大的国际媒体（特别是 THE 等教育类媒体）向各地学者宣传学校的教学经验和科研成果，这种做法对于我国大学很有借鉴意义。（1）要加强与《泰晤士报》、科睿唯安、爱思唯尔等机构的交流与合作，在国际知名媒体上进一步加大对本校最新科研进展和突出社会贡献的宣传力度；（2）要加强学校网站、社交媒体平台等宣传窗口的建设，提高外文媒介的信息量、时效性和吸引力；（3）要增强处理突发事件和应对舆论危机的能力，实时关注并及时维护本校在国际上的声誉。此外，师生和校友是国外学者了解我国大学的重要窗口，要培养他们对母校的认同感和荣誉感，引导他们更加自觉地维护母校声誉；同时要充分发挥校友会的力量，广泛动员海内外知名校友宣传母校，树立我国大学的良好形象。

第九章

中国高水平大学建设与发展：理念与路径

　　第一章详细介绍了四个世界大学排名的指标体系，并比较和总结了各个排名的特征。第二章论述了世界大学排名产生的现实基础和理论依据，并客观分析了世界大学排名的合理性和实际影响。第三章以世界大学排名中前 200 名高校为研究对象，从洲际差异、国别差异、建校历史差异和学校类型差异四个方面分析了排名靠前高校的分布特征。第四章与第五章运用固定效应模型、分位数回归模型等计量模型分析了国家高等教育管理模式、"类 985 工程"对世界大学排名的影响及其作用机制。第六章至第八章分别从世界大学综合排名、学科排名和声誉排名的视角，运用实证研究方法分析了中国高水平大学与世界一流大学的差距及其变化趋势，并进一步探讨了形成差距的深层次原因。在上述研究的基础上，本章将结合中国高等教育的发展现状，从世界一流大学建设的理念及在打造一流教师队伍、完善学术评价机制、提升高校管理水平、加强国际交流与合作等方面的具体提升路径，来探讨中国高水平大学建设与发展的机制，从而为中国高水平大学跻身世界一流大学行列提供相关建议。

第一节　中国高水平大学建设与发展的理念

在高等教育内涵式发展与"双一流"建设的背景下，在中国高水平大学建设中，我们应该理性看待大学排名，重视排名但不唯排名论；坚持质量兼顾、教学科研并行、短期和长期目标综合运行的发展观，在借鉴世界先进经验的同时注重发挥本土优势，努力形成具有鲜明中国特色的世界一流大学发展模式。

一、理性看待大学排名，重视排名但不唯排名论

中国高校在发展过程中要时刻保持理性和客观的态度，合理利用世界大学排名寻找发展差距，注重学科平衡，超越量化模式，争取开创有中国特色的发展模式。目前，世界大学排名的合理性受到了种种质疑，这对高等教育的发展造成了一些负面影响，但大学排名并不会就此消失，而是会对政府、高校和社会公众产生越来越大的影响。正如刘念才在其研究中所指出的，"在过去几年里，大学排名已经引起了高校领导、研究人员和政策制定者的关注。虽然不是所有人都会积极地看待排名，但是似乎反对者正在投入一场不可能胜利的战争。"[1] 面对这样一个并不完美的世界大学排名，包括排名机构、中国民众、政府和高校在内的各个利

---

1 刘念才，程莹，SADLAK. J. 大学排名：国际化与多元化［M］. 上海：上海交通大学出版社，2009：英文专刊前言，5.

益相关者必须有清晰的认识与判断，理性看待大学排名。作为高等教育事业发展的决策者和执行者，中国政府和高校虽然难以避免地会受到大学排名的影响，但必须时刻保持理性和客观的态度，在紧跟国际潮流的同时，也要努力尝试引领潮流。在这个过程中，要重视排名，但不能将其作为评价大学的唯一标准，片面夸大大学排名的作用，盲目强调大学排名的功能。政府和高校更为理性的做法是，合理利用世界大学排名，将其作为参考依据之一，寻找学校发展的差距，有针对性地开展中国高水平大学的建设和发展工作。

二、实现多方面平衡发展，努力追赶并超越

各类大学排名虽然通过较为丰富的评价指标体系，在一定程度上客观反映出各个大学的办学情况，但其评价体系重科研、轻教学；科研评价指标重理工、轻人文社科；产出评价指标重短期表现，而忽视长期效果；整体评价重数量规模，不太重视质量。这也恰恰反映了在世界大学排名的影响下，当前世界各国许多高校在建设和发展中所存在的教学科研失衡、短期和长期发展失衡、质和量发展失衡的问题。有鉴于此，中国高水平大学在追赶和超越世界一流大学的过程中，要秉承平衡发展的理念，兼顾各方面的均衡发展。

一是要实现教学科研的平衡发展。教学和科研是高等学校最核心的两大任务。目前，由于内外部评价机制及经费投入机制不合理，加之学校与教师价值理念的偏差，我国高校教学与科研失衡的现象比较普遍，科研在大学享有崇高地位，教学不被重视。[1]对于正在创建世界一流大学

---

1 侯清麟，刘文良. 高校教学、科研和谐发展的困惑与超越[J]. 高等工程教育研究，2012(06):91−95+180.

的中国高水平大学而言，要坚守人才培养的基本职能，充分发挥科学研究对教育教学的促进作用，追求教学、科研的平衡发展。

二是要实现短期与长期的平衡发展。中国高水平大学不能对数字盲目"迷恋"，不能急功近利，揠苗助长。对于基础科学研究和本科生教学等投入大、回报慢、难以短期内在数据上得到充分体现的项目，要给予长期重点投入；对于契合国家科技前沿发展与重大需求的学科，应给予合理的经费支持与政策保障，从而进一步夯实教育教学和学术研究的基础，提升中国高等教育的长期发展潜力和国际竞争力，切实办好中国特色、与国际接轨的世界一流大学。

三是要实现质和量的平衡发展。中国高水平大学在发展过程中，不能为了提高论文发表数量和引用数量而要求科研人员在不考虑研究质量的情况下大幅增加学术成果产出。目前，我国部分高校通过投入大量资金，大力引进高产出学者，虽然在短时间内提升了大学排名，但是造成大学发展的虚假繁荣景象。大学的发展不仅体现在排名上，更是对于大学使命的价值判断，所以大学必须尊重科研工作的一般规律，推动知识生产，注重科研工作的质量，而不是进行学术论文的简单堆砌。

三、科学应对全球化和本土化纷争，切实实现二者有效融合

位居世界大学排名前列的世界一流大学以西方国家高校为主，尤其以美国和英国高校居多，其在教育教学、科学研究等方面的先进经验为中国高水平大学建设提供了帮助。中国高校在学习西方顶尖大学办学模式的同时，要更加注重发现和总结世界高等教育发展的共性规律；与此同时，也不能一味地模仿西方顶尖大学的办学模式，而是要扎根中国大地，争取开创具有中国特色的发展模式。高等教育的发展与国家政治、

经济实力息息相关。从历史上看，德国大学因奉行学术自由、教学科研相结合的洪堡思想曾经风靡一时，引领世界高等教育的发展趋势，成为各国高校学习的榜样；第二次世界大战后随着美国的崛起，美国大学建立了研究生院，将洪堡思想制度化，并建立了很多研究型大学，世界学术中心开始逐渐转移到美国，美国实现了高等教育的跨越式发展。随着中国综合国力的提升，中国高校逐渐步入快速发展的阶段，但目前仍然处于追赶阶段。追赶不等于简单模仿，中国高水平大学在认清与世界一流大学还存在较大差距的同时，要时刻警惕因过度推崇世界大学排名导致的中国高等教育的同质化现象。中国在几千年的发展过程中已经形成了独特的历史文化底蕴，中国的世界一流大学建设不能简单照搬西方大学的发展模式，而是要结合中国的实际情况，在不断摸索中寻找最合适的前进道路。只有民族的，才是世界的。因此，中国高水平大学要在借鉴西方大学办学模式、经验的基础上，不断开拓创新，形成具有中国特色的办学模式，并争取引领世界高等教育的发展方向。

第二节　中国高水平大学建设与发展的路径

中国高校在秉承理性看待大学排名、多方面平衡发展、立足本土借鉴国外经验等理念的基础上，应从打造一流教师队伍、完善学术评价机制、提升高校管理水平、加强国际交流与合作等方面进一步加快中国高水平大学建设世界一流大学的步伐。

一、打造国际一流教师队伍，吸引全球优质生源

THE 副主编菲尔·巴蒂认为："美国、英国等国的顶尖高校以极具竞争力的薪酬吸引了来自世界各地的优秀教职员工，并一直重视教学和研究的共同发展，学生和研究者形成了统一的学术团体，并享有学术自由及院校的大力支持。"[1] 总体上看，国际一流的教师队伍和全球范围内的优秀生源共同构成了世界一流大学的师生主体。世界大学排名通过获诺贝尔奖和菲尔兹奖的教师折合数、各学科领域被引用次数最高的科学家数量、国际教师比例等指标，反映高校教师队伍素质和国际化水平；目前，大学排名对于生源质量还没有很好的衡量指标，但其通过国际学

1　王俊峰. 2013 年世界大学声誉排名分析［J］. 世界教育信息，2013（5）：25-26.

生比例反映了高校学生的国际化水平。因此，中国高水平大学要想提高办学质量，提升大学排名，应该拓宽海内外引才视野，在全球范围内建立有吸引力的人才招聘制度，通过长期联络、深入宣传等方式，加大人才引进力度，落实相关人才引进待遇，为教师从事教学科研工作提供物质保障。在适度扩大人才引进规模的同时，高校也应密切关注各学科的人才结构变化趋势，及时补充中青年教师力量，形成富有活力和创造力的国际一流教学科研梯队。与此同时，国际学生的规模和质量对高校声誉和国际竞争力也有着重要影响。现阶段中国高校的留学生规模不断扩大，但大多来自周边的日本、韩国和印度等国家。为此，一方面，中国高水平大学应借鉴国外高校的有效经验，制订有吸引力的招生宣传方案，在全球范围内，尤其是欧美地区加强招生宣传，扩大生源地的覆盖范围，提高生源结构的多样性，打造国际化校园；另一方面，高校可根据生源地和生源的学科背景，建立科学合理、多样化的留学生入学考试方案。此外，高水平大学还应加大留学生奖学金支持力度，吸引全球优质生源，以此提高中国高水平大学在国际上的吸引力和影响力。

二、完善学术评价机制，加快世界一流学科建设

学科是高校教学和科研两大功能的主要载体，一所大学的教学科研能力在一定程度上可以通过其学科建设的发展水平得以充分反映。因此，创建世界一流大学，关键在于要建设若干个世界一流学科。中国高水平大学经过多年发展，在学科建设方面取得了长足进步，但与世界一流大学仍有较大差距，有"高原"、没"高峰"的现象突出，各学科中能够产生具有重大国际影响力的科研成果较少。而世界顶尖大学之所以能够长期作为世界高等教育发展的引领者，根本原因是其科研成果的数

量多、质量高。因此，中国高水平大学要想提高国际影响力，早日步入世界一流大学行列，必须不断完善学术评价机制，进一步提高"高峰"学科科研产出的数量和质量，尤其要重视高水平论文的产出。高产的学者并不一定是优秀的学者，这是目前中国学术界的症结所在。中国高校目前比较流行简单化的量化管理办法，鼓励学者匆忙发表论文，这是一种不良的科研文化，违背了学术研究的基本规律。[1]鉴于此，中国高水平大学必须对现有的以量化为主导的评价机制进行改革，对各学科研究成果的评价要更关注其影响力和效果，而不是数量。在具体办法上，中国高校可以适当调低职称评定中论文所占比重，不唯学术成果的数量，而是推行学者代表作制度，给予阶段性学术成果更多的认可和经费支持，大学研究人员要耐得住寂寞、坐得了"冷板凳"，研究对国家和社会发展真正有意义的重大问题。此外，要不断改进科研经费的使用模式，进一步提高经费使用效益；要针对不同学科设立优秀科研成果和论文的奖励基金，鼓励教师多出具有国际影响力的高质量科研成果，并将其发表在国内刊物上。

三、提升高校管理水平，增强高校发展内在动力

中国高水平大学要基于所处地域与自身发展的历史积淀，合理确定发展目标，科学谋划内部发展策略，推动高校的管理模式创新，全方位提升内部管理水平，为中国高校创建世界一流大学提供内生动力。首先，要客观分析、研究世界大学排名。要通过研究各个排名的指标体系和评价标准，客观分析和科学审视中国高水平大学与世界一流大学的发展差

---

1 陈洪捷，沈文钦. 学术评价：超越量化模式［N］. 光明日报，2012-12-18（15）.

距，认真探究差距背后的深层次原因，对症下药，有的放矢地完善管理体制机制，有针对性地促进学校管理工作水平的提升，为中国高校提升办学水平和国际影响力提供有益参考。其次，要加强学校内部评估。学校相关部门应设计大学内部的学科指标评估体系，重点关注教学科研和国际化等指标，安排专人统计各学科教师的代表作、论文发表和被引用情况，对院系或学科进行自我评估和国际对比，动态观察学校发展情况。再次，要加大高校对外宣传力度。哈佛大学、斯坦福大学、牛津大学和剑桥大学等世界一流大学，每年都会通过各种途径在影响力较大的国际媒体上介绍学校的基本情况、教学经验和科研成果等。与之相比，中国高校在这方面做得还远远不够。因此，中国高校必须在国际知名媒体上进一步加大对最新教学科研成果的多语种宣传力度，介绍改善教学科研环境方面的措施和成绩，宣传中国高校在世界科技进步、经济增长、思想创新、社会发展中做出的卓越贡献，提升中国高校在国际上的知名度和整体声誉。

四、加强国际交流与合作，提升国际化水平

不断加强与全球高校的交流与合作，进一步提高学校的国际化程度，已成为当前世界一流大学提升其国际化水平，保证其科研成果始终处于世界前沿的重要方式。因此，中国高水平大学要准确评估各个学科在国际上的发展水平，不断推动国际项目的实质性内容合作，进一步提高科研成果在国际同行中的认可度；要高度重视举办和参与高端国际论坛，充分发挥知名学者在国际上的影响力，积极融入国际科研协同创新潮流。此外，中国高水平大学要努力探索学术成果，尤其是人文社会科学学术成果的国际化交流与传播途径，推动人文社科领域与国际接轨，让国外

学术界在认可中国高校理工类研究实力的同时，也充分认识到中国学者在人文社科领域的强大实力，从而增加人文社科学术成果对中国高水平大学科研成果国际化的贡献，进而提升中国高校在全世界的学术声誉、国际影响力和知名度。

致　谢

我第一次比较深入地接触世界大学排名是在 2009 年。那一年我刚刚担任北京大学党委办公室校长办公室副主任，恰逢北京大学当年的世界大学排名明显下降，而此前北京大学的排名一直稳居中国大陆首位。那时北京大学的大学排名数据报送工作是由校内相关业务部门完成的，刚从吉林大学调回北京大学担任校长的周其凤院士觉得此项工作由学校的综合协调部门负责可能更好，这样报送的数据会更真实、更全面，于是之后的大学排名报送工作转由党办校办承担。时任分管党办校办的学校领导闵维方书记和党办校办缪劲翔主任觉得，我是教育经济与管理专业博士毕业，科班出身，又刚刚获得全国百篇优秀博士学位论文的荣誉，由我分管大学排名报送和研究工作最为合适。自此，我和世界大学排名工作就结下了不解之缘。衷心感谢闵书记、周校长和缪主任给我这样的机会涉足世界大学排名研究领域。

从 2009 年到 2017 年这 9 年时间里，我先后和杨大伟、孙启明、刘钊、傅瀚文、张优良等两办同事一同完成了世界大学排名的数据报送和分析报告撰写工作。此外，我们还定期邀请学校职能部门中负责统计工作的同事，一起讨论世界大学排名的利弊、四大排名的特点、各个排名数据的报送方案，那真是一段繁忙而又愉悦的日子。特别感谢上述几位同事多年来对我工作上的支持和学术上的帮助。

2017 年我回到教育学院工作，当时就萌发了要将自己关于世界大学排名的浅薄知识编撰成书的想法，一方面希望通过文字的形式将相关研究进行更加系统化的梳理，另一方面也希望此书能成为大学生了解世界大学排名、探讨高等教育评估等问题的一本教材。由于刚刚回归学术队伍，一切从头来过，事务繁多，千头万绪，书稿进程一再耽误。经过两年半的努力，书稿终于完成，也算是给自己十年的党办校办工作画上一个比较圆满的句号。在这里，我尤其要向王亮致以最诚挚的谢意，她在统筹书稿的过程中，耗费了很多时间和精力；对全书各章节的构思和内容提出了宝贵的建议，重点对书中第一章、第二章、第七章进行了梳理和修改，并对部分数据的收集和核对付出了相当大的努力。与此同时，我的研究团队的其他成员郝晓伟、吴嘉琦、徐柱柱、方晨晨、王家齐、张首登、林英杰、胡褆臻、杨莉、董元青、洪志玥、范一筱、黄诗茜、夏宇锋、姚兆胜等也给予了我很大帮助，在此一并谢过。此外，我还要将此书作为江山教育大数据平台的学术成果呈送给李江山、涂雅雅夫妇，感谢他们对北京大学江山教育大数据平台的慷慨捐赠。

最后，我还要感谢我的妻子曲洋。从党办校办到教育学院这十多年来，我一直处于非常忙碌的状态，她毫无怨言，将家里经营得温馨而有序，让我能够将更多的时间和精力投入行政工作和自己喜欢的学术研究当中。面对人生中的各个分岔路口，无论我做出何种选择，她一直都在背后默默支持着我，陪我一起渡过道道难关。

感谢上面提及的，以及因我的疏忽而没有提到的人，我将永远感恩于心。

郭丛斌

图书在版编目（CIP）数据

世界大学排名与中国高水平大学建设／郭丛斌著. —北京：电子工业出版社，2020.12

ISBN 978-7-121-38929-0

Ⅰ．①世…　Ⅱ．①郭…　Ⅲ．①高等学校－介绍－世界②高等学校－发展－研究－中国　Ⅳ．①G649.1②G649.21

中国版本图书馆 CIP 数据核字（2020）第 052169 号

责任编辑：黄　菲　　文字编辑：刘　甜　　特约编辑：王　璇

印　　刷：天津千鹤文化传播有限公司

装　　订：天津千鹤文化传播有限公司

出版发行：电子工业出版社

　　　　　北京市海淀区万寿路 173 信箱　　邮编：100036

开　　本：720×1 000　1/16　印张：19.5　　字数：310 千字

版　　次：2020 年 12 月第 1 版

印　　次：2020 年 12 月第 1 次印刷

定　　价：98.00 元

凡所购买电子工业出版社图书有缺损问题，请向购买书店调换。若书店售缺，请与本社发行部联系，联系及邮购电话：(010) 88254888，88258888。

质量投诉请发邮件至 zlts@phei.com.cn，盗版侵权举报请发邮件至 dbqq@phei.com.cn。

本书咨询联系方式：1024004410（QQ）。